J. C. L. SIMONDE

HISTOIRE
DES
RÉPUBLIQUES ITALIENNES
DU MOYEN ÂGE

TOME 1

Elibron Classics
www.elibron.com

Elibron Classics series.

ISBN 0-543-94559-6 (paperback)
ISBN 0-543-94558-8 (hardcover)

This Elibron Classics Replica Edition is an unabridged facsimile of the edition published in 1818 by Treuttel et Würtz, Paris.

HISTOIRE

DES

RÉPUBLIQUES ITALIENNES

DU MOYEN AGE.

HISTOIRE

DES

RÉPUBLIQUES ITALIENNES

DU MOYEN ÂGE;

PAR J. C. L. SIMONDE DE SISMONDI,

Correspondant de l'Institut, de l'Académie impériale de Saint-Pétersbourg, de l'Académie royale de Prusse, des Académies italienne, de Wilna, de Cagliari, des Géorgofili, de Genève, de Pistoia, etc.

SECONDE ÉDITION PARISIENNE.

TOME PREMIER.

A PARIS,

Chez TREUTTEL et WÜRTZ, Libraires, rue de Bourbon, n° 17;

A STRASBOURG et à LONDRES, même Maison de Commerce.

M. D. CCC. XVIII.

INTRODUCTION.

L'une des plus importantes conclusions que l'on puisse tirer de l'étude de l'histoire, c'est que le gouvernement est la plus efficace entre les causes du caractère des peuples ; que les vertus ou les vices des nations, leur énergie ou leur mollesse, leurs talens, leurs lumières ou leur ignorance, ne sont presque jamais les effets du climat, les attributs d'une race particulière, mais l'ouvrage des lois ; que tout fut donné à tous par la nature, tandis que le gouvernement conserve ou anéantit dans les hommes qui lui sont soumis, les qualités qui formoient d'abord l'héritage de l'espèce humaine.

Aucune histoire ne met cette vérité sous un jour plus éclatant que celle d'Italie. Que l'on rapproche, en effet, les diverses races d'hommes qui se sont succédées sur cette terre de grands souvenirs ; que l'on compare les qualités qui les caracterisent, la modération, la douceur, la simplicité des premiers Étrusques; l'austère ambition, le courage mâle des contemporains de Cincinnatus ; l'avidité, l'ostentation des Verrès; la lâcheté des sujets de Tibère; l'ignorance des Romains d'Honorius ; la barbarie des Italiens soumis aux Lombards; la vertu du douzième siècle; le lustre du quinzième, et l'abaissement des Italiens de nos jours. Le même sol a nourri ces êtres de nature si différente, et le même sang circule dans leurs veines. Le mélange de quelques peuplades barbares, perdues au milieu des flots d'indigènes, n'a point suffi pour changer la constitution physique des hommes qu'enfantoit la même région.

La nature est restée la même pour les Italiens de tous les âges; le gouvernement seul a changé; ses révolutions ont toujours précédé ou accompagné l'altération du caractère national. Jamais les causes n'ont été liées aux effets d'une manière plus évidente.

Les Étrusques, prédécesseurs des Romains, sont les premiers peuples de l'Italie sur lesquels l'histoire jette quelque lueur; ils avoient couvert de leurs habitations les Maremmes aujourd'hui désolées (1). Riches en troupeaux, riches en

(1) Comme nous ne savons pas même le nom des écrivains étrusques ou tyrrhéniens, et que ces peuples ne nous sont con-

grains, ils voyoient la terre répondre avec usure à leurs travaux ; une longue prospérité leur avoit permis de cultiver leur esprit par l'étude, et les Étrusques paroissent avoir devancé les Grecs dans la carrière des sciences et des arts, quoiqu'ils n'aient pas pu, comme leurs successeurs, la parcourir toute entière. Les poètes ont placé au milieu d'eux l'âge d'or sous le règne de Saturne, et leurs fictions n'ont voilé qu'à demi la vérité.

Le gouvernement des Étrusques étoit celui du bonheur et de la liberté ; c'étoit le gouvernement fédératif. Honneur aux peuples libres que l'ambition ne séduit pas ! Honneur aux peuples qui savent préférer le plus noble des biens, la liberté, au pouvoir et à la gloire; qui demandent à leur gouvernement la modération, la bienveillance universelle, et non de nouvelles conquêtes ! Honneur aux nations

nus que par quelques fragmens d'historiens grecs et latins, ils resteront toujours enveloppés d'une grande obscurité. Cependant nous avons une indication de leur puissance dans les murailles colossales de Volterra; de leur goût, dans les vases qui nous sont restés d'eux ; de leur savoir, dans le culte de Jupiter Elicius, auquel ils attribuèrent l'art qu'ils connurent, et que nous avons retrouvé, d'éviter et de diriger la foudre.

libres qui cherchent dans le lien fédératif, non-seulement une défense contre les agressions étrangères, mais aussi une garantie contre leurs propres passions, contre l'égarement de l'ambition, contre l'ivresse des succès!

Les Étrusques n'étoient point les seuls peuples confédérés de l'Italie : au contraire, chacune des nations qui combattirent contre Rome, les Sabins, les Latins, les Samnites, les Brutiens, étoit formée par une fédération. Ces ligues prirent de la consistance, mais aucune ne fut conquérante; il vint même un temps où toutes les républiques fédérées, qui long-temps avoient prospéré en Italie, succombèrent sous le poids de la puissance romaine. Ces nations, si peu connues et si dignes de l'être (1), disparurent; et, avec elles, la richesse des campagnes, la population, la vraie liberté et le bonheur furent chassés de l'Italie. Le peuple-roi sacrifia tous ces avantages à l'éclat d'un grand nom, et à la gloire des conquêtes.

Les fédérations succombèrent aux attaques

(1) Un savant florentin, M. Micali, a publié, depuis la première édition de cet ouvrage, l'histoire des peuples qui habitoient l'Italie avant les Romains.

des Romains; mais la longueur de leur lutte, et leur résistance pendant trois siècles, prouvent bien que la foiblesse n'est point la conséquence nécessaire d'une constitution fédérative; elles succombèrent, parce que le seul avantage qui ne soit pas donné aux gouvernemens libres, c'est une éternelle durée. Le bonheur est une chose si fragile, si étrangère, en quelque sorte, à l'espèce humaine, qu'aucune institution ne peut le lui assurer pour toujours. Si quelqu'une des calamités qui menacent sans cesse notre race, vient à frapper une nation libre, si une peste moissonne les générations des hommes, si une guerre désastreuse épuise les ressources de l'état, si la terre devenue avare, refuse ses produits, si le commerce languit, si les manufactures demeurent oisives, l'inquiétude ou la souffrance générale suffisent pour renverser un gouvernement paternel, un gouvernement dont toute la force consiste dans l'amour de ceux qui lui obéissent, et qui ne peut se maintenir qu'autant qu'ils sont heureux. Mais une tyrannie s'affermit au milieu des calamités générales. Plus la nation est accablée sous leur poids, plus elle est hors d'état de résister au maître qui l'opprime, plus d'autre part elle sent le besoin de confier ce qui lui reste de forces à une main vigoureuse, pour résister à de nouveaux malheurs. Les fédérations italiennes succombèrent, lorsqu'elles furent frappées par des fléaux dont aucun gouvernement ne sauroit préserver les peuples ; mais avec elles finit la lutte de l'Europe pour l'indépendance. Quand les Samnites furent accablés, le monde entier ne put plus résister au pouvoir des Romains.

Ce grand peuple, dont la gloire illustre encore l'Italie, dut ses conquêtes et ses vertus au gouvernement qu'il eut dans son premier âge, à une aristocratie naissante, qui, en raison de ce qu'elle étoit nouvelle, ne pouvoit être fondée que sur la prééminence du mérite, et qui, loin d'avilir les ordres inférieurs de la nation, leur donnoit du ressort, par les efforts mêmes qu'elle faisoit pour les soumettre.

Plus tard, le luxe et la cupidité des Romains, la désertion de leurs campagnes, l'avilissement des dernières classes du peuple, furent l'effet de leurs succès mêmes, de l'étendue de leurs conquêtes, de l'accomplissement, désastreux pour l'humanité, de leurs projets de monarchie universelle, du gouvernement enfin que leur excès de puissance leur donna.

Sous les empereurs, la perte de toutes les vertus fut la conséquence des progrès du despotisme. Des souverains militaires, arrivés sur le trône par des forfaits, et qui n'y étoient soutenus ni par l'éclat d'un grand nom, ni par la reconnoissance du peuple pour de grands services, ne purent maintenir leur pouvoir que sur de vils troupeaux d'esclaves. Obligés d'appeler constamment à leur aide la force, au lieu de l'opinion publique, ils détruisirent cette opinion, qui seule pouvoit servir d'encouragement et de récompense à la vertu.

Le despotisme ramena la barbarie, mais la barbarie fit renaître à son tour les vertus et la liberté. Le siècle si célébré, si glorieux d'Auguste, avoit été l'époque fatale de l'avilissement de l'espèce humaine, de l'extinction du courage, du génie, du talent. Auguste recueillit les fruits de la liberté et de la république; mais cinq siècles de honte et de bassesse furent la conséquence du règne d'Auguste, et de la révolution qu'il avoit opérée dans le gouvernement. Il ne fallut rien moins que cinq autres siècles de barbarie, pour faire oublier aux hommes les funestes leçons du despotisme, pour leur rendre l'énergie, pour créer chez eux les seuls élémens dont puisse se constituer une nation.

Elle sortit enfin cette nation, du milieu du chaos dans lequel le monde sembloit plongé; les cœurs des Italiens se rouvrirent à l'amour de la patrie et de la liberté; ils trouvèrent le courage propre à leur faire conquérir, puis défendre ces biens précieux. A côté des grandes vertus on vit bientôt aussi se développer les grands talens; les sciences et les arts furent cultivés avec succès; les Italiens, lors de la prise de Constantinople, se trouvèrent prêts à recevoir le précieux dépôt de la littérature grecque, que l'empire d'Orient avoit conservé au milieu de ses ruines, mais que sa chute menaçoit de détruire. La génération présente est redevable aux républiques italiennes de l'héritage de l'antiquité. C'est cette seconde époque de vertus, de talens, de liberté et de grandeur, que j'ai entrepris de faire connoître.

L'histoire de la république romaine, écrite

par les plus beaux génies de l'antiquité, et par les savans les plus distingués des derniers siècles, est de toutes la plus universellement connue : on encourage les jeunes gens à étudier de bonne heure ce peuple, si grand, si glorieux, et dont les destinées ont fixé en quelque sorte celles de tout l'univers. Le vif intérêt qu'avoit excité la république, a fait étudier encore les révolutions de l'empire romain, depuis que ce colosse, ayant perdu sa liberté, sa vertu et son énergie, ne traînoit plus qu'une honteuse existence dans le vice et dans l'esclavage. On ne s'attache qu'avec peine à l'histoire rebutante d'un gouvernement despotique dans sa décadence ; cependant on suit jusqu'à sa fin celle de l'empire d'Occident, à cause des vieux souvenirs qu'il réveille. De nouveau l'Italie est suffisamment connue depuis le seizième siècle. Après le règne de l'empereur Charles-Quint, tous les états de l'Europe ont formé comme une vaste république, dont les parties sont tellement liées entre elles, qu'on ne peut plus les séparer pour s'attacher à un seul peuple ; et que chaque homme, en apprenant l'histoire de sa nation, apprend celle du monde policé. Ces deux périodes, à l'égard desquelles la curiosité est satisfaite, sont séparées par le moyen âge, nom que l'on donne plus précisément aux dix siècles qui se sont écoulés entre la chute de Rome et celle de Constantinople. L'histoire de l'Italie dans le moyen âge, dans ces temps que le plus grand historien de nos jours (1) a appelés les siècles du mérite ignoré, doit faire le sujet de cet ouvrage.

Le moyen âge commence proprement à l'année 476, époque à laquelle Odoacre, après avoir fait périr le patricien Oreste, et avoir réduit en captivité l'empereur Augustule, mit un terme à l'empire d'Occident (2). Mais c'est moins l'histoire de l'Italie que l'histoire des républiques italiennes que nous avons entrepris d'écrire. L'oppression et le ravage d'une province malheureuse, où il ne reste plus aucun esprit national, aucune vigueur, aucun senti-

(1) *Johannes Muller.*

(2) Oreste, père de l'empereur Augustule, fut tué à Plaisance, le 28 août 476. Son fils fut confiné à Lucullano, château de la Campanie. Odoacre lui conserva la vie, à cause de sa grande jeunesse et de l'amitié qui l'avoit lié autrefois à sa famille. Il lui fit même une pension considérable. *Histor. Miscellæ.* L. XV, p. 99, *apud Script. Rer. Ital.* T. I. — *Jornandes, de Regnor. et Tempor. successione.* Ibid. p. 239.

ment vertueux et élevé, peut former un tableau qu'il sera utile sans doute de présenter aux yeux des hommes, pour leur enseigner quelles sont les funestes conséquences d'un gouvernement corrupteur; néanmoins on ne doit pas entreprendre d'en écrire l'histoire. La répétition des mêmes actes de cruauté et de bassesse fatigue l'esprit et rebute le cœur du lecteur; elle dégrade presque le caractère de l'homme qui s'en occupe trop long-temps. Ce n'est pas l'histoire des pays, mais celle des peuples qu'on veut connoître; elle ne commence qu'avec le principe de vie, avec l'esprit qui anime les nations. Aussi long-temps que l'Italie resta soumise aux Barbares, il put y avoir une histoire des nations conquérantes : il n'y en eut aucune de la nation conquise.

Mais l'Italie, rajeunie par le mélange de son peuple avec les nations du nord, pénétrée d'un esprit de liberté devenu nouveau pour elle, rappelée à l'énergie par la dure éducation de la barbarie et du malheur; l'Italie, après avoir été long-temps une province foible et sans défense de l'empire romain, devint non pas une nation, mais une pépinière de nations;

elle compta autant de peuples qu'elle compta de villes toutes libres et républicaines ; et chacune de ces villes, du Piémont, de la Lombardie, de la Vénétie, de la Romagne et de la Toscane, mériteroit d'avoir son histoire particulière ; chacune aussi possède un nombre vraiment surprenant de chartes, de chroniques, et d'historiens qui lui sont propres. De plus grands caractères se sont développés dans ces petits états; on y a vu se déployer des passions plus vives, des talens plus distingués, plus de vertus, de courage et de vraie grandeur, que dans plusieurs monarchies condamnées pour jamais à l'indolence et à l'oubli.

Les républiques italiennes du moyen âge, dont l'affranchissement s'opéra graduellement depuis le dixième au douzième siècle, ont eu, pendant tout le temps de leur durée, l'influence la plus marquée sur la civilisation, sur le commerce, sur la balance politique de l'Europe. Cependant elles sont inconnues au commun des lecteurs, parce qu'une vie entière ne suffiroit pas pour étudier leurs histoires particulières, et que personne n'a entrepris encore de les faire marcher ensemble dans une histoire générale, et de les réunir sous un seul point de vue. On a pu écrire l'histoire des Suisses, parce que leur association présentoit un point central facile à saisir; on a pu écrire l'histoire de la Grèce, parce que la gloire d'Athènes attiroit tous les regards sur cette république illustre, et permettoit de placer dans l'ombre les nombreux états alliés ou rivaux des Athéniens; mais l'Italie du moyen âge présentoit en quelque sorte un labyrinthe formé d'états égaux et indépendans, labyrinthe dans lequel chacun a craint de s'engager. Nous ne dissimulons point ce défaut capital de notre sujet, mais nous espérons que le lecteur nous tiendra compte des efforts que nous avons faits pour en triompher, fussent-ils demeurés infructueux.

Quoique l'histoire de la liberté italienne soit notre but le plus immédiat, nous nous proposons cependant de réunir dans cet ouvrage tout ce qu'il est vraiment essentiel de connoître sur le sort de l'Italie dès l'époque de la chute de l'empire d'Occident jusqu'à nos jours; seulement nous traiterons dans des proportions très-différentes, les temps de lumière et ceux de ténèbres, l'époque qu'illustrèrent les vertus et les talens, et celles que dégradèrent la mollesse et les vices. Les six premiers Chapitres de cet ouvrage seront consacrés à donner quelque connoissance de ces temps qui couvrent de leur obscurité la renaissance des vertus publiques au sein de la barbarie, et les développemens du caractère national. C'est une période de plus de six siècles qui s'est écoulée depuis la déposition d'Augustule jusqu'à la paix de Worms entre l'Église et l'Empire en 1122. Au septième Chapitre seulement nous entrerons plus précisément dans notre histoire; nous suivrons dès lors nos nouvelles Républiques dans leurs efforts pour affermir leur indépendance, durant la guerre de la liberté, qu'elles soutinrent contre Frédéric Barberousse. Nous les étudierons dans leur organisation intérieure, dans leurs révolutions, dans leurs luttes avec les principautés absolues qui s'élevèrent à côté d'elles, dans leurs exploits et leurs malheurs, jusqu'au temps où elles succombèrent l'une après l'autre à la force ou à la trahison, et furent toutes asservies. Cent quinze Chapitres nous suffiront à peine pour comprendre les événemens de ces quatre siècles de vie et d'activité.

Le 24 mars 1530 Charles-Quint fut couronné à Bologne, et le 8 août de la même année Florence ouvrit ses portes à l'armée de cet empereur qui abrogea sa constitution. Dès lors l'Italie cessa d'être indépendante; ses peuples n'exercèrent plus d'influence sur le reste de l'Europe, et n'eurent plus de part à leur propre gouvernement. Renonçant aux vertus publiques qui leur étoient interdites, ils perdirent successivement l'énergie de caractère qui les avoit longtemps distingués, l'activité ingénieuse qui les avoit enrichis par les manufactures et le commerce, l'aptitude aux sciences qui les avoit illustrés par de brillantes découvertes, enfin le goût délicat des arts qui, survivant à leurs autres facultés, avoit après elles paré quelque temps encore leur misère. Nos six derniers Chapitres, qui comprennent l'histoire de trois siècles, tracent le triste tableau de cette décadence, inévitable effet de l'esclavage de l'Italie.

POST-SCRIPTUM.

En terminant ce long ouvrage, je crois devoir ajouter quelques réflexions à l'introduction qu'on vient de lire, et qui avoit été publiée dès son commencement. Il y a vingt-deux ans que j'entrepris mes recherches sur l'histoire des Républiques italiennes du moyen âge; elles datent de l'année 1796. Elles n'avoient alors pour but que les constitutions de ces villes libres, et l'effet de leurs révolutions sur les lois qui les régissoient. Je les ai continuées avec constance jusqu'à la fin de ma tâche. Mais j'ai bientôt senti que pour comprendre l'organisation des peuples libres, il falloit les voir agir, plutôt qu'étudier leur législation. Mes recherches sur les constitutions des Républiques italiennes se changèrent en une histoire, et j'en ai publié successivement les diverses parties jusqu'à ce jour (1).

Les vingt-deux ans que j'ai consacrés à la composition de cet ouvrage, forment une période pendant laquelle l'Europe a subi les plus

(1) Les deux premiers volumes parurent à Zurich en 1807; les tomes 3 et 4, aussi à Zurich en 1808; les tomes 5 à 8, à Paris, en 1809, avec une seconde édition des quatre premiers; les tomes 9 à 11, en juin 1815; les tomes 12 à 16, en janvier 1818. Mes autres ouvrages sur l'Agriculture de Toscane, la Richesse commerciale, et la Littérature du Midi, ne sont en quelque sorte que des corollaires de l'histoire d'Italie.

violentes révolutions. Constamment tourmentée par la grande lutte qu'avoit excité en elle le désir de liberté des peuples, et la résistance des princes, elle a vu toutes ses institutions détruites à plusieurs reprises, et les diverses doctrines politiques tour à tour proclamées et proscrites. Il doit m'être permis de remarquer avec quelque orgueil, que pendant ces convulsions mêmes, je n'ai suivi qu'une seule direction, je n'ai tenu qu'un seul langage, et que les principes politiques que j'ai professés dans le premier volume, se retrouvent sans altération dans le seizième.

En mettant sous les yeux des lecteurs tout le jeu des passions humaines, dans le pays qui s'est le plus long-temps agité pour la liberté, et qui en a recueilli le plus de fruit, je n'ai pas eu l'intention de recommander aux peuples une forme précise de gouvernement, mais seulement de faire sentir l'importance, la nécessité de la liberté, pour la vertu et la dignité comme pour le bonheur de l'homme. Cette liberté peut exister dans les monarchies comme dans les républiques, dans les fédérations comme dans la cité une et indivisible. Le devoir étroit de tout prince et de tout citoyen, son devoir envers Dieu et envers les hommes, c'est de faire entrer la garantie de cette liberté dans la forme quelconque du gouvernement existant. Par elle seule les hommes seront des hommes, des êtres susceptibles de vertu et de perfectionnement; sans elle leur caractère se dégradera, leurs lumières s'obscurciront, leur dévouement fera place au plus vil égoïsme, leur courage à la plus honteuse lâcheté, et leur bonheur, même en le réduisant à la satisfaction des appétits les plus grossiers, ne survivra pas long-temps à leurs vertus.

Toutes les formes de gouvernement ne sont pas sans doute également propres à la liberté, mais toutes peuvent en recevoir les premiers élémens, et contribuer ainsi, du moins pour un temps, à l'éducation des peuples qui leur sont soumis. La science politique est encore trop incertaine, et ses axiomes que nous nommons fastueusement *des principes*, sont encore trop mal arrêtés, pour que le changement d'une forme contre une autre, mérite d'être acheté au prix d'une révolution. La tyrannie seule les justifie, parce qu'elle est elle-même une révolution continuelle ; et lorsqu'un peuple est condamné à souffrir ses convulsions, il seroit insensé aussi-bien que coupable, s'il ne cherchoit pas à se délivrer par une dernière secousse, de la répétition de toutes les autres.

L'histoire de l'Italie au moyen âge nous présente, bien plus que celle d'aucune autre contrée, le jeu de ces combinaisons diverses, par lesquelles les peuples ont cru assurer leur prospérité. Nous y voyons en même temps des monarchies, des aristocraties, des démocraties, et un grand nombre de modifications de ces trois formes primitives, plus ou moins mêlées entre elles. Aucune, il est vrai, de ces combinaisons n'étoit parfaite, ou ne mériteroit de nous être donnée pour modele ; car la science sociale se perfectionne, et nos constitutions ne mériteront probablement pas davantage de servir de modèles à nos neveux. Toutes cependant sont dignes de fixer nos regards comme de grandes et belles expériences de l'influence de l'ordre social sur le caractère du citoyen ; toutes nous montrent la liaison intime et nécessaire de la liberté avec la vertu, du despotisme avec la bassesse ; toutes nous signalent quelque ressort énergique qu'on peut mettre en œuvre, ou quelque danger qu'on peut éviter; toutes enfin contribuent aux progrès de cette première des sciences humaines, la haute politique, qui se fonde sur l'expérience pour travailler à l'éducation morale et au bonheur des hommes, et qui est toujours lente dans ses résultats, parce que pour chaque essai d'un principe, il lui faut des siècles et des générations humaines.

Cependant l'histoire de l'Italie au moyen âge, réunira plus de crimes et de souffrances qu'on n'est accoutumé d'en mettre sous les yeux des lecteurs. Il est rare qu'on ait entrepris l'histoire d'une grande nation, sans une partialité avouée, et une flatterie en quelque sorte officielle. J'ai cherché au contraire la vérité, et je n'ai point reculé devant ce qu'elle avoit de hideux. Je ne devois aux Visconti et aux Carrare, aux Gonzague et aux Médicis, tout comme aux républiques de Venise, de Florence, de Pise et de Bologne, que de l'impartialité. Je ne m'en suis jamais écarté, et je n'ai pas plus dissimulé les excès de la tyrannie chez les uns, que les excès de la licence chez les autres. Ou plutôt j'ai montré la tyrannie partout où je l'ai rencontrée ; car il y a tyrannie dans les républiques comme dans les monarchies, dès qu'il y a un pouvoir sans limites qui abuse de ses forces. J'ai lieu de croire cependant que ces scènes sanglantes, ces forfaits ou cette immoralité que je n'ai pas craint de peindre, tandis que les historiens de France, d'Angleterre et d'Allemagne, les dérobent soigneusement à nos yeux, ont produit sur plusieurs de mes lecteurs un effet auquel j'étois loin de m'attendre. Dans la lutte des républiques italiennes contre les tyrans, on n'a retenu que les forfaits de ces derniers, et on rend les cités responsables des excès mêmes contre lesquels elles s'étoient armées. Souvent c'est la liberté qu'on accuse des souffrances et des crimes qui ne furent dus qu'à l'oppression. Certes, ce n'étoit pas dans une république qu'Eccélino livroit jusqu'aux enfans à ses bourreaux, ou que Jean Visconti chassoit aux hommes avec des chiens courans.

L'histoire n'a de valeur que par les leçons qu'elle nous donne sur les moyens de rendre les hommes heureux et vertueux, et les faits n'ont point d'importance quand ils ne se rattachent pas à des pensées. D'autre part cependant il n'est que trop vrai que l'esprit de système les discipline avec facilité, et que dans le chaos des événemens, il trouveroit toujours quelques exemples à l'appui des théories les plus insensées. J'ai vu souvent la vérité forcée à servir ainsi le mensonge; et cette charlatanerie si fréquente dans les écrivains superficiels m'a fait sentir plus qu'autre chose tout le prix des détails, toute l'importance d'un examen scrupuleux pour les moindres circonstances. On pourra trouver que je donne une attention trop minutieuse à des événemens comparativement petits, que je raconte beaucoup de faits qu'on auroit autant aimé ignorer, et que si j'avois renfermé en quatre volumes une narration qui en comprend seize, j'aurois pu tout aussi bien resserrer dans ce cadre plus étroit, et les grandes leçons de l'histoire, et le développement des principes que j'ai voulu graver dans la mémoire des lecteurs. Mais l'on oublie qu'en agissant ainsi j'aurois choisi les faits au lieu de les recueillir, et que les conclusions que j'aurois alors présentées, auroient dépendu de l'esprit qui auroit présidé à mon choix, et non des choses elles-mêmes. J'ai au contraire voulu que l'histoire d'Italie se présentât aux yeux du lecteur comme un groupe isolé, qu'il pût en faire le tour, en quelque sorte, et la contempler sous tous ses aspects. Je n'ai point caché les sentimens qui m'avoient animé à cette vue, mais j'ai voulu laisser au lecteur l'indépendance de ses jugemens. Les faits sont là; il peut leur donner une autre interprétation s'ils en sont susceptibles.

Je n'ai point épargné ma peine pour arriver à connoître la vérité. J'ai vécu en Toscane, patrie de mes ancêtres, presque autant qu'à Genève ou en France; j'ai parcouru neuf fois l'Italie dans diverses directions, et j'ai visité presque tous les lieux qui furent le théâtre de quelque grand événement. J'ai travaillé dans presque toutes les grandes bibliothéques, j'ai visité les archives de plusieurs villes et de plusieurs couvens. L'histoire de l'Italie est intimement liée avec celle de l'Allemagne : j'ai fait aussi le tour de cette dernière contrée, pour y rechercher les monumens historiques; enfin je me suis procuré à tout prix les livres qui répandent quelque lumière sur les temps et les peuples que j'ai entrepris de faire connoître. J'ai voulu ensuite mettre mon lecteur à portée de juger sans cesse et mon travail, et le degré de croyance que méritoient les faits que je lui rapportois; aussi j'ai soigneusement cité mes autorités au bas des pages, et j'ai indiqué avec une attention scrupuleuse l'édition, le livre et la page de l'écrivain sur la foi duquel je m'étois reposé. Cependant lorsque plusieurs noms sont accolés ensemble, il ne faut pas en conclure que le récit de chacun de ceux que je cite est conforme au mien, mais que chacun m'a fourni une circonstance, et qu'en les confrontant les uns aux autres, on pourra retrouver les faits, et juger aussi des règles de critique d'après lesquelles je me suis arrêté au récit que j'ai choisi.

Le nombre de ces historiens originaux est immense, et presque tous ont écrit dans une langue étrangère. Cette circonstance devroit me fournir quelque excuse aux yeux de ceux qui ne manqueront pas de m'accuser de néologisme et d'incorrection. Ce n'est jamais volontairement, ce n'est jamais sciemment que j'ai employé des expressions et des tournures inusitées. Mais pour remplir la tâche que je m'étois imposée, pour atteindre la vérité que je m'étois engagé à présenter au public, j'ai été obligé de vivre en quelque sorte hors de ma langue maternelle. Dans un travail de huit heures au moins par jour pendant vingt années, j'ai dû habituellement lire et penser en italien ou en latin, et occasionnellement en allemand, espagnol, grec, anglois, portugais et provençal. J'ai dû passer d'une de ces langues à l'autre, sans réfléchir jamais à la forme dont se revêtoit la pensée, sans m'apercevoir presque de la substitution de l'une à l'autre. C'est l'habitude qui nous a fait connoître les limites de notre propre langue, et qui nous arrête sur un mot nouveau, comme à l'aspect d'un objet inaccoutumé; mais cette habitude n'a jamais pu se former en moi, et la locution que j'avois mille fois rencontrée, je l'ai cru française, seulement parce que je m'étois familiarisé avec elle dans un autre idiome.

Je sens qu'un auteur doit au public, non point l'aveu de ses fautes, mais un effort constant pour les corriger; aussi j'ai travaillé avec tout le soin dont je suis capable à rendre cette nouvelle édition moins imparfaite. Je me flatte qu'on en trouvera en effet le style plus correct;

on y rencontrera aussi un petit nombre de développemens que j'ai cru nécessaires; cependant elle a encore besoin d'indulgence ; peut-ètre n'implorerai-je pas en vain celle de mes lecteurs.

HISTOIRE

DES

RÉPUBLIQUES ITALIENNES

DU MOYEN ÂGE.

CHAPITRE PREMIER.

Mélange des Italiens avec les peuples du Nord, depuis le règne d'Odoacre jusqu'à celui d'Othon-le-Grand.

476 — 961.

AVANT la fin du cinquième siècle, Romulus-Augustulus, empereur d'occident, fils d'un patrice, qui, presque seul entre les généraux de ce siècle, est désigné comme romain de naissance (1), fut déposé par ses soldats; ces derniers élevèrent à sa place un Barbare à la souveraineté, ce fut Odoacre, l'un des commandans CHAP. I.

(1) *Prisci rhetoris et sophistæ excerpta. Byzant. script. edit. Ven.* T. I, p. 25. Oreste, père d'Augustule, romain, et Édécon, père d'Odoacre, scythe, furent envoyés, conjointement, comme ambassadeurs, par Attila, à Théodose II, en Orient.

CHAP. I. de ses gardes, hérule ou scythe d'origine (1). Le nom d'empire d'Occident fut supprimé par la modestie de l'usurpateur; il régna sous le titre de roi d'Italie, et la souveraineté de Rome fut transférée, pour la première fois, aux nations septentrionales.

Cinq siècles plus tard, un seigneur italien, Bérenger, marquis d'Ivrée, régnoit sur l'Italie; il avoit été couronné par ses compatriotes, il fut déposé par eux. Les magnats appelèrent des extrémités de la Germanie un Saxon, Othon, roi d'Allemagne, et se soumirent volontairement à lui; non contens de lui accorder la couronne royale de Lombardie, ils lui conférèrent la dignité impériale, que les occidentaux avoient déjà rétablie, deux siècles auparavant, pour Charlemagne, mais qu'ils avoient de nouveau laissé anéantir; et, par une révolution étrange, ils réduisirent leur patrie, jadis indépendante, à n'être plus qu'une province éloignée, mais obéissante de l'empire d'Allemagne.

Ces deux révolutions, dont l'une fit succéder le nom de monarchie à celui d'empire, et l'autre le nom d'empire à celui de monarchie, marquent la durée du cours d'adversités auquel la nation italienne devoit être livrée, pour reprendre un caractère qui lui fût propre, une

(1) *Procopius, de bello Gothico.* L. I, c. 1. *Byzant.* T. II, p. 2. — *Jornandes, de Rebus Geticis,* c. 46. T. I. *R. It.* p. 214.

énergie qui la rendît digne de la liberté. Ces révolutions ont eu quelques rapports dans leurs circonstances générales; elles en ont eu davantage dans leurs suites. Toutes deux, en faisant redouter de grands maux, ont fait recueillir des avantages inattendus. La première parut être pour Rome le dernier terme de l'abaissement; toutefois ce fut depuis cette époque que les vertus et le courage, anéantis par le despotisme des Césars, purent commencer à renaître chez les Italiens. La dernière sembla mettre l'Italie dans une dépendance honteuse des Germains, ses anciens ennemis; ce fut elle néanmoins qui inspira aux Italiens une ardeur nouvelle pour la liberté, et qui devint la cause immédiate de la fondation de leurs républiques.

L'histoire d'Augustule et d'Odoacre, et celle de Bérenger et d'Othon-le-Grand, sont également obscures; ces temps d'ignorance profonde sont couverts d'épaisses ténèbres. Cependant la différence est extrême entre les Italiens du cinquième et ceux du dixième siècle. A la première époque, la nation étoit parvenue au dernier degré d'avilissement auquel le despotisme puisse réduire un peuple civilisé; à la seconde époque, elle avoit recouvré toute l'énergie, toute l'indépendance de caractère que la lutte avec l'adversité peut donner à un peuple barbare.

Les nobles romains, sous les derniers empe-

CHAP. I. reurs, sembloient n'être susceptibles d'aucune passion grande ou généreuse; aucun désir de distinction ne les animoit; ils ne recherchoient ni la supériorité de l'esprit, ni celle du pouvoir, ni celle de la gloire; étrangers aux affaires publiques, ils auroient cru se dégrader s'ils étoient entrés dans une carrière ou civile ou militaire. Seuls dans la nation, ils obtenoient, il est vrai, quelquefois encore, que l'histoire rappelât leurs noms; mais ce n'étoit que pour rendre compte du pillage de leurs richesses, et de leurs malheurs. On pouvoit raconter combien de vases précieux les Barbares avoient enlevés de leurs palais, combien de milliers d'esclaves ils avoient arrachés à leurs campagnes; mais il n'y avoit rien à-dire sur eux-mêmes, ils n'étoient pas faits pour laisser de traces après eux : ni caractère, ni actions mémorables, ni talens, ni vertus, ne les distinguoient de la foule. Ils passoient inaperçus sur la terre, dans une honteuse nullité. Le reste de la nation, plus lâche encore s'il est possible, semble presque dérober son existence à nos recherches. Les armées ne se composoient que de Barbares; les campagnes n'étoient peuplées que d'esclaves: l'on demande en vain à l'histoire où étoient les Italiens. En lisant les annales des derniers règnes de l'empire d'Occident, on a besoin d'un effort continuel pour se rappeler qu'il s'agit encore d'un vaste état; lorsqu'on voit les armées composées d'une poignée d'hommes, le trésor épuisé par la plus chétive dépense, la résistance impossible contre le plus foible agresseur; lorsque le peuple et le sénat se taisent, et qu'un capitaine des gardes donne ou enlève l'empire à des inconnus, parce qu'il ne s'est pas trouvé un seul homme dans tous les ordres de la nation, capable de le saisir d'une main ferme, on croiroit qu'il s'agit d'un misérable fief, chez quelque petit peuple barbare, et non de la souveraineté de l'occident, non de la nation qui avoit hérité du nom et de la civilisation de Rome (1).

Lorsque Othon-le-Grand obtint la couronne d'Italie, des nobles, fiers, belliqueux, indépendans, recherchoient avec ardeur la gloire et le pouvoir; ils n'auroient pas vu, sans indignation, d'autres qu'eux être les juges et les généraux de leurs inférieurs, les ministres de leurs rois, les défenseurs des droits de leur patrie. Au-dessous d'eux, les gentilshommes, avec moins de pouvoir, ne déployoient pas moins d'audace et d'énergie. Comme la domination n'étoit pas à leur portée, ils combattoient pour l'indépendance; ils fortifioient leurs châteaux; ils exer-

(1) *Voyez* Gibbon : *Decline and fall of the Rom. Empire*, ch. 35 et 36, Vol. VI; et Muratori : *Annali d Italia*, *Ann.* 423-476. Parmi les auteurs originaux, *Historia miscella*, L. XIV et XV. *Scrip. Rer. Ital.* T. I, p. 92-99; et les diverses chronographies des écrivains bysantins.

CHAP. I. çoient aux armes leurs paysans ; ils réclamoient une participation libre aux assemblées nationales ; ils repoussoient des lois, ils refusoient des contributions à l'établissement desquelles ils n'auroient pas donné d'avance leur consentement. Les bourgeois, à leur tour, forts de leur union dans les villes, réclamoient le maintien de leurs priviléges, de leurs coutumes municipales, et de cette liberté qui n'est point l'apanage d'une seule classe, mais qui doit appartenir à tous les hommes, lorsque tous savent s'en montrer dignes par leur courage et leurs vertus. La nation entière étoit animée d'un même principe de vie ; on la voyoit s'agiter avec effort dans toutes ses parties, faire l'essai de ses facultés, sans avoir trouvé encore l'art de les employer à sa défense ou à son bonheur, et annoncer obscurément les grandes choses dont elle se montreroit un jour capable.

Un changement si remarquable dans le caractère de toute une nation, rend la première moitié du moyen âge digne d'une grande attention ; c'est un phénomène qui ne se présente point ailleurs dans l'histoire, qu'une nation rajeunie, après être parvenue au dernier degré de la décrépitude. Mais les cinq siècles pendant lesquels s'opéra cette refonte du genre humain sont enveloppés d'épaisses ténèbres, que nos recherches et nos travaux ne réussiront jamais à dissiper entièrement : il ne reste point de monumens, point d'historien assez exact de ces temps, pendant lesquels trois nations septentrionales, les Goths, les Lombards et les Francs s'incorporèrent successivement aux Italiens devenus leurs sujets; les restes du peuple civilisé étoient trop humiliés, les Barbares trop ignorans pour écrire. Quelques chroniques contemporaines nous indiquent bien les noms des rois, leurs guerres principales, et les révolutions qui souvent les précipitoient du trône; mais ces chroniques ne nous montrent point le peuple; elles ne nous donnent aucun moyen de juger de ses mœurs et du développement de ses facultés. D'autre part, l'histoire des princes est étrangère à notre but, lorsqu'elle ne nous fait point connoître les causes qui préparèrent la naissance de nos républiques. Ainsi donc, forcés de renoncer à une histoire satisfaisante de ces temps d'obscurité, nous nous contenterons d'indiquer sommairement comment s'opéra le mélange des septentrionaux avec les nations du midi; nous reprendrons ensuite, et séparément, quelques-uns des objets qui méritent de notre part une attention plus particulière; savoir l'origine, les progrès et la dissolution du système féodal; l'histoire de l'Église et de la ville de Rome, depuis la chute de l'empire d'Occident, celle des villes grecques du midi de CHAP. I.

CHAP. I. l'Italie, celle des villes maritimes, et celle, enfin, de la formation de toutes les municipalités, qui devinrent des gouvernemens libres. Nous pourrons, de cette manière, jeter quelque lumière sur les premiers siècles du moyen âge, sans nous astreindre à une énumération chronologique de noms barbares, que le lecteur peut trouver dans d'autres ouvrages, et qui seroit fastidieuse pour lui.

476. Lorsque l'empire d'Occident fut détruit, la civilisation se trouva renfermée dans les limites de l'empire d'Orient. Les souverains de Constantinople gouvernoient encore la Grèce, la Thrace, une partie de l'Illyrie, l'Asie mineure, la Syrie et l'Egypte; mais toutes les provinces qui avoient formé l'empire d'Occident, furent partagées entre les nations septentrionales. Les Francs s'établirent dans les Gaules, les Anglo-Saxons en Bretagne, les Visigoths en Espagne, les Vandales en Afrique, et Odoacre régna sur l'Italie.

476-493. Cependant la domination d'Odoacre n'avoit point introduit en Italie de nouvelles nations barbares; on ne doit la regarder que comme l'établissement, sur un pied plus stable, des mercenaires étrangers, qui, depuis long-temps, formoient seuls les armées de l'empire. Ces mercenaires, sous la conduite d'un de leurs compatriotes, s'attribuèrent tous les pouvoirs, de même qu'ils avoient toute la force. Ils donnèrent à leur chef le titre de roi; en retour ils demandèrent et obtinrent du nouveau roi un partage des terres, et le tiers des campagnes de l'Italie fut donné en propriété aux Barbares (1). CHAP. I. 476-493.

Le gouvernement des mercenaires et le règne d'Odoacre ne durèrent que dix-sept ans. (2). Ce fut le passage du gouvernement romain à celui des Barbares; Odoacre prit sur lui, aux yeux des peuples, l'odieux d'avoir détruit le nom encore révéré de l'empire, et il accoutuma les Italiens à regarder comme leur monarque, un de ces conquérans septentrionaux, que jusqu'alors ils avoient considérés comme des ennemis ou comme des soldats à leurs gages.

Quatorze ans après le couronnement d'Odoacre, Théodoric, roi des Ostrogoths, entra en Italie, avec le consentement de Zénon, empereur d'Orient, et il entreprit la conquête du royaume d'Odoacre, qu'il termina en 493, par la prise de Ravenne. Théodoric avoit passé une partie de sa jeunesse à la cour de Constan- 489.

(1) *Procopius*, *de bello Gothico*. L. I, c. 1. *Byzant. Hist. script. editio Veneta*. T. II, p. 2.

(2) Théodoric entra en Italie en 489; mais il n'en acheva la conquête, par la prise de Ravenne et la mort d'Odoacre, qu'en 493. Une fois pour toutes, je citerai à l'appui de toute la chronologie que j'ai adoptée, les *Annali d' Italia* du savant Muratori.

CHAP. I. tinople, et il joignoit aux vertus des peuples
489-526. barbares la science des nations civilisées (1). Il entreprit de réunir et de rendre heureuses, l'une par l'autre, les deux races d'hommes qui étaient soumises à son empire. Il appela les Italiens aux emplois civils, et les Goths aux fonctions militaires; il fit respecter l'Italie par les autres peuples barbares, et il donna, le premier, quelque confiance en ses propres forces, à cette nation romaine, long-temps avilie, qui, depuis le règne de Théodoric, commença déjà peut-être à recouvrer quelques vertus.

Mais, autant le mélange avec les peuples septentrionaux était propre à régénérer les Latins, autant l'exemple des Latins étoit corrupteur pour les Barbares. Ainsi, lorsqu'on mêle deux fluides de diverses températures, la chaleur que l'un des deux acquiert doit être perdue par l'autre. Les premiers conquérans de l'Italie furent aussi les plus rapidement corrompus. La domination des Goths ne dura que soixante-quatre ans (2); et les dix-huit dernières an-

(1) *Jornandes, de Rebus Geticis*, c. 52, p. 217. T. I. *Script. Ital.*

(2) Depuis l'invasion de Théodoric, en 489, jusqu'à la mort de Téja et la prise de Cumes par Narsès, en 533. Leurs rois furent :

Anno 489. Théodoric.
— 526. Atalaric.

nées de leur monarchie furent employées à soutenir une guerre meurtrière contre les Grecs, guerre dans laquelle Bélisaire, et ensuite Narsés, conquirent à deux reprises l'Italie, et firent périr la plus grande partie d'une nation qui, cinquante ans plus tôt, faisoit trembler les Grecs à Constantinople. CHAP. I. 489-526.

L'histoire des Ostrogoths appartient à celle du Bas-Empire (1). Elle ne peut être considérée comme liée à celle que nous écrivons, que parce que les Goths furent les premiers peuples barbares qui s'incorporèrent aux Italiens. Les deux nations, soumises ensuite aux mêmes maîtres, resserrèrent leurs liens l'une avec l'autre; l'origine septentrionale de l'une des deux fut oubliée, et les Ostrogoths cessèrent de former un peuple séparé. Cette union 489-553.

Anno	534.	Théodat.
—	536.	Vitiges.
—	540.	Ildebald.
—	541.	Éraric.
		Totila.
—	552.	Téja.

(1) *Voyez* Gibbon : *Decline and fall of the Rom. Empire.* Vol. VII, c 41 et 43. Le meilleur de tous les historiens byzantins a écrit, avec de grands détails, la guerre des Goths, dont il fut témoin. *Procopius Cæsariens. de bello Gothico.* Lib. IV. *Byzant.* T. II. Les Goths eux-mêmes ont aussi leur historien. *Jornandes, de Rebus Geticis.* Celui-ci, lors de la ruine de sa nation, semble avoir embrassé la vie monastique. *Script. Rer. Ital.* T. I.

CHAP. I. ne se seroit point accomplie, peut-être, sous
489-553. la domination des Grecs; mais ceux-ci ne restèrent pas long-temps en possession de l'Italie. Narsés, qui l'avoit conquise, après l'avoir gouvernée avec sagesse pendant seize ans, fut rappelé à Constantinople par la jalouse défiance de l'impératrice. Ce vieux général, en résignant son gouvernement, confia le soin de sa ven-
567. geance au roi des Lombards, Alboin, qu'il appela secrètement en Italie (1).

568. Les Lombards passoient, parmi les nations germaniques, pour une des plus braves, des plus fières et des plus libres. Ils se croyoient originaires de la Scandinavie (2); mais, depuis quarante-deux ans, ils habitoient la Pannonie (3), qu'ils abandonnèrent aux Huns, leurs alliés, à l'époque où, accompagnés par un corps considérable de Saxons, ils prirent la route de l'Italie.

Les Lombards, malgré leur valeur et leur

(1) Narsés mourut à Rome, âgé de quatre-vingt-quinze ans, en 567, comme il se préparoit à retourner en Grèce, d'après les ordres de Justin II. Alboin entra en Italie l'année suivante. Narsés est accusé de l'avoir appelé, par Paul Warnefrid, *Gesta Langob.* L. II, c. 5., T. I. *Rer. Ital.* p. 427; et par *Anastas. Biblioth. Vitæ Roman. Pontif. in vita Johannis III*, T. III, p. 133.

(2) *Paulus Warnefridus, de Gestis Langob.* Lib. I, cap. 2, p. 408.

(3) Ibid. *Gest. Langob.* L. II, c. 7, p. 428.

nombre, ne réussirent point à s'emparer de l'Italie entière. La mort prématurée d'Alboin, après un règne de trois ans et demi, et l'anarchie qui en fut la suite, mirent obstacle à leurs conquêtes. Un peuple indépendant s'étoit déjà fortifié dans les lagunes de Venise, et il échappa ainsi au joug lombard. Rome, avec son territoire, ou, comme on l'appela dès lors, son duché, demeura fidèle aux empereurs d'Orient, sous la protection des papes. L'exarchat de Ravenne, la Pentapole de Romagne, et les villes maritimes de l'Italie méridionale, furent également défendus contre les Lombards par les armes des Grecs; enfin, un prince lombard, presque indépendant des rois de sa nation, s'étoit établi au centre des provinces qui forment aujourd'hui le royaume de Naples, et y régnoit avec le titre de duc de Bénévent. D'autre part, Alboin et ses successeurs régnèrent à Pavie, et leurs états s'étendirent depuis les Alpes jusqu'au voisinage de Rome.

CHAP. I. 568.

Ainsi, la conquête des Lombards fut, en quelque sorte, pour l'Italie, l'époque de la renaissance des peuples. Des principautés indépendantes, des communautés, des républiques, commencèrent à se constituer de toutes parts, et un principe de vie fut rendu à cette contrée, long-temps ensevelie dans un sommeil léthargique. Après avoir, dans le chapitre suivant,

CHAP. I. développé la police intérieure des Lombards
568. dans le royaume de Pavie, nous reprendrons séparément, et toujours à partir de la même époque, le duché et la république de Rome, la principauté de Bénévent, les républiques de Naples, d'Amalfi, de Gaëte, de Venise, toutes les sociétés politiques, enfin, qu'on vit alors appelées à l'existence.

568-774. La monarchie des Lombards a subsisté avec assez de gloire pendant deux cent six ans (1). Elle compta, pendant cet espace de temps, vingt-un rois (2), dont plusieurs ont déployé de grands talens; ils en ont laissé quelques monumens dans les sages lois qu'ils donnèrent à

(1) De l'an 568, époque de l'invasion d'Alboin, à l'an 774, que Charlemagne fit prisonnier Désidério ou Didier, à Pavie, et se fit couronner à sa place roi des Lombards.

(2) Les rois lombards de l'Italie ont été :

Anno	569.	Alboin.
—	573.	Cléfi.
—	544.	Autharis.
—	591.	Agilulfe.
—	615.	Adaloald.
—	625.	Arioald.
—	636.	Rotharis.
—	652.	Rodoald.
—	653.	Aribert I.
—	661.	Pertarite, et Godebert.
—	662.	Grimoald.
—	671.	Pertarite, de nouveau.

leur royaume. Mais les Lombards ne s'allièrent CHAP. I.
point aux Italiens, comme avoient fait les 68-774.
Goths, leurs prédécesseurs. A leur établissement dans le pays, ils avoient abusé de leur victoire d'une manière plus cruelle (1), aussi une haine plus violente sépara-t-elle les deux nations. Elle se conserva long-temps encore après la chute de la monarchie de Pavie. Écoutons Liutprand, évêque de Crémone, qui étoit lombard d'origine. « Nous autres Lombards, *dit-il*, de même » que les Saxons, les Francs, les Lorrains, » les Bavarois, les Souabes et les Bourguignons, » nous méprisons si fort le nom romain, que, » dans notre colère, nous ne savons pas offenser » nos ennemis par une plus forte injure, qu'en » les appelant *des Romains;* car, par ce nom » seul, nous comprenons tout ce qu'il y a

Anno 678. Cunibert.
— 700. Lieutbert.
— 701. { Ragimbert, et Aribert II.
— 712. { Aliprand, et Liutprand.
— 736. Ildeprand.
— 744. Rachis.
— 749. Astolphe.
— 757. Désidério, avec
— 759. Adelchis, son fils.

(1) *Paulus Warnefridus, de Gestis Langob.* L. II, c. 32, p. 456.

CHAP. I. » d'ignoble, de timide, d'avare, de luxurieux,
568-774. » de mensonger, tous les vices enfin » (1). De leur côté, les Romains, sans doute, ne nourrissoient pas moins d'antipathie pour leurs oppresseurs.

Mais la race des Lombards prospéroit en Italie, tandis que celle des Romains s'éteignoit graduellement. Les mœurs corrompues et efféminées des derniers, leur faisoient préférer le célibat; l'activité des Lombards, leur désir de transmettre à leurs descendans, avec leur nom, la gloire qu'ils avoient acquise, les déterminoient tous au mariage. Ceux d'entre les Italiens qui conservoient quelque aisance, abandonnoient un pays qui leur devenoit tous les jours plus étranger; ils alloient s'établir dans le duché de Rome, l'Exarchat, la Calabre grecque ou les Lagunes vénitiennes, et ils y cherchoient des concitoyens et des ennemis de leurs oppresseurs. L'indépendance de ces provinces, que les Grecs abandonnoient presque à elles-mêmes, leur petitesse, et les dangers continuels auxquels elles étoient exposées, faisoient renaître ensuite l'amour de la patrie dans le cœur de tous leurs habitans.

(1) *Liutprandus in Legatione*. T. II, p. 481. Cependant il faut remarquer que Liutprand parloit ainsi à Nicéphore Phocas, dans l'ardeur de la dispute, parce que celui-ci lui avoit reproché qu'Othon, son maître, n'étoit pas Romain, mais Allemand.

Les peuples barbares exposés à la corruption, y succombent plus tôt que les peuples civilisés. Quoique les Lombards maintinssent jusqu'à la fin de leur monarchie la constitution libre qu'ils s'étoient donnée; quoique leur code de lois fût le plus judicieux de tous ceux des peuples barbares; quoique la forme irrégulière de leurs frontières augmentât, proportionnellement à l'étendue de leur état, leurs points de contact avec des nations ennemies, et que cette même irrégularité, en les appelant à des guerres plus fréquentes, dût conserver plus long-temps chez eux les habitudes militaires, cependant l'influence du climat, la fertilité des terres, et la servitude du peuple des campagnes, amollirent les Lombards à leur tour. Du temps de leurs derniers rois, Astolphe ou Désidério, ils n'étoient plus à la guerre les égaux des Francs ou des Germains; ils ne s'étoient mesurés depuis long-temps qu'avec des Italiens et des Grecs, et, quoiqu'ils leur fussent restés supérieurs, ils avoient adopté cependant leur manière de combattre (1).

(1) Les Lombards ont eu un historien, l'un des meilleurs du moyen âge, Paul Diacre ou Warnefrid. Il a compris en six livres l'histoire de sa nation, depuis sa sortie de la Scandinavie, jusqu'à la mort de Liutprand en 774. Paul Warnefrid étoit contemporain des derniers rois lombards et de Charlemagne. Il vécut à la cour de ces rois et de l'empereur. A la fin de sa vie il se retira

CHAP. I. 568-774.

La longue inimitié conservée entre les Lombards et les Romains ou les Grecs, fut cause de la chute de leur monarchie. Liutprand avoit fait la conquête de l'Exarchat et de la Pentapole: ses successeurs Astolphe et Désidério voulurent s'emparer aussi du duché de Rome; alors les papes se mirent sous la protection des princes français. En 755, Pépin contraignit Astolphe à donner ou plutôt à promettre au pape la possession de l'exarchat et des provinces conquises sur les Grecs. En 774, Charlemagne, appelé par Adrien, soumit la Lombardie, fit prisonnier Désidério dans Pavie, et mit sur sa propre tête la couronne des Lombards (1).

La conquête des Français fut considérée par les Italiens, comme une nouvelle invasion de Barbares. Mais les talens et les vertus de Charlemagne servirent de compensation à la brutale impétuosité de ses sujets (2). Ce monarque

dans un couvent, où il écrivit son histoire. Il a laissé aussi quelques ouvrages de théologie, écrits par ordre de Charlemagne. Son histoire est imprimée. T. I, *Rer. Ital.* On lui a attribué un court fragment qui termine l'histoire des Lombards, jusqu'à la chute de leur monarchie. T. I, Part. II, *Rer. Ital.* p. 183. Mais l'auteur de ce fragment, romain plutôt que lombard, a un autre style que Warnefrid, et est animé par d'autres passions.

(1) *Annales Bertiniani*, *Script. Rer. Ital.* T. II, p. 498. — *Chronic. Reginonis.* Lib. II. *Script. Germ. Struvii.* T. I, p. 36.

(2) Les Grecs, les Romains et les Lombards représentent également les armées françaises qui envahirent l'Italie à plusieurs

réunit l'Italie presque entière sous sa domination. Les Lombards le reconnurent pour leur roi, l'exarchat et le duché de Rome lui furent également soumis, et il porta le titre de patrice de ces provinces. Enfin Arigiso, duc de Bénévent, fut forcé de reconnoître sa suzeraineté, et de lui faire hommage. Charlemagne donna, pour souverain, un de ses fils à l'Italie ainsi reconstituée. Cependant le jour de Noël de l'an 800, il reçut lui-même, des grands et du peuple de Rome, par acclamation, le titre d'empereur. Il rétablit ainsi l'empire d'Occident qui se trouva composé de toute l'Allemagne, de la France et de l'Italie; en sorte que le nouveau royaume de son fils ne fut, à proprement parler, qu'une province de cet empire. La famille de Charlemagne occupa le trône des Lombards depuis la première conquête, en 774, jusqu'à l'expulsion de Charles-le-Gros, arrière-petit-fils de Charlemagne, en 888. 774.

Charlemagne est un des plus grands caractères du moyen âge. Ce monarque vis-à-vis de ses contemporains avoit tous les avantages d'un homme étranger à son siècle. De même qu'on avoit vu avant lui des hommes extraordinaires maîtriser un peuple civilisé, par l'énergie d'un caractère demi-sauvage, on vit alors un homme 774-814

reprises, depuis le temps de Narsés jusqu'à celui d'Astolphe, comme les plus impitoyables de toutes les hordes ennemies.

CHAP. I. 774-814. qui avoit devancé la civilisation, dominer sur des barbares, par la force de l'esprit et celle des lumières. Charlemagne réunit les talens du législateur à ceux du guerrier, et le génie qui crée à la prudente vigilance qui conserve et qui maintient les empires. Il entraîna les nations germaniques après lui dans la route de la civilisation, et, tant qu'il vécut, il leur fit faire des pas prodigieux. Il assembla les barbares et les Romains, les vainqueurs et les vaincus, par un seul lien, et il les réunit dans un nouvel empire. Il jeta enfin les fondemens d'un ordre nouveau pour l'Europe, d'un ordre qui reposoit essentiellement sur les vertus d'un héros, sur le respect et l'admiration qu'il inspiroit.

Que l'on ne considère point cependant le règne de Charlemagne, malgré tout l'éclat de ses conquêtes, comme ayant contribué au bonheur des hommes. Dans l'état de barbarie où se trouvoit alors l'Europe, les sciences politiques ne pouvoient renaître sans l'attention minutieuse que de petits gouvernemens donneroient aux objets qu'ils auroient immédiatement sous les yeux : le bien-être de l'humanité demandoit la division des grands empires en petits peuples. Charlemagne, au contraire, forma un seul empire, de nations absolument étrangères d'opinions, de mœurs et de langages. Un si vaste empire ne pouvoit être gouverné par des rois et des ministres ignorans, si ce n'est à l'aide d'un aveugle despotisme. Lorsque le bras puissant de Charlemagne n'y fut plus pour tenir le sceptre, ses successeurs furent écrasés sous un fardeau trop pesant. Mais Charlemagne est comptable envers l'humanité, pour leur avoir imposé ce fardeau ; il est comptable du règne de ses héritiers, de ce neuvième et de ce dixième siècles, les plus désastreux de l'histoire de l'univers, des guerres civiles des Carlovingiens ; des invasions insultantes des barbares ; de la foiblesse universelle ; de la désorganisation complète, et du retour de la barbarie, bien plus grande dans le neuvième que dans le huitième siècle (1).

Charlemagne fonda une monarchie presque universelle ; mais il ne put pas, comme les Romains, l'établir par sept siècles de conquêtes

(1) Après Jornandes et Paul Warnefrid, il s'est passé longtemps sans que l'Italie produisît aucun historien qui pût leur être comparé. Pendant le règne des Carlovingiens, elle n'en eut pas un seul, à moins que l'on ne veuille compter Agnellus Abbas Sanctæ Mariæ ad Blachernas, qui, dans son *liber Pontificalis*, donne l'histoire des archevêques de Ravenne. *Script. Rer. Ital.* T. II, p. 1. Les Français en ont eu un plus grand nombre : les Annales de Fulde, de Metz, Régino, Éginard, ont été publiées par Duchesne. *Script. Franc.* Les Annales Bertiniani ont été imprimées par Muratori, *Scriptor. Rerum Italic.* T. II, p. 490.

CHAP. I. graduelles, en rivant solidement les chaînes
774-814. qui attachoient l'une après l'autre les nations vaincues à la nation victorieuse, et en les identifiant les unes avec les autres, de telle manière qu'elles ne désirassent plus se séparer, qu'elles ne pussent plus former qu'un seul corps. Les sujets de Charlemagne, soumis pendant le cours d'une seule vie, ne tenoient pas à sa nation, mais à sa personne. La fière indépendance de ces peuples barbares s'étoit courbée devant lui. Pendant leur soumission, ils avoient perdu leur esprit national, l'organisation qui leur étoit propre, tout ce qui les auroit mis en état de se maintenir ou de se défendre; mais ils n'avoient pas acquis de l'attachement pour une monarchie toute nouvelle; l'idée du droit et de la justice ne s'étoit point liée à des établissemens aussi violens. En vain l'autorité souveraine régloit, entre les princes, les successions et les partages; cette autorité, qui n'étoit pas munie de la sanction des siècles, cédoit devant tous les intérêts particuliers : de là les guerres des fils de Louis-le-Débonnaire. L'ordre militaire, l'ordre civil, n'étoient secondés par aucun esprit national, par aucune affection des peuples pour un gouvernement devant lequel tant d'autres gouvernemens étoient tombés : de là les invasions des Normands et des Sarrasins, et la foiblesse d'un vaste empire, peuplé de vaillans

soldats, vis-à-vis des plus chétifs de tous les ennemis (1). CHAP. I. 774-814.

Les successeurs de Charlemagne furent, il est vrai, des hommes sans talens; mais tel est le cours ordinaire des choses, et l'on ne devoit pas s'attendre à ce que le conquérant de l'Europe, et le fondateur d'une nouvelle dynastie, après un règne glorieux de quarante ans, eût un successeur digne de lui. Si cela étoit arrivé cependant, si deux ou trois hommes, tels que Charlemagne, s'étoient succédés sur le trône des Francs, la monarchie universelle se seroit probablement maintenue, et son affermissement auroit été un nouveau malheur. L'Europe, en perdant l'émulation de ses états divers, auroit perdu les prérogatives qui la distinguent; elle seroit arrivée plus tôt peut-être à une demi-civilisation, mais elle seroit restée ensuite stationnaire comme la Chine, sans énergie, sans pouvoir, sans gloire, sans genie et sans vertu.

En effet, Charlemagne éteignit en quelque sorte toute l'ardeur de son siècle; il avoit concentré

(1) Les Normands avoient déjà commis quelques brigandages sur les côtes, du vivant de Charlemagne; mais le pillage de la France commença pour eux en 836 et 837, lorsqu'ils dévastèrent la Frise et l'île de Walcheren. *Annal. Bertiniani*, p. 523. — *Hermannus Contractus Chron.* p. 229, *apud Struvium Script. Germ.* T. I. — Les Sarrasins commencèrent en 839 leurs ravages dans l'Italie méridionale. Charlemagne étoit mort le 28 janvier 814.

CHAP. I. tous les intérêts de l'Europe sur un seul théâtre;
4-814. il les avoit fait dépendre d'une seule volonté; il avoit renfermé ses vastes projets dans une seule tête, et il avoit accoutumé ses contemporains à attendre l'impulsion qu'il leur donneroit, plutôt qu'à se combiner avec lui : il parut seul sur la scène; ses ministres, ses généraux, ses agens, ne purent auprès de lui acquérir aucune illustration; ses paladins n'existent que dans les romans; ses successeurs ne méritent aucune gloire. Le siècle qui l'avoit précédé n'avoit pas été si pauvre en grands hommes. Chacun des peuples que Charles soumit, avoit eu, de même que les Lombards, des chefs qui auroient mérité de laisser des souvenirs historiques. Avant lui du moins, la moitié de l'espèce humaine en Europe n'étoit pas soumise à un seul chef, et mue par une seule volonté.

814-888. Charles mourut en 814, et sa famille ne conserva que soixante et treize ans la monarchie qu'il avoit fondée. Après quelques règnes honteux et misérables, Charles-le-Gros, le dernier des Carlovingiens, fut déposé au mois de novembre 887, et il mourut le 12 janvier 888. L'histoire des Carlovingiens n'appartient pas à l'Italie, mais à l'Europe entière; et nous sommes heureux de pouvoir nous dispenser de la suivre au milieu des scandaleuses guerres d'enfans contre leur père, ou de frères entre eux, qui en forment tout le tissu. L'Italie cependant fut moins malheureuse, pendant cette période, que les autres royaumes soumis aux descendans de Charles; elle fut gouvernée vingt-six ans par Louis II, prince vertueux, qui ne manquoit ni de talens, ni de bravoure (1), et ce fut surtout pendant son règne que l'exemple de la valeur française fit renaître l'amour des armes, et rétablit la réputation de la milice italienne; que les campagnes d'Italie recommencèrent à se couvrir d'habitans, et que les villes désolées par les invasions précédentes, recouvrèrent leur population (2).

CHAP. I. 814-888.

Sous la foible domination des Carlovingiens, le lien social perdit toute sa force; les rois, pendant leurs guerres de famille, s'étoient vus obligés d'acheter les secours de leurs sujets, par

(1) Louis II fut associé à la couronne en 849 ou 850, par son père Lothaire, fils de Louis-le-Débonnaire. Il mourut au mois d'août 875.

(2) Les monarques d'Italie de la race carlovingienne ont été:

	Couronné.	*Mort.*
Pepin (sous Charlemagne),	781.	810.
Bernard, fils de Pepin,	812.	818.
Louis-le-Débonnaire, empereur,	814.	840.
Lothaire, son fils,	820.	855.
Louis II, fils de Lothaire,	849.	875.
Charles II, le Chauve,	875.	877.
Carloman, fils de Louis Ier de Germanie,	877.	879.
Charles-le-Gros, son frère,	879.	888.

CHAP. I. des concessions qui avoient anéanti l'autorité
814-888. royale. Occupés de leur défense contre des ennemis étrangers, ou affoiblis par leurs guerres civiles, ils avoient laissé empiéter sur toutes leurs prérogatives; et dans leurs vastes états, à peine se trouvoit-il quelque ville ou quelque château qui n'eût pas d'autre maître qu'eux. Les provinces appartenoient à des ducs ou des marquis, les métropoles, à des évêques, les autres villes, à des comtes; le roi n'étoit plus compté pour rien, et cependant son pouvoir n'avoit pas été transmis au peuple.

888. Les événemens qui suivirent la déposition de Charles-le-Gros, à mesure qu'ils se rapprochent de l'époque où se formèrent nos républiques, demandent de nous une plus grande attention. Ils appartiennent aussi plus immédiatement à la nation italienne, qui se vit alors de nouveau gouvernée par un monarque italien. Les révolutions du trône, pendant les soixante-trois ans qui s'écoulèrent depuis l'expulsion des Carlovingiens jusqu'au couronnement d'Othon de Saxe, mirent en jeu, pour la première fois, le caractère national; elles le fixèrent, et développèrent ce désir d'une liberté républicaine, que nous verrons bientôt se manifester dans les villes.

Les Lombards avoient institué dans leur monarchie trente fiefs principaux avec le titre de duchés, ainsi que nous le verrons au chapitre suivant, où nous traiterons avec plus de détails du système féodal. Sous la dynastie des Carlovingiens, le nombre de ces duchés fut fort diminué, non pas, à ce qu'il paroît, par une loi, mais tantôt par la réunion de plusieurs fiefs sous un seul maître; tantôt, au contraire, par la division d'un seul fief en plusieurs comtés. De là vint qu'à la déposition de Charles-le-Gros, il se trouvoit en Italie cinq ou six seigneurs seulement en état de commander à la nation, et de disputer la couronne. Les grands fiefs dont ils étoient propriétaires portoient presque tous indifféremment le titre de marquisat et celui de duché. Le mot de Mark ou marche, désignoit, chez les Francs et les Germains, les limites des états; et les seuls grands duchés que les rois eussent conservés, étoient en effet situés aux frontières, afin que leur seigneur fût en état, sans l'aide du monarque, de défendre le royaume contre des invasions étrangères.

Le plus puissant des grands fiefs d'Italie étoit celui de Bénévent, fondé par Zoton, en 568; et composé de presque toutes les provinces qui appartiennent aujourd'hui au royaume de Naples. Nous suivrons avec quelques détails, dans notre quatrième chapitre, la dynastie des ducs de Bénévent, en traçant l'histoire des républiques de l'Italie méridionale, qui furent

CHAP. I. constamment en guerre avec eux. Dans le neuvième siècle, ce duché s'étoit divisé en trois
888. principautés indépendantes : Bénévent, Salerne, et Capoue; elles s'affoiblissoient réciproquement par une guerre acharnée. Leurs souverains ne firent aucune tentative pour obtenir la couronne d'Italie.

Adalbert, comte de Lucques et marquis de Toscane, manifesta dans la même occasion une modération semblable. Ce seigneur possédoit cette belle province, que la nature semble avoir destinée à former un état indépendant, en la séparant du reste de l'Italie par une chaîne de montagnes. Dès le temps de Charlemagne, on trouve des monumens d'un Boniface, duc de Toscane (1). Ses descendans continuèrent à gouverner cette province, pendant un siècle et demi, avec assez de bonheur; et leur cour passoit pour la plus brillante et la plus somptueuse parmi celles des grands feudataires.

Des marquis de Fermo et de Camérino avoient gouverné les deux petites provinces qui portent encore aujourd'hui le nom de Marches, et qui étoient autrefois les frontières

(1) *Muratori Annali d'Italia*, *ann.* 813. Cette famille des Boniface, marquis de Toscane, dont la fameuse comtesse Mathilde fut la dernière héritière, a été l'objet des plus diligentes recherches de Muratori et de Fiorentini, *Memorie della contessa Matilde*.

que les Lombards devoient défendre contre les Grecs; ils venoient d'être dépouillés de leurs fiefs. Le marquis d'Ivrée, Ansgar, possédoit une province du Piémont, qui avoit autrefois été destinée à former la barrière des Lombards contre les Francs. Mais deux princes plus puissans s'élevoient au-dessus de tous ces rivaux; seuls, ils disputèrent la couronne; savoir: Bérenger, marquis de Friuli ou de la Marche Trévisane, et Guido, marquis de Spolète ou de l'Ombrie. Les états du premier s'étendoient depuis les Alpes Juliennes jusqu'à l'Adige. Il étoit chargé de défendre le passage de ces Alpes, le seul par lequel l'Italie soit aisément accessible, et celui en effet par lequel avoient pénétré tous les peuples barbares, scythes et germains, dans leurs invasions précédentes. Bérenger étoit le descendant de l'ancienne famille des ducs lombards de Friuli. Après que Charlemagne eut fait la conquête de l'Italie, cette famille s'unit à la maison régnante par des liens de parenté. Éberard, duc de Friuli, avoit épousé Gisèle, fille de Louis-le-Débonnaire, et Bérenger étoit né de ce mariage (1).

D'autre part, Guido, duc de Spolète, avoit réuni à ses états les Marches moins considérables de Fermo et de Camérino; son aïeul, de

(1) *Muratori Annali*, *ad ann.* 877. T. VII, p. 215. — *Hadriani Valesii Berengarius Augustus*. *Script. Ital.* T. II, p. 376.

CHAP. I. même nom que lui, profitant des guerres civiles
888. du duché de Bénévent, en avoit conquis la plus grande partie, ou plutôt s'en étoit emparé par trahison (1). Guido, que cette conquête avoit placé au rang des plus puissans princes, étoit français d'origine, et allié à la famille royale des Carlovingiens, quoiqu'on ne sache pas précisément de quelle manière. Après avoir levé sur l'Église romaine plusieurs contributions, il s'étoit réconcilié avec elle, et il avoit été adopté par le pape Étienne V. Bérenger et Guido, outre la rivalité de puissance, avoient un motif particulier de haine l'un contre l'autre. Guido, peu d'années auparavant, avoit été mis au ban de l'empire, et Bérenger avoit entrepris, par l'ordre de Charles-le-Gros, de lui faire la guerre, et de le dépouiller de ses fiefs (2). Ces deux princes, égaux en puissance, manifestèrent tous deux la prétention de régner sur l'Italie, dans le temps où l'empire de Charlemagne se partageoit entre plusieurs maîtres. Car, la même année, Arnolphe, bâtard de la race carlovingienne, s'étoit emparé de l'Allemagne; Louis, fils de Boson, du royaume d'Arles; Rodolphe, fils de Conrad, de la Bour-

(1) Dans l'année 853. *Erchempertus Hist. Princip. Langob. apud Camillum Peregrinum*, cap. 17. *Rerum Ital.* T. II, p. 241.

(2) En 883. *Annal. Bertiniani.* T. II, p. 570.

gogne supérieure; et Eudes, comte de Paris, de la France occidentale. CHAP. I. 888.

Comme tous les princes de l'Europe prétendoient alors être des princes français, toutes les guerres qu'occasionna le partage de l'empire, prirent le caractère de guerres civiles; mais ces guerres étoient de celles que la seule ambition des grands excite, et auxquelles le peuple ne prend point d'intérêt. De là vint, au milieu d'une nation valeureuse, la foiblesse étrange de la monarchie, et la désorganisation sociale, qui devoit enfin forcer chaque ville à se défendre et à se gouverner elle-même.

Cependant Bérenger et Guido sollicitèrent l'assemblée des états ou plutôt des évêques d'Italie, de leur décerner la couronne. Ces deux princes, tour à tour vainqueurs et vaincus, achetèrent, à chaque révolution, la faveur des électeurs par de nouvelles concessions. On les vit dépouiller la couronne de toutes ses prérogatives, sans réussir à s'assurer des partisans. Les feudataires embrassoient toujours le parti du vaincu, parce que le vainqueur demandoit leur obéissance, et qu'obéir leur paroissoit être une souffrance et un opprobre (1). 888-894

(1) Guido mourut en 894, ayant porté quatre ans le titre l'empereur. Lambert, son fils, succéda à ses prétentions, et porta le titre d'empereur jusque en 898, qu'il mourut à Marengo, tué à la chasse.

CHAP. I.

888-894. De soixante ans que durèrent les guerres civiles, Bérenger en régna trente-six; d'abord avec le titre de roi d'Italie, et, pendant les neuf dernières années de sa vie, avec celui d'empereur.

888-924. Après avoir dompté les princes de la maison de Spolète, ses premiers rivaux, il combattit d'autres compétiteurs que ses sujets lui suscitèrent; tels que Louis de Provence, et Rodolphe de Bourgogne; et sa lutte, pour le trône, fut aussi longue que son règne; car, dit un historien presque contemporain (1) : « Les Italiens » veulent toujours servir deux maîtres, afin » de contenir l'un, par la terreur que l'autre » lui inspire » (2).

(1) *Liutprandus Ticinensis Historia.* Lib. I, cap. 10. *Rer. Ital.* T. II, p. 431.

(2) Les souverains qui se disputèrent le trône d'Italie depuis la déposition de Charles-le-Gros jusqu'au règne d'Othon-le-Grand, furent les suivans :

	Roi.	*Emper.*	*Mort.*
Bérenger, duc de Friuli,	888.	915.	924.
Guido, duc de Spolète,	889.	891.	894.
Lambert, fils de Guido,	892.	892.	898.
Arnolphe, roi de Germanie,	—	896.	899.
Louis III, roi de Provence,	900.	901.	915.
Rodolphe, roi de la Bourgogne transjurane,	921.	—	937.
Hugues, comte ou duc de Provence,	926.	—	947.
Lothaire, fils de Hugues,	931.	—	950.
Bérenger II, marquis d'Ivrée,	950.	—	966.
Adalbert, fils de Bérenger,	950.	—	
Othon-le-Grand, de Saxe, roi d'Allemagne,	951.	962.	973.

Le règne de Bérenger, signalé par les guerres civiles de l'Italie, fut aussi l'époque désastreuse de l'invasion des peuples nomades du Nord et du Midi, des Hongrois et des Sarrasins qui, pendant cinquante ans, continuèrent leurs dévastations, et qui changèrent les mœurs des Italiens en les forçant d'adopter un nouveau système de défense.

CHAP. I. 888-924.

La foiblesse de Louis, fils d'Arnolphe, roi de Germanie, avoit ouvert les portes de l'Allemagne et de l'Italie aux Hongrois, nation barbare, encore païenne, qui, sortie, comme les Huns, des déserts de la Scythie, avoit marché sur leurs traces, achevant la ruine des Occidentaux, dépeuplant les provinces, et forçant les Grecs, les Bulgares et les Germains, à se racheter de ses dévastations par des tributs humilians. Ces peuples féroces contribuèrent à faire croire à l'approche de la fin du monde; et les théologiens dissertèrent gravement pour déterminer, si c'étoit eux que l'Écriture désignoit par les noms de Gog et de Magog (1). Ils sembloient se plaire à verser le sang; on ne voyoit dans leurs irruptions aucun autre dessein que celui de détruire. Ils parcouroient l'Italie et l'Allemagne, jusqu'à leur extrémité,

(1) Une dissertation sur ce sujet a été conservée en manuscrit au monastère de la Novalèse; elle est citée par Denina. *Rivoluz. d' Italia.* Lib. IX, cap. 2, T. II, p. 13.

CHAP. I. 888-924. ils réduisoient en cendres les villes ouvertes, ou mal fortifiées, et des monceaux d'ossemens étoient les monumens de leur passage. Néanmoins, pendant un demi-siècle que l'Europe parut abandonnée à leur rage, ils ne firent aucune conquête stable; la même armée qui avoit porté la désolation au travers de l'Italie jusqu'à Capoue, ou au travers de l'Allemagne jusqu'à Saint-Gall, après s'être abreuvée de sang, se hâtoit, sans y être forcée, de regagner les forêts de la Pannonie, et d'y transporter les riches dépouilles qu'elle avoit recueillies (1).

Les Hongrois pénétrèrent pour la première fois en Italie en l'an 900; ils ravagèrent toute la Marche Trévisane, et s'avancèrent jusqu'à Pavie. Bérenger, à qui le nom même de ce peuple étoit inconnu, rassembla en hâte tous les vassaux de la couronne, et forma une armée trois fois plus forte que celle des barbares, avec laquelle il s'avança à leur rencontre. Les Hongrois, effrayés à leur tour, et ne connoissant point encore le pays, reculèrent jusque derrière la Brenta; en même temps, ils firent demander la paix, et la permission de retourner sans obstacle dans leurs foyers, en abandon-

(1) *Voyez* sur ces invasions, *Murat. Antiq. It. M. Æ. Diss. I.* T. I, p. 22. *XXI*, T. II, p. 149. *XL*, T. III, p. 675. — *Liutprandi Ticinens. Hist.* L. I, c. 5, p. 428; L. II, c. 2 et 4, p. 434. — *Sigonius de Regno Ital.* L. VI, p. 149.

nant tout le butin qu'ils avoient fait. Mais Bérenger se flattoit de pouvoir punir les barbares de leur hardiesse, et leur faire perdre pour jamais l'envie d'envahir ses états. Il les contraignit au combat; cependant il n'avoit pas calculé l'énergie que peut donner le désespoir, et il n'avoit pas craint la discorde secrète qui affoiblissoit sa propre armée. Il fut entièrement défait. Les Hongrois vainqueurs rentrèrent de nouveau dans les provinces du centre de l'Italie, et les parcoururent sans rencontrer de résistance; car la déroute de Bérenger avoit jeté dans un tel découragement toute la nation italienne, qu'aucun capitaine n'osa plus tenir tête à ces farouches ennemis (1).

Avant cette époque, d'autres Barbares non moins redoutables s'étoient déjà fortifiés aux deux extrémités de l'Italie : c'étoient les Sarrasins. Ils avoient conquis la Sicile sur les Grecs, de 827 à 851 (2). De là ils avoient passé dans le royaume de Naples, où ils étoient établis depuis l'an 839; et vers le temps où Bérenger

(1) *Liutprandi Ticinens. Hist.* L. II, c. 5 et 6, p. 436.

(2) Les Sarrasins débarquèrent en Sicile au mois de juillet 827, suivant la chronique arabico-sicilienne de Cambridge. T. I, P. II. *Rer. Ital.* p. 245. — En 851 ils prirent la ville d'Enna, où le préfet des Grecs s'étoit réfugié, comme au lieu le plus fort de toute l'île. *Chronol. Ismaelis Alemujadad regis Amani.* Ibid. p. 251. — Cependant il resta aux Grecs quelques forteresses dans cette île, jusqu'à la fin du neuvième siècle.

monta sur le trône, ils s'étoient avancés au milieu des terres des Latins, et s'y étoient ménagé de nouvelles retraites. Ils avoient entre autres fortifié un château ou un camp, sur les bords du Garigliano, d'où ils infestoient la terre de Labour et la campagne de Rome, jusqu'aux portes de cette ancienne capitale du monde.

D'autres Sarrasins, d'une secte opposée, ravageoient le Piémont. Une barque de corsaires musulmans, sortis d'Espagne, avoit fait naufrage à Frassinéto, proche de Nice, sur les frontières de la Ligurie et de la Provence. Cette barque, à ce qu'assure l'historien Liutprand, n'étoit montée que par vingt soldats, qui, loin de perdre courage, profitèrent de l'escarpement des rochers sur lesquels ils étoient jetés, pour s'y fortifier (1). Leurs premiers retranchemens n'étoient que de simples haies d'épines. Cependant ils crurent leur retraite assez sûre pour en faire le centre de nouveaux brigandages, qu'ils étendirent sur les villages voisins et le long des côtes. Ils attirèrent par des signaux les pirates leurs compatriotes, qui croisoient sur la même mer; bientôt ils reçurent de nombreux renforts d'Espagne; alors ils ne craignirent plus de s'aventurer dans les plaines du

(1) De 891 à 896. *Liutprandi Hist.* Lib. I, p. 425.

Piémont ; ils pillèrent Aqui, et, traversant même une fois le mont Saint-Bernard, ils s'emparèrent de la ville de Saint-Maurice en Valais. CHAP. I. 888-924.

Les Sarrasins et les Hongrois faisoient la guerre de la même manière. L'armée des uns et des autres n'étoit composée que de cavalerie légère ; elle battoit le pays par petits escadrons, sans former de projets de conquêtes, sans s'occuper jamais d'assurer ses derrières, ou de se ménager une communication avec ses propres quartiers, sans éprouver d'inquiétude pour les vivres et les fourrages, que la violence lui procuroit toujours partout. La rapidité de la marche des barbares leur donnoit un immense avantage sur la cavalerie pesante des gentilshommes, et sur les milices à pied des villes. Ce n'étoit pas le combat qu'ils cherchoient, mais le butin, en sorte qu'ils évitoient la rencontre des armées ; et comme, à leurs yeux, leur patrie étoit toute entière dans leur petit camp, au lieu de reculer devant les forces qui leur donnoient de la crainte, ils les gagnoient de vitesse, et venoient dévaster derrière elles les provinces qu'elles auroient dû couvrir. Ni les rois, ni les grands feudataires n'avoient perdu aucune partie de leurs états ; ils comptoient toujours le même nombre de villes sujettes ; mais, au milieu de leurs domaines, un ennemi

CHAP. I. qu'ils ne pouvoient atteindre, ravageoit tour à
888-924. tour toutes leurs possessions.

Les Hongrois étendirent quelquefois leurs dévastations jusqu'à Capoue, et même jusqu'à Otrante, en sorte qu'ils rencontrèrent les Sarrasins dans quelques-unes de leurs expéditions.
900-924. Cependant, en général, ces deux peuples nomades se partageoient l'Italie; les premiers désoloient tout le pays qui s'étend au nord du Tibre; les seconds, toutes les contrées qui sont au midi de ce même fleuve.

Les guerres des Hongrois et des Sarrasins ont eu l'influence la plus immédiate sur la liberté des villes. Avant ces expéditions, toutes les cités italiennes étoient ouvertes et sans défense, elles ne prenoient aucun intérêt au gouvernement; elles n'avoient point de milices, et les bourgeois étoient trop peu considérés pour qu'eux-mêmes crussent avoir une patrie. Mais lorsqu'ils furent réduits à se défendre par leurs propres forces contre un brigandage qui s'étendoit sur toute la contrée, sans qu'aucune armée, aucun ordre public existât pour le réprimer, l'abandon où ils se trouvoient leur fit d'abord élever des murailles, puis former des milices, et enfin élire des magistrats (1). Les

(1) Les Modénois, entre autres, élevèrent leurs murailles vers l'an 900, et ces vers, qu'on retrouve dans un vieux carthulaire

ordres inférieurs du peuple furent à leur tour appelés à l'action; c'est alors qu'ils acquirent cette énergie de caractère qui devoit bientôt en faire des citoyens. CHAP. I. 900-924

Mais les peuples nomades n'influèrent sur le caractère des Italiens que par leurs hostilités, jamais par leur mélange ou par leur exemple. Les Hongrois, qu'on croyoit plus rapprochés des bêtes féroces que de l'espèce humaine, inspiroient trop d'effroi, pour qu'on se permît de les imiter en rien, ou qu'on osât jamais les considérer comme ses amis (1). D'autre part, les Sarrasins, colonie militaire des Maures d'Afrique, ne ressembloient nullement aux sujets policés des califes. Ceux qui dévastèrent les campagnes de l'Italie étoient le rebut de la nation; ils ne connoissoient d'autre art que celui de la guerre, ou plutôt du brigandange, et leurs mœurs étoient plus éloignées encore de la civilisation de l'Orient, que celles des chrétiens

de la cathédrale, paroissent avoir été inscrits sur les murs:

Non contra Dominos erectus corda serenos
Sed cives proprios cupiens defendere tectos.

Antiq. Ital. Diss. I, p. 21.

(1) Les Hongrois et les Turcs, qui, autrefois, ne formoient qu'un seul peuple, passoient pour être issus de l'union d'un enchanteur et d'une louve. Ils se plaisoient à répandre la croyance à cette origine monstrueuse, pour augmenter l'effroi qu'ils inspiroient. Cette tradition s'est conservée sur les frontières de la Turquie, parmi les chrétiens sujets de l'Autriche.

CHAP. I. 900-924. qu'ils attaquoient. Deux siècles plus tard, l'école de Salerne, le commerce de Pise, Gênes et Venise, avec le Levant, et les croisades, donnèrent aux Italiens et à leur littérature une légère teinte orientale; mais c'est alors seulement que ce goût arabe se manifesta; les bandes errantes des Ismaélites n'y eurent aucune part; elles n'avoient rien de romanesque, rien de religieux, rien qui pût laisser une trace profonde dans l'esprit des peuples.

Le règne de Bérenger fut le plus haut période de la désorganisation sociale, celui qui devoit amener le plus immédiatement une révolution; cependant ce prince ne manquoit ni de talens, ni de vertus (1). Quoiqu'il eût, à plusieurs reprises, payé la paix au prix de l'or, il l'avoit tout aussi souvent conquise les armes à la main; ses expéditions contre les Hongrois et les Sarrasins, quoique souvent malheu-

(1) Le règne de Bérenger est une des périodes les plus obscures de l'histoire d'Italie. Les guerres civiles et étrangères, et la confusion extrême où l'état étoit plongé, rendent très-difficile de suivre le fil des événemens. Plusieurs historiens du quinzième siècle ont fait de Bérenger deux princes différens, en sorte qu'ils comptent trois monarques de ce nom, au lieu de deux. Nous avons sur Bérenger un poëme en latin barbare, qui lui fut dédié l'année de son couronnement. *Anonymi Carmen panegyricum, de laudibus Berengarii Aug. Scr. Rer. It.* T. II, p. 386, et les deux premiers livres de l'histoire de Liutprand, écrivain de la génération suivante.

reuses, attestoient ses talens militaires et sa CHAP. I.
bravoure, aussi-bien que l'indiscipline de ses 900-924.
troupes; les feudataires, qui prodiguoient tour à tour à tous les souverains le titre de tyran, lui reprochoient moins qu'à tous ses compétiteurs l'orgueil, le luxe, et les exactions de sa cour. Un seul de ses rivaux, Louis de Provence, éprouva de sa part un traitement cruel, mais mérité par un manque de foi. Dans d'autres occasions il avoit souvent donné des preuves de sa clémence, et d'une confiance généreuse en ses ennemis. Ce fut même un trait d'héroïsme de cette nature, qui lui coûta la vie.

Bérenger étoit sorti triomphant d'une longue 921.
guerre civile, et, pour la première fois, la paix régnoit dans ses états. Guido, fils d'Adelbert, marquis de Toscane, un autre Adelbert, marquis d'Ivrée, Lambert, archevêque de Milan, Olderic, comte du palais et majordome du roi, Gilbert, comte puissant, dont les états ne nous sont pas indiqués; qui tous étoient comblés des bienfaits du prince, et qui lui devoient ou leur rang, ou le siége qu'ils occupoient, ou le pardon qu'ils avoient obtenu de lui, après leurs fautes, ourdirent une trame contre sa vie. Ils offrirent sa couronne à Rodolphe, roi de la Bourgogne transjurane, qu'ils invitèrent à passer en Italie. Bérenger, averti de la conspiration, crut dé-

CHAP. I. sarmer ses ennemis à force de bienfaits. Guido,
921. duc de Toscane, et sa mère Berthe, étoient, peu auparavant, tombés entre ses mains, et il leur avoit rendu la liberté. Adelbert et Gilbert furent faits prisonniers par un parti de Hongrois à la solde de Bérenger; le premier échappa par son adresse, mais le second ne dut sa liberté qu'à la clémence du roi. Bérenger marcha ensuite contre Rodolphe, et le battit. Sa victoire, il est vrai, le rendit trop confiant; il tomba quelque temps après dans une embuscade, et fut entièrement défait. Alors il se retira dans sa ville de Vérone, qui lui avoit souvent servi de refuge. Les conjurés l'y poursuivirent; ils engagèrent un nommé Flambert, noble véronois, dont l'empereur avoit tenu un fils sur les fonts de baptême, à l'assassiner.

924. Bérenger, prévenu à temps, fit venir ce seigneur devant lui; il lui rappela l'affection qu'il lui avoit vouée, les faveurs qu'il lui avoit accordées; il lui fit sentir l'énormité de son crime, et le peu de fruit qu'il en pouvoit attendre; puis, prenant une coupe d'or : « Que cette » coupe, dit-il, soit entre nous le gage de » l'oubli de votre faute et de votre retour à la » vertu. Prenez-la, et rappelez-vous que votre » empereur est le parrain de votre fils ». La même nuit, Bérenger, pour montrer qu'il étoit au-dessus du soupçon, au lieu de s'enfermer

dans son palais, qui étoit fortifié, alla coucher, CHAP. I.
sans gardes, dans un casin au milieu des jardins. 924.
Le matin, comme il se rendoit à l'église, Flambert, accompagné d'hommes armés, vint à sa rencontre, et, feignant de vouloir l'embrasser, il le poignarda lâchement (1). L'histoire ne nous a point fait connoître les motifs d'une haine si féroce et de tant d'ingratitude; elle nous apprend seulement que le premier et le plus grand peut-être des empereurs italiens, ne tarda pas à être vengé. Milon, comte de Vérone, accourut à son aide, trop tard pour le défendre, mais à temps pour tailler en pièces ses ennemis.

Les talens ni les vertus d'un souverain, dans ce siècle malheureux, ne pouvoient contribuer que foiblement à la prospérité de l'état; l'habitude de l'insubordination étoit prise; tous les moyens de répression étoient enlevés au monarque; ses vassaux, foibles contre l'ennemi, n'étoient forts que contre leur roi, la confusion étoit générale; le corps social tendoit rapidement vers sa dissolution, et un tyran seul pouvoit par la violence et la perfidie, se maintenir sur un trône d'où un héros devoit tomber.

Un tyran étoit peut-être nécessaire à la na-

(1) *Liutprandi Hist.* L. II, c. 16-20, p. 442 et seq.

CHAP. I. tion italienne, pour lui faire sentir le besoin
924. d'une constitution libre. La foiblesse et l'insuffisance du pouvoir auquel elle étoit soumise, lui avoient fait désirer un gouvernement ferme et vigoureux qui la sortît de l'anarchie. Il falloit qu'elle connût à leur tour les dangers de ce qu'elle souhaitoit, et qu'elle pût comparer le gouvernement tyrannique à l'anarchie, afin de sentir vivement qu'à une égale distance du despotisme et de la licence, se trouvoit la liberté
926. à laquelle elle devoit s'attacher. Deux ans après la mort de Bérenger, on vit monter sur le trône des Lombards un homme qui réduisit à la soumission la plus avilissante ces feudataires altiers, auparavant rivaux de son prédécesseur, et qui remplaça des lois impuissantes par une tyrannie sans pudeur.

926-947. Cet homme étoit Hugues, comte ou duc de Provence, auquel les Italiens décernèrent la couronne, après en avoir privé Rodolphe de Bourgogne (1). Hugues étoit frère utérin d'Ermengarde, marquise d'Ivrée, et de Lambert, marquis de Toscane. Il ne trouvoit plus, comme ses prédécesseurs, des rivaux dans les ducs de Spolète ou de Friuli, dont les familles s'étoient éteintes, ou avoient été dépouillées de leurs fiefs en même temps que de la cou-

(1) *Liutprandi Hist.* L. III, c. 3, p. 445.

ronne ; et les nobles inférieurs dont il excitoit la jalousie mutuelle, et qu'il accabloit l'un après l'autre de tout le poids de sa puissance, après les avoir divisés par ses intrigues, ne pouvoient opposer de digue à son ambition. Ce fut vainement, il est vrai, que Hugues tenta, comme nous le verrons dans un autre chapitre, de se donner un appui dans Rome, en épousant la fameuse Marozia, de qui cette ville dépendoit; mais sa politique fut couronnée par un plus grand succès en Lombardie. Dirigeant toujours ses attaques contre tout ce qu'il y avoit de plus distingué dans ses états, il sacrifia sans pitié, et l'un après l'autre, tous les grands qui lui faisoïent ombrage, et jusqu'à ceux auxquels il devoit son élévation ; de ce nombre furent son propre frère Lambert, marquis de Toscane (1), et son neveu Anscar, fils d'Ermengarde, marquis de Spoléto et de Camérino (2). Il n'épargnoit pas plus ses propres créatures; bientôt il les trouvoit trop puissantes pour vivre sous lui, et il les dépouilloit après les avoir enrichies.

Hugues traitoit les évêques à peu près de la même manière que les ducs; il chassoit de leur siége ceux en qui il n'avoit pas une pleine confiance, et il leur substituoit des Bourgui-

(1) *Liutprandi Hist.* Lib. III, c. 13, p. 451.
(2) *Ibid.* L. V, c. 2, p. 461.

CHAP. I. 926-947. gnons ou des Provençaux, qui, n'ayant d'autre appui que lui, se soumettoient à une dépendance plus absolue (1). Plusieurs de ses bâtards furent aussi élevés aux premières dignités de l'Église, ou du moins ils en usurpèrent les revenus; plusieurs de ses maîtresses reçurent des abbayes en récompense, et les patrimoines ecclésiastiques étoient entre ses mains, l'objet d'un commerce scandaleux, au moyen duquel il amassa de grandes richesses.

Si les grands et le clergé étoient réduits à un pareil abaissement, les seigneurs, les comtes, et les commandans des villes ne pouvoient pas s'attendre à être ménagés davantage. Le droit de succession dans les fiefs, sans être devenu une loi de l'empire, étoit cependant sanctionné par un usage de près de deux siècles. Plusieurs des familles qui possédoient des fiefs sous le règne de Hugues, en avoient été investies sous celui de Charlemagne, plusieurs même, sous celui des rois lombards, et le droit de quelques-unes remontoit jusqu'au temps de l'établissement de la nation lombarde en Italie. Hugues n'eut aucun égard à ce droit tacite, qui étoit à la vérité contredit par les formules légales d'investiture, et il s'attribua la faculté de donner et de reprendre les fiefs, non-seulement

(1) *Liutprandi Hist.* Lib. IV, c. 3, p. 452. — *Arnulphus Mediolan. Hist.* L. I, c. 3 et 4. *Rer. It.* T. IV, p. 8.

à la mort du bénéficier, mais même de son vivant. CHAP. I. 926-947.

Le seul ordre de la nation dont on ne nous rapporte pas les plaintes, c'est le peuple; non que le tyran le ménageât plus que les autres, mais parce qu'on attachoit trop peu d'importance à ses souffrances, pour que les historiens crussent leur souvenir digne d'être transmis à la postérité. Ils nous apprennent seulement que Hugues, s'étant emparé de Frassinéto, au lieu de chasser de ses états les Sarrasins qui occupoient cette forteresse, les transporta dans la Marche Trévisane, pour qu'ils en fermassent les passages aux Allemands; et qu'il ne voulut point réprimer leurs pillages ou leurs violences, afin d'avoir en eux des soldats plus affidés (1).

Sous les règnes anarchiques de Bérenger et de ses prédécesseurs, la liberté à laquelle prétendoient les Italiens, ne se trouvoit point garantie par un pouvoir national, indépendant de celui des rois. Le trône étoit le seul centre d'autorité; mais les sujets ne lui étoient presque attachés par aucun lien. Ce n'étoit point par la vigueur de leur constitution que les Lombards étoient libres; mais au contraire par sa foiblesse. Lorsqu'un tyran eut abattu suc-

(1) *Liutprandi Hist.* Lib. V, c. 7, p. 464. — *Sigonius de Regno Ital.* L. VI, p. 160.

CHAP. I. cessivement les grands feudataires, lorsqu'il
926-947. eut élevé ses créatures aux plus riches bénéfices ecclésiastiques, la nation se trouva asservie sans combat. Faute d'organisation politique, et non de caractère, elle n'avoit point en elle-même un ressort suffisant pour se relever. Il lui falloit nécessairement une impulsion étrangère et un secours étranger pour renverser l'usurpateur.

Ce secours lui fut donné par l'Allemagne; pour la première fois les intérêts des deux nations et des deux monarchies se mêlèrent, et bientôt ce mélange fit asseoir un roi saxon sur le trône de Lombardie.

De tous les feudataires italiens, il n'en restoit qu'un seul qui possédât encore l'héritage de ses pères, et qui dût son pouvoir, non point à la faveur d'un maître, mais à sa naissance, et à l'affection de ses sujets; c'étoit Bérenger, marquis d'Ivrée, et petit-fils, par sa mère, de l'empereur de même nom. La belle-mère de Bérenger, Ermengarde, étoit sœur de Hugues, qu'elle avoit placé sur le trône; et, par un reste de reconnoissance pour elle, Hugues, se confiant encore dans la grande jeunesse du
940. marquis, l'avoit laissé vivre et gouverner Ivrée. Cependant, dès qu'il vit que les yeux de ses sujets se tournoient vers lui comme vers un défenseur futur, il comprit qu'il étoit temps de

s'en défaire. Les mesures étoient prises pour CHAP. I.
l'enlever avec son épouse, et l'ordre étoit donné 940.
de lui arracher les yeux. Bérenger, et Guilla sa femme, dont la grossesse étoit déjà avancée, avertis secrètement de leur danger, s'enfuirent au travers des gorges du Saint-Bernard, que le tyran avoit cru fermées par les glaces d'un hiver rigoureux (1).

Othon-le-Grand régnoit alors en Germanie. Parmi les princes qui s'étoient partagés les débris de l'empire de Charlemagne, c'étoit le plus puissant, comme aussi le plus magnanime. Les vertus paroissoient héréditaires dans sa famille. Son aïeul, Othon, duc de Saxe, avoit été jugé digne, en 912, à la diète des Allemands, d'être nommé roi de Germanie; mais il avoit refusé cet honneur (2). Son père, Henri Ier, surnommé l'Oiseleur, avoit accepté, huit ans plus tard, la même dignité, qui lui étoit offerte par les vœux unanimes des Francs, des Bavarois, des Thuringiens et des Saxons, et il avoit signalé son règne par une suite de victoires sur les Danois, les Slaves et les Hongrois (3). Othon-le-Grand,

(1) *Liutprandi Hist.* L. V, cap. 4, p. 462.

(2) *Contin. Chronic. Reginonis.* L. II, *apud Struvium Scr. Germ.* T. I, p. 101. — *Hermanni Contracti Chronicon.* Ibid. p. 257.

(3) *Sigeberti Gemblacensis Chronog. apud Struvium.* T. I, p. 811, ann. 934.

CHAP. I. qui régnoit depuis l'année 937, avoit continué
940. avec succès la guerre contre les païens, et ses victoires fermoient aux Hongrois l'Occident, qu'ils avoient si long-temps dévasté. Il accueillit le marquis d'Ivrée à sa cour; il lui permit de rassembler autour de lui les mécontens italiens; et sans lui donner une assistance positive, il lui laissa tout disposer pour renverser le trône de Hugues.

945. La révolution s'opéra en effet par les armes des seuls Italiens. Bérenger, à la tête de sa petite armée, entra en Lombardie par la Marche Trévisane; tous les passages lui furent ouverts, toutes les forteresses lui furent livrées par les mécontens. A mesure qu'il avançoit, il voyoit grossir son armée, au-devant de laquelle Hugues n'osa point marcher. Le marquis d'Ivrée convoqua les États du royaume à Milan, afin qu'ils servissent d'arbitres entre l'ancien et le nouveau monarques. Les seigneurs assemblés sentirent qu'ils avoient recouvré la souveraineté, et, pour la conserver, ils s'efforcèrent d'établir une balance de pouvoirs entre les deux prétendans au trône. Ils reconnurent pour roi Lothaire, fils de Hugues, et ils conférèrent à Bérenger l'administration générale du royaume (1).

Cependant un pareil partage ne pouvoit être long-temps maintenu; l'ambition de Bérenger

(1) *Liutprandi Hist.* L. V, c. 12 et 13, p. 466.

étoit loin de demeurer satisfaite, d'autant plus que Lothaire n'avoit point, ainsi que son père, encouru la haine des peuples; que sa femme Adélaïde étoit adorée de ses sujets, et qu'il y avoit tout lieu de croire que les Italiens rendroient chaque jour davantage leur confiance au fils de Hugues, et la retireroient à Bérenger. On accuse ce dernier d'avoir fait empoisonner le jeune roi, pour se mettre en garde contre cette inconstance de la faveur populaire (1). Il demanda ensuite, pour son fils, la main d'Adélaïde, et il chercha, mais inutilement, à la contraindre à ce mariage par des menaces et des mauvais traitemens. Il n'étoit plus temps d'affermir sa domination par des crimes : lui-même avoit enseigné aux Italiens qu'il existoit au-delà des monts un vengeur des forfaits des rois lombards. Les peuples avoient vu sans plaisir le couronnement de Bérenger; les prélats étoient touchés de la piété d'Adélaïde ; les grands redoutoient de trouver un despote dans un roi sans rivaux. D'un commun accord, tous recoururent à Othon-le-Grand, et le supplièrent de délivrer l'Italie de ce même roi qui s'étoit donné pour être son libérateur.

CHAP. 5. 945.

(1) *Liutprandus*. L. V, cap. 4, p. 463. — *Frodoardi Chronic. apud Muratori Annal. ad ann.* 950. T. VIII, p. 58. — L'histoire de Liutprand finit à cette révolution, ce qui laisse dans l'obscurité la plus entière le court règne de Bérenger II.

CHAP. I. Othon-le-Grand entra en effet en Italie en 951;
951. il mit en liberté la reine Adélaïde, qui, après avoir été retenue en prison dans un château sur le lac de Garda, s'étoit échappée et réfugiée dans la forteresse de Canossa. Othon épousa cette princesse, qui a été ensuite canonisée. Il ne rencontra point de résistance pour s'avancer jusqu'à Pavie, et il s'y fit couronner roi des Lombards. Cependant des guerres civiles et des invasions étrangères le rappelèrent au bout de peu de mois en Allemagne, et Bérenger en profita pour faire sa paix avec un concurrent aussi redoutable. Il se rendit à une diète des Allemands, à Augsbourg, avec son fils Adelbert, qui portoit comme lui le titre de roi des Lombards; il fit hommage de sa couronne à Othon, qu'il reconnut pour son seigneur suzerain; il céda la Marche Trévisane, et par conséquent l'entrée de l'Italie, à un duc allemand; et, sous la protection du roi saxon, il continua quelque temps encore à régner en Lombardie (1).

Mais tandis qu'Othon rétablissoit la paix en Allemagne, et qu'il remportoit sur les Hongrois, près du Lech, une victoire si éclatante, que ce peuple n'osa plus désormais former de nouvelles tentatives sur l'Allemagne ou sur l'Italie,

(1) *Continuat. Reginonis Chronic.* L. II, p. 106. *Scr. Germ. Struvii.* T. I. — *Hermanni Contracti Chronicon*, p. 261, *ibid.* — *Sigeberti Gemblacensis Chronog.* p. 815, *ibid.*

les seigneurs de ce dernier pays interpelloient CHAP. 2.
Othon comme arbitre dans toutes leurs que- 951.
relles avec leur roi. Ils avoient ou croyoient avoir de nombreux sujets de plainte; et Othon, déterminé par leurs prières et par celles du pape, après leur avoir envoyé un de ses fils pour les secourir, entreprit lui-même, pour la seconde
fois, en 961, la conquête de l'Italie. Il n'éprouva 961.
nulle part de résistance. Après avoir pris de nouveau, à Pavie, la couronne des Lombards, il reçut à Rome celle de l'empire, des mains du pape Jean XII. Il assiégea long-temps et prit enfin la forteresse de Saint-Léo, au comté de Montéfeltro; il y fit prisonniers Bérenger et sa femme, et il les fit conduire à Bamberg, où ces illustres exilés finirent leurs jours. Il força leur fils Adelbert à s'enfuir chez les Grecs, et il accomplit la réunion de l'Italie à l'empire d'Allemagne.

Aucune révolution n'eut jamais une influence plus marquée sur le caractère d'une nation, sur sa constitution et sur ses destinées à venir, que celle qu'exerça sur les Italiens l'union des deux couronnes d'Allemagne et de Lombardie. Si les monumens historiques du dixième et du onzième siècles suffisoient pour tracer dès cette époque l'histoire des villes, c'est avec le règne des Othon que nous aurions dû la commencer; car ce fut à la munificence et à la politique de ces princes, que les cités dûrent leurs constitutions munici-

CHAP. I. pales et les premiers germes de leur esprit républicain; ce fut l'éloignement de la cour, qui donna aux municipalités italiennes l'habitude de l'indépendance; ce fut enfin, après l'extinction de la famille des Othon, les guerres entre les princes qui prétendoient à la couronne, auxquelles les villes durent l'habitude des armes, et le droit de combattre sous leurs propres bannières. Forcés, cependant, par l'aridité des historiens qui nous servent de guides, à laisser dans l'ombre des temps trop imparfaitement connus, nous continuerons, dans les chapitres suivans, à indiquer seulement l'influence des grandes révolutions de la monarchie sur la constitution nationale et les mœurs du peuple. Nous recueillerons ensuite, séparément, le peu de lumières qui nous restent sur quelques républiques, dont l'affranchissement remonte aux temps dont nous venons de parcourir l'histoire; et nous ne commencerons qu'avec le douzième siècle à étudier l'intérieur des villes, pour suivre de près, et avec détail, leur généreux élan vers la liberté.

961.

CHAPITRE II.

Système féodal. — Gouvernement du royaume des Lombards; modifications que subit ce gouvernement, de 961 à 1039, pendant le règne des Othon, de Henri II et de Conrad-le-Salique, empereurs allemands.

Les nations septentrionales, par leur mélange avec les Italiens, avoient rendu à ces derniers le sentiment de la dignité de l'homme, l'amour de la patrie, et le désir de la liberté; mais elles leur avoient apporté aussi un système nouveau de gouvernement, et des notions sur les droits de l'homme, différentes de celles des anciens. Les droits de la patrie étoient plus grands chez les Romains et les Grecs; la fière indépendance de chaque individu étoit plus respectée chez les nations barbares. Les peuples du Midi avoient commencé à être libres dans les villes, où, réunis dans une même enceinte, ils avoient senti fortement qu'ils ne formoient qu'un seul corps, et que tous leurs intérêts étoient communs; les peuples du Nord s'étoient rendus libres, s'étoient maintenus libres dans les bois; et, accoutumés à se suffire à eux-mêmes, ils

CHAP. II. n'avoient cherché, dans une association toute volontaire, que la force qu'ils pouvoient acquérir sans rien perdre de leur indépendance. Jusqu'à la fin de l'existence de nos républiques, nous retrouverons en elles les effets des idées apportées du Nord. L'inégalité entre les citoyens, les classes d'hommes diverses et diversement libres, les associations pour repousser une puissance oppressive, surtout le droit de résistance au gouvernement, furent des conséquences de ce système d'indépendance, que nous avons depuis appelé féodal, et qu'on a si souvent calomnié sans le connoître.

Les nations septentrionales reconnurent, dans tous les peuples qu'elles formèrent, l'existence d'une très-grande inégalité entre les citoyens. Elles la reconnurent, dis-je, plutôt qu'elles ne l'établirent; car cette inégalité étoit la conséquence nécessaire de la conquête, et l'effet inévitable de l'état des propriétés. La constitution des conquérans fut telle, qu'elle assura aux citoyens, malgré cette inégalité, une très-grande indépendance. Mais par un abus de leur victoire, qui étoit lui-même une suite presque nécessaire de leur état de propriété, ils ne laissèrent aucune liberté aux hommes qu'ils ne reconnurent pas pour citoyens.

L'égalité ou l'inégalité entre les divers ordres de citoyens, dans toute nation nouvelle et demi-barbare, tient essentiellement au premier partage des propriétés territoriales. Car une nation demi-barbare n'a point de commerce; elle n'a point accumulé de capitaux; elle ne connoît point de manufactures; elle ne peut donc posséder d'autres richesses que la terre et ses produits. La terre seule nourrit les hommes dans un pays sans commerce et sans richesses accumulées, et les hommes obéissent constamment à quiconque peut, à son gré, leur fournir ou leur retrancher les moyens de vivre et de jouir.

Une nation parvient quelquefois, sans révolution, sans conquête, à cet état de civilisation imparfaite, dans lequel les terres sont cultivées, sans que le commerce ou les arts aient encore fait aucuns progrès; alors il est probable que les terres qui appartiennent à cette nation auront, dans l'origine, été partagées entre ses citoyens par portions à peu près égales, ou du moins qu'aucun homme n'aura obtenu de ses compatriotes la permission de s'approprier une étendue de terre tout-à-fait disproportionnée avec les forces de la famille destinée à la cultiver. Les fermes pourront être plus ou moins grandes, mais ce ne seront jamais des provinces. L'inégalité qui existera entre les particuliers ne sera pas telle, qu'elle mette les uns dans une dépendance nécessaire des autres. Les citoyens, inégaux seulement en jouissances, n'oublieront

CHAP. II. pas qu'ils étoient égaux d'origine, et tous demeureront libres. Telle est l'histoire des états de l'ancienne Italie et de l'ancienne Grèce; voilà d'où vient que, dès les temps les plus reculés, on ne vit dans ces contrées que des gouvernemens libres. De nos jours, la distribution des fortunes, dans les colonies de l'Amérique septentrionale, conserve quelque analogie avec ce premier établissement des nations agricoles; les planteurs donnent bien à leurs fermes une étendue beaucoup plus considérable que nous ne donnons aux nôtres, mais ils les proportionnent cependant toujours aux forces de leur famille; aussi existe-t-il chez eux une sorte de *balance territoriale*, comme l'appeloit Harrington (1), balance qui contribue à maintenir la liberté américaine. Au reste, cette liberté auroit pu s'établir sans une pareille balance, puisque les Américains ont des capitaux accumulés, un commerce, des arts, et que les pauvres comme les riches trouvent chez eux des moyens de vivre dans l'indépendance.

Mais cet équilibre des propriétés territoriales peut être absolument détruit par une conquête, et les conséquences de la conquête seront fort différentes, selon que le peuple cultivateur sera

(1) James Harrington, républicain anglais, contemporain de Charles Ier et de Cromwell, auteur d'un livre ingénieux sur le gouvernement, intitulé *Oceana*.

envahi par un peuple de bergers, ou par un autre peuple cultivateur comme lui. Chez les nations tartares, l'accroissement des troupeaux d'une seule famille est aussi illimité que les plaines elles-mêmes de la Tartarie. Le même homme possède souvent un nombre si prodigieux de vaches, de brebis, de chevaux, qu'il peut entretenir aussi à ses gages des milliers de ses compatriotes, et toute son ambition se borne en effet à augmenter le nombre de ses serviteurs. Aussi, quoique les Tartares soient libres, l'autorité patriarchale est-elle si grande chez eux, qu'un chef de famille y devient aisément chef d'armée. Ce sont de pareils chefs qui, accompagnés de leurs bergers et de leurs domestiques, ont fait, à plusieurs reprises, la conquête de l'Asie. A chaque invasion, ils ont établi, dans les provinces soumises, un gouvernement despotique, quoique ce gouvernement n'existât pas chez eux. Ils l'ont fait, parce que le kan, déjà propriétaire de toute la richesse de son armée, a cru pouvoir devenir également propriétaire de tout le territoire de la nation conquise. Il avoit fait soigner ses troupeaux par ses enfans et ses esclaves; par eux il fera cultiver ses nouvelles terres, et ses forces ne lui paroissent point disproportionnées avec les possessions qu'il s'arroge. Que l'on parcoure en effet tous les gouvernemens de l'Asie; dans tous

CHAP. II. on trouvera le souverain considéré comme le propriétaire de toutes les terres; les cultivateurs peuvent être déplacés et renvoyés à volonté par lui ou par ses ministres; ils sentent leur absolue dépendance du maître qui peut leur refuser leur nourriture; et le droit reconnu du monarque, sur les terres, devient le plus ferme appui de son despotisme.

Un peuple cultivateur peut aussi être conquis par un peuple demi-barbare, et cultivateur comme lui. Si le premier est esclave, et excessivement corrompu; si le second est libre, le nombre des vainqueurs peut être infiniment moindre que celui des vaincus. Alors les premiers abuseront du droit de la victoire; ils s'attribueront la propriété des terres de la nation dépouillée, et ils réduiront les cultivateurs, de la condition de propriétaires à celle de métayers, peut-être même à celle de serfs de la glèbe. Dès qu'ils auront trouvé cet expédient pour mettre leurs domaines en valeur, aucune étendue de terrain ne leur paroîtra trop considérable pour en faire leur patrimoine; ils envahiront une province, comme si elle ne formoit qu'une ferme, et ce sera par avidité, en croyant se rendre riches, qu'ils se rendront tout-puissans. C'est ainsi que toutes les provinces de l'empire romain furent partagées entre les barbares du Nord, et que les cultivateurs,

comme de vils troupeaux d'esclaves, demeu-
rèrent attachés aux terres qu'ils faisoient valoir; c'est ainsi que, dans un temps plus rapproché de nous, les Espagnols qui conquirent le Pérou et le Mexique, se firent donner des provinces en patrimoine, et qu'ils ne furent plus effrayés de la propriété d'une ferme de trente lieues d'étendue, dès qu'ils la trouvèrent couverte de plusieurs milliers de cultivateurs dépendans.

Les peuples du Nord qui s'établirent en Italie ne connoissoient point les arts du luxe, et bientôt leur domination les fit disparoître des pays qu'ils habitèrent. Le commerce n'offrit plus à l'homme qui possédoit le revenu foncier de toute une province, les moyens d'échanger la subsistance de plusieurs milliers de personnes contre des jouissances que nul ne partageât avec lui. Une vanité futile ne faisoit point du faste un devoir, l'égoïsme n'en faisoit point un plaisir, et les conquérans, devenus gentilshommes, ne convertissoient point la valeur d'une métairie en habits brodés, en dentelles ou en étoffes de prix. Leurs fortunes étoient colossales, mais l'usage qu'ils en faisoient avoit aussi quelque chose de colossal. Leur richesse, c'étoit tout ce qui sert à la nourriture des hommes, le blé, le vin, le bétail, et ils l'employoient en effet à nourrir des hommes, et des hommes dépendans

CHAP. II. d'eux. La force avoit créé leur richesse, mais leur richesse se changeoit de nouveau toute en force. C'est sur cette base solide que fut assis le pouvoir de la noblesse dans le moyen âge.

Lorsque les Lombards conquirent l'Italie, ces hommes libres, vaillans et indépendans, qui faisoient la guerre pour eux-mêmes et non pour un maître, partagèrent leur conquête en autant de fiefs qu'ils avoient conduit de guerriers. Cependant ils reconnoissoient l'avantage de la discipline militaire, et ils conservèrent à l'armée sa forme et sa subordination, dans l'établissement qui devoit en faire un nouveau peuple. Ils donnèrent à leurs capitaines le titre de ducs ou généraux (1), et leur confièrent le gouvernement des villes, avec un droit de haute-propriété ou de suzeraineté sur le territoire qui les environnoit; ils conservèrent pour eux-mêmes le nom de soldats, *milites*, et chacun obtint la propriété féodale d'une portion du territoire de chaque ville, ou des châteaux et des villages qui en dépendoient. C'est dès lors que le mot *miles* fut employé pour désigner un gentilhomme plutôt qu'un soldat.

La propriété territoriale n'appartenoit, d'une manière bien réelle, qu'aux gentilhommes. Au-dessous d'eux, les laboureurs, leurs vassaux,

(1) *Leges Rotharis in Codice Longobard.* §. 6, 20, 21. T. I, P. II, *Rer. Ital.* p. 18 et 20.

qu'ils avoient dépossédés, et qu'ils forçoient à travailler pour leur compte, et à leur livrer le tiers de leurs récoltes, étoient dans une condition approchante de l'esclavage (1). Dans un rang supérieur, l'autorité des ducs, attachée à la conservation d'un certain ordre social, ne reposoit que sur une fiction de propriété, sur un droit imaginaire à des terrains et des provinces que ces chefs ne possédoient réellement point. Cependant le même système faisoit la sûreté du duc et du gentilhomme; il sanctionnoit également l'obéissance du vassal et du vavasseur; aussi pendant plusieurs siècles les ducs furent-ils forts de la force des gentilshommes qui leur étoient subordonnés. En remontant l'échelle féodale, le roi, placé au-dessus des ducs, auroit dû avoir sur eux la même autorité que les ducs avoient sur les gentilshommes. Mais, si le droit de propriété des grands vassaux, sur toute la province, n'étoit qu'une fiction de la loi, le droit de propriété des rois sur le royaume, étoit une fiction plus éloignée encore de la réalité; et, puisque la stabilité du pouvoir tenoit à la richesse territoriale, le pouvoir des gentilshommes sur leurs subor-

(1) « Ceux des Romains, dit Paul Warnefrid, qui ne furent » pas tués, furent divisés entre les soldats de l'armée, rendus » tributaires, et obligés de livrer aux Lombards le tiers de leurs » récoltes ». *De Gest. Langobard.* L. II, c. 32, p. 436.

CHAP. II. donnés devoit être absolu, celui des ducs, précaire, et celui des rois, presque nul.

Dès l'année 576, à la mort de Cléphis, le second des princes lombards qui régnèrent en Italie, la nation crut pouvoir se passer d'un chef. Les ducs, qui étoient, à cette époque, au nombre de trente, furent considérés comme les représentans de tous les hommes libres, accoutumés à combattre sous leurs drapeaux. L'administration leur fut confiée, et ils conservèrent pendant dix ans une image imparfaite de république. Au bout de ce temps, les gentilshommes s'aperçurent que, pour leur liberté même, il convenoit que leurs chefs eussent un supérieur, et ils prirent occasion d'une guerre périlleuse avec les Francs et les Grecs, pour se soumettre de nouveau à l'autorité royale (1).

Les Lombards étoient indépendans plutôt qu'ils n'étoient libres; leur indépendance étoit garantie par leurs propriétés, par les armes de leurs vassaux, et par la foiblesse de leurs rois, mais non par leur constitution. Quelques-unes de leurs lois semblent faites pour sanctionner la tyrannie. « Si quelqu'un, de con-
» cert avec le roi, dit Rotharis, prépare la
» mort à un autre, ou s'il le tue par ordre du
» roi, il n'est point coupable; ni lui ni ses

(1) *Paul Warnefrid de Gestis Langob.* L. III, c. 16, p. 444.

» héritiers ne pourront être inquiétés pour ce CHAP. II.
» fait; car, puisque nous croyons que le cœur
» du roi est entre les mains de Dieu, il n'est
» point possible qu'on demande compte à un
» homme, de celui que le roi a fait tuer » (1).
Mais sans cette loi les juges royaux auroient été rendus responsables, non pas seulement envers la nation, mais envers les familles mêmes des coupables, pour les sentences qu'ils auroient pu prononcer avec le plus de justice. L'esprit national, l'indépendance des gentilshommes, et la foiblesse du monarque, empêchoient que la vie des sujets ne fût à la merci d'un despote, quand bien même la loi sembloit le vouloir.

Il ne faut pas chercher dans ces constitutions, ou dans aucun code des nations barbares, une reconnoissance des droits du peuple, des prérogatives des gentilshommes, ou des limitations apportées à l'autorité royale; tout cela existoit indépendamment des lois; mais ce qui caractérisoit une nation libre, c'étoit la détermination des peines pour chaque offense, avec une précision qui peut paroître aujourd'hui ridicule, et qui, cependant, prévenoit tout châtiment arbitraire (2); c'étoit encore la loi qui punissoit la désobéissance, ou au duc ou au roi, par

(1) *Leges Rotharis regis*, §. 2, *anno post invasionem Italiæ 76 promulgatæ. Scr. Ital.* T. I, P. II, p. 17.

(2) *Leges Rotharis*, § 45 et seq. p. 21.

CHAP. II. une amende déterminée, en sorte que chaque homme savoit toujours à quel prix et sous quel risque il pouvoit secouer le joug de l'autorité (1); c'étoit enfin la garantie donnée, d'une manière plus particulière, à chaque gentilhomme, dans son manoir (2). La promulgation de ces lois indiquoit un peuple libre, plus encore que leur contenu. « Moi, Liutprand, » dit le monarque, dans sa préface, « roi catholique et chrétien » de la nation des Lombards que Dieu chérit, » de concert avec tous mes juges d'Austrie, » de Neustrie et des frontières de Toscane, de » concert encore avec tout le reste de mes fidèles » Lombards, et en présence de tout le peuple, » j'ai reconnu ce qui suit pour saint et louable, » et conforme à l'amour et la crainte de Dieu » (3).

Le royaume des Lombards étoit électif. De dix-huit rois qui avoient précédé Rotharis, on n'en voit que trois ou quatre qui aient succédé à leurs pères (4). Après Charlemagne, la couronne d'Italie resta, il est vrai, dans la famille des Carlovingiens, jusqu'à son extinction ; mais depuis Charles-le-Gros, la nation rentra dans ses droits, et elle exerça assez souvent, dans

(1) *Leges Rotharis*, §. 18-22, p. 20.

(2) *In curte sua. Leges Rotharis*, §. 32-34, p. 21.

(3) *Prologus ad Leges Liutprandi regis*, p. 51. *Legis Lang.* T. I, P. II. *Rer. Ital.*

(4) *Prologus ad edictum Rotharis*, p. 17.

un court espace de temps, celui de nommer ses chefs, pour s'en assurer la possession. L'assemblée nationale qui portoit le nom de *Plaids du royaume* (*Placita, seu Malli Regni*), se rassembloit à Pavie, capitale des états lombards, quelquefois à Milan, et dans la suite en rase campagne, dans la plaine de Roncaglia, près de Plaisance. Le nouveau souverain, soit qu'il prétendît à la royauté en se fondant sur ses victoires, soit qu'il eût été invité par les grands, convoquoit, pour l'ordinaire, l'assemblée. Elle étoit composée des prélats, des ducs, des comtes, des envoyés royaux, des juges du sacré palais, des juges de l'empereur, des échevins, des tabellions ou notaires, des jurisconsultes, enfin de tous les hommes libres, qui étoient tenus d'assister aux plaids, quoiqu'ils n'y eussent probablement pas de voix délibérative (1). CHAP. II.

Cette assemblée donnoit, ou pour mieux dire, confirmoit la couronne par ses acclamations. Dans le dixième siècle, elle étoit le plus souvent réduite à justifier une usurpation, en déposant le souverain qui avoit eu le malheur d'être vaincu ; à recevoir du nouveau roi le serment de maintenir les priviléges accordés à l'Église par ses prédécesseurs ; à exiger enfin de

(1) *Antiquit. Italicæ. med. æv. Dissert. XXXI.* T. II, p. 958.

CHAP. II. lui des promesses vagues et générales de respecter les droits de tous, d'observer la justice, de ménager les pauvres, de réprimer les vexations des soldats. Les seigneurs qui faisoient et défaisoient les rois, songeoient plus à maintenir leur indépendance dans leurs provinces, que les droits de l'assemblée dont ils étoient membres. La charte d'élection se terminoit ordinairement par ces mots : « Et comme le glorieux roi *N* a » daigné nous promettre qu'il observeroit toutes » les conditions ci-dessus, dont l'accomplisse» ment nous est bien nécessaire, et qu'avec » l'aide de Dieu, il soigneroit notre salut et le » sien, il nous a plu à tous de l'élire pour notre » roi, seigneur et défenseur, nous engageant à » l'aider de toute notre puissance dans son mi» nistère royal, pour sa conservation et pour » celle du royaume » (1).

Cependant, aux yeux du peuple, le pouvoir souverain n'étoit transmis au nouveau monarque que par l'imposition sur sa tête de la couronne de fer que l'on conservoit à Monza. Lorsque Othon-le-Grand fut ainsi couronné, Walpert, archevêque de Milan, célébra les saints mystères, entouré d'un grand nombre d'évêques. Le roi déposa sur l'autel de Saint-

(1) *Synodus Ticinensis pro electione seu confirmatione Widonis in regem Italiæ, anno* 890. *Rer. Ital.* T. II, p. 416, VIII, c. 11.

Ambroise tous ses ornemens royaux; la lance, dont le fer avoit été forgé avec un clou de la croix de notre Seigneur, l'épée royale, la hache ou francisque, le baudrier, et la chlamyde impériale; il servit la messe dans l'habit d'un sous-diacre, tandis que le clergé solennisoit les mystères selon le rit ambrosien. Après le sacrifice, l'archevêque adressa aux ducs et marquis qui l'entouroient, une harangue en l'honneur d'Othon; il donna ensuite à celui-ci l'onction sacrée; il le revêtit de nouveau des vêtemens et des armes déposés sur l'autel, et il mit enfin sur sa tête la couronne des Lombards (1).

L'assemblée des plaids, à laquelle appartenoit le droit d'élire le souverain, étoit aussi la grande cour de judicature du royaume. C'est de son nom, *placita*, que sont venus les mots de plaidoyer, et de plaider. Elle étoit convoquée périodiquement, tout au moins deux fois par année, en été et en automne. Tous les hommes libres relevant immédiatement du roi étoient tenus d'y assister. Il est probable, cependant, que les vassaux trop éloignés du séjour de la cour, pouvoient se dispenser de faire un voyage qui leur auroit été fort onéreux, pourvu qu'ils se rendissent aux plaids que le comte du palais sacré présidoit dans les provinces au nom du

(1) *Landulphi senioris Mediolanens. Histor. Rer. Ital.* T. IV, p. 79, Lib. II, c. 16.

CHAP. II. souverain. Ce comte étoit le principal ministre de justice de la monarchie. A lui appartenoit le droit de convoquer l'assemblée nationale dans toutes les parties de l'État ; de la présider en l'absence du roi ; et d'y rendre la justice en son nom dès que les affaires publiques y étoient terminées (1). Il y avoit encore dans les provinces d'autres assemblées formées sur le modèle des plaids du royaume ; c'étoient les plaids du seigneur, où tous les hommes libres relevant d'un grand feudataire étoient tenus d'assister.

On ne trouve, dans les monumens qui nous restent de ces assemblées, rien qui indique que des delibérations précédassent les décrets de leurs présidens. Il est vrai, cependant, qu'on ne peut espérer de connoître la manière de procéder dans les états du royaume, d'après les formules dont se servent les notaires pour rédiger leurs actes. Il est aisé de voir qu'ils ne peuvent manier le latin barbare qu'ils emploient, et qu'ils s'efforcent d'abréger tous les détails qu'ils ne sauroient rendre. Nous croyons que les grands seigneurs avoient seuls une voix délibérative ; que les jurisconsultes et les échevins n'étoient appelés aux états que pour assister leur seigneur de leurs conseils, encore que la supériorité de leurs connoissances leur don-

(1) *Antiq. Ital. med. æv. Diss. VII.* T. I, p. 552.

nàt plus d'influence qu'à aucun autre ordre sur la législation ; que les citoyens, enfin, étoient réunis dans ces assemblées, pour donner plus d'authenticité aux actes publics, pour que les témoins et les parties se rencontrassent sans peine, et pour que l'on pût trouver dans la foule, des hommes instruits de chaque loi, qui servissent d'arbitres dans tous les procès, quel que fût le code national que les parties déclarassent avoir adopté. CHAP. II.

C'étoit un beau privilége conservé à chaque citoyen par les nations septentrionales, que celui de se soumettre à son choix au code de ses pères, ou à quelque autre corps de lois qui lui paroîtroit plus conforme à ses notions de justice et de liberté. Six corps de lois étoient également en vigueur chez les Lombards, la législation romaine, lombarde, salique, ripuaire, allemande et bavaroise ; et les parties, à l'ouverture de tous les procès, déclaroient aux juges qu'elles vivoient et vouloient être jugées selon l'une ou l'autre de ces lois (1). La même faculté de choisir fut accordée aux Romains, lorsque leur duché se trouva réuni à la monarchie des Carlovingiens. « Nous voulons, déclare

(1) Dans toutes les chartes des gentilshommes, après leur nom, ils déclarent en tête selon quelle loi ils vivent. *Lege vivens Salica*, etc. *Antiq. Ital. med. æv. Diss. XXXI.* T. II, p. 958. —*Præfatio ad Leges Langob. Rer. Ital.* T. I, P. II, p. 2.

CHAP. II. » l'empereur Lothaire, que le peuple romain » soit interrogé selon quelle loi il veut vivre; » que chacun vive ensuite selon la loi qu'il aura » professée; qu'on en avertisse les citoyens, et » que les juges, les ducs et le reste du peuple le » sachent » (1).

Sous le gouvernement des Carlovingiens, plusieurs familles ducales, en s'éteignant, avoient fait place à un autre ordre de haute noblesse, celui des comtes. Ces derniers étoient députés par le roi au gouvernement des villes. De tous les nobles, les comtes étoient ceux qui paroissoient dépendre le plus immédiatement du roi; car quoique leur dignité fût souvent transmise de père en fils dans leur famille, elle ne leur étoit confiée qu'à titre précaire; et jusqu'au temps où Conrad-le-Salique autorisa la transmission de tous les fiefs de père en fils, les comtes parurent toujours tenir leur gouvernement du souverain, pour l'exercer sous son bon plaisir. Dans la charte de leur création, le roi déclaroit « Que, » reconnoissant l'amour de *N N* pour la justice, » il lui confioit la même ville qui fut gouvernée

(1) *Leges Lotharii I. imper.* §. 57, *in calce Cod. Langob.* p. 140. — Les lois des Wisigoths en Espagne, seules parmi les lois barbares, refusent cette faculté à leurs sujets. *L. II, lex* 9. *p.* 862. *Legis. Wisigoth. apud Script. Hispan. T. III.* Cette loi est de Recesuind, qui régnoit sur les Wisigoths de 650 à 672. Le code des Wisigoths est le plus soupçonneux et le moins libéral de tous les codes barbares.

» par son prédécesseur, à la charge de garder CHAP. II.
» envers la couronne une fidélité constante; de
» juger tous les hommes soumis à son gouver-
» nement, de quelque nation qu'ils fussent,
» selon leurs lois et leurs coutumes; de protéger
» les veuves et les orphelins; de poursuivre les
» malfaiteurs, et de faire rentrer au fisc les
» impôts qui lui seront dus » (1). Un autre office non moins important des comtes n'est pas indiqué par cette charte : c'étoit celui de conduire les milices à la guerre. Comme il arrivoit fréquemment que le comte d'une ville étoit en même temps son évêque, cet office militaire s'accordoit assez mal avec le caractère ecclésiastique.

Le comte, dans ses plaids particuliers, choisissoit, parmi les bourgeois, des échevins, *Scabini* (2), qui formoient la magistrature des villes; les citoyens les confirmoient ensuite par leurs suffrages. Ces échevins suivoient leur comte aux plaids publics du royaume; en sorte que chaque ville se trouvoit représentée, dans ces assemblées, par son gouverneur et ses magistrats. Dès qu'on n'y comptoit point les voix,

(1) *Marculfi Formular.* L. I, c. 8. *In Capitul. Reg. Franc. Baluzii.* T. II, p. 380.

(2) Le nom de *Scabini* ou Schöppen est employé de préférence par les rois des Francs, et celui de *Sculdaesi*, Schultheis, par les rois lombards.

CHAP. II. et que le rôle du peuple étoit de sanctionner ou de rejeter les propositions du prince par ses acclamations, une représentation plus exacte auroit été bien illusoire.

Tandis que les ordres supérieurs de la noblesse avoient été exposés à des révolutions, les hommes libres, entre lesquels les terres conquises avoient été originairement partagées, conservèrent pendant cinq siècles tout au moins la même indépendance et le même rang dans la nation; ils semblèrent même acquérir plus de considération et de puissance, lorsque les campagnes s'étant peuplées de nouveau, le nombre de leurs vassaux se fut augmenté. Dès lors on ne les envisagea plus comme de simples soldats; au contraire, ils prirent le titre de capitaines, *Catanei*, celui de comtes ruraux, et celui de seigneurs ou de gentilshommes. Chacun d'eux possédoit un village, dont toutes les terres formoient sa propriété, et dont tous les habitans étoient ses vassaux.

Un seigneur vivoit dans ses terres comme un petit souverain; aussi le séjour de son château devoit-il être pour lui beaucoup plus agréable que celui des villes, où la rivalité de ses égaux lui étoit à charge, et que celui de la cour, où il se sentoit humilié par ses supérieurs. Pour se mettre à l'abri des incursions des Hongrois et des Sarrasins, chaque gentilhomme, dans le neuvième ou le dixième siècle, fortifia son château, et depuis que la sûreté s'y trouva réunie à l'indépendance, il s'affectionna davantage encore à cette demeure. Les villes furent abandonnées par leurs citoyens les plus considérés, tandis que les campagnes se hérissèrent de forteresses. L'autorité du comte et des échevins, sur les seigneurs ruraux, devint tout-à-fait illusoire, lorsque ceux-ci purent résister aux ordres de leurs supérieurs avec des milices exercées, dans des châteaux difficiles à réduire. Les villes, cependant, ressentirent une extrême jalousie, de ce que les gentilshommes avoient soustrait à leur obéissance une partie des campagnes qui formoient leur district, et qu'elles croyoient nécessaires à leur subsistance. Aussi la haine implacable qu'elles conçurent contre les nobles se manifesta-t-elle par une guerre cruelle, lorsqu'elles commencèrent à s'affranchir.

Les nobles châtelains étoient désignés encore par le nom de vavasseurs, qui, dans le système féodal, exprimoit leur double *allégeance*. En effet, ils étoient vassaux des comtes ou des ducs, dont ils relevoient immédiatement, et vavasseurs des rois. Entourés comme ils l'étoient de leurs seuls paysans, qu'ils tenoient dans une absolue dépendance, ils n'éprouvoient aucun besoin ou de cultiver leur esprit pour briller

CHAP. II. dans la société, ou de s'entourer de splendeur, pour en imposer à des inférieurs déjà soumis. Leurs plaisirs étoient la chasse et les armes; leur luxe étoit encore la chasse et les armes. L'éducation du gentilhomme se bornoit à lui enseigner à dompter un cheval fougueux, à manier avec adresse le bouclier ou la lance pesante, à supporter sans fatigue la plus lourde cuirasse; mais on ne lui demandoit ni de parler avec élégance, ni d'écrire avec correction. Déjà la langue vulgaire commençoit à prendre un caractère tout-à-fait différent de la latine, tandis que cette dernière seule s'écrivoit. Tous les contrats des gentilshommes, dont un très-grand nombre s'est conservé jusqu'à nous, sont stipulés par les tabellions dans un latin si barbare, qu'on peut hésiter à le reconnoître pour du latin. Au bas de l'acte, l'acheteur, le vendeur, les témoins, le plus souvent tous gentilshommes, ne sachant écrire, font une croix, à la suite de laquelle le tabellion déclare qu'elle est le signe de chacun des intéressés.

Les gentilshommes n'étoient guère moins étrangers à tous les arts qu'à toutes les sciences. Ils s'efforçoient de rendre leurs châteaux imprenables, mais non point de les orner ou de s'y procurer des jouissances. Il reste encore plusieurs de ces édifices sombres, austères, mais solides, qui ont triomphé des attaques du temps, comme de celles des ennemis. Bâtis pour la plupart, dans les lieux les plus sauvages, sur des rochers escarpés, ou à l'ouvertnre d'un étroit défilé qu'ils commandent, leur séjour paroîtroit une prison aux hommes de notre siècle, et on les laisse tomber en ruines. Le luxe des habits n'étoit pas plus répandu que celui des maisons ou des ameublemens. A la cour des empereurs ou à celle des marquis de Toscane, on étaloit quelques vêtemens somptueux; mais dans les châteaux, l'habit des nobles n'étoit pas très-différent de celui des paysans qui relevoient d'eux.

La condition du peuple des campagnes, sous la dépendance des seigneurs, est loin d'être bien connue; cependant elle est l'objet de la plus grande partie des lois des Francs, des Lombards et des Allemands, et elle a fourni matière à plusieurs dissertations, dans lesquelles Ducange et Muratori ne sont pas toujours d'accord. Les noms divers que nous trouvons dans les lois et les anciennes chartes, nous indiquent évidemment diverses classes d'homme dépendans, mais la signification précise de ces noms est souvent un mystère.

Le premier ordre, parmi les agriculteurs et les habitans des campagnes, étoit celui des *Arimanni* (1). C'étoient des hommes de condition

(1) Ce nom, comme tous les termes des lois lombardes, est

CHAP. II. libre et honorable, qui possédoient ou avoient possédé quelque portion de terre allodiale, mais qui cultivoient en même temps les terres de quelque seigneur, en vertu d'un bail qui ne les soumettoit à aucune condition avilissante. Les Arimanni étoient les seuls habitans des campagnes, non gentilshommes, qui fussent tenus d'assister aux plaids des comtes.

Au second rang, je placerai les hommes de *Masnada*, ou les compagnons du seigneur. Ceux-ci recevoient d'un gentilhomme des portions de terrain, qu'ils possédoient par une tenure militaire. Outre la redevance qu'ils payoient en argent ou en denrées, ils s'engageoient encore à suivre leur seigneur à la guerre, toutes les fois que celui-ci seroit forcé de prendre les armes (1).

d'étymologie allemande. Ehren-Männer, des hommes d'honneur. On peut aussi déduire l'étymologie de Heermanne, hommes ou chefs de l'armée. *Voyez* sur cet ordre *Antiq. Ital. Diss. XIII*, T. I, p. 715.

(1) Masseni, vieux mot teutonique, veut dire société. *Voyez* sur cet ordre *Muratori*, *Dissert. XIV. Ant. Ital.* Mais il me paroît avoir assigné aux hommes de Mesnada un rang moins élevé qu'ils n'avoient en effet. *Masnadiero*, en italien, est devenu plus tard synonyme de *soldat*, et enfin de *brigand*. Le rang différent qu'on assigne aux hommes de Mesnada, vient peut-être de ce que, par le même mot, on entendoit et le chef d'une compagnie, et ceux qui la formoient. En Arragon, où ces classifications ont fait plus long-temps qu'en aucun autre pays, partie de la constitution, on trouve les *Ricos Ombres de Mesnada*, qui forment le premier ordre de l'état, après les *Ricos*

Les Aldiens (*Aldii seu Aldiani*) doivent occuper le troisième rang; semblables, à quelques égards, aux affranchis des Romains, c'étoient des hommes nés esclaves, qui avoient obtenu de leurs maîtres une demi-liberté, et qui avoient échangé leur dépendance absolue, contre des redevances fixes et en services personnels (1). Ils tenoient en villenage les terres de leurs seigneurs, mais leurs personnes étoient libres. CHAP. II.

Les esclaves, enfin, formoient le dernier ordre de la société, et la plus basse, comme aussi la plus nombreuse classe des habitans des campagnes. Leur condition n'étoit pas la même en tous lieux; les uns, serfs de la glèbe, vivoient sur les terres qu'ils cultivoient, des produits de leur travail dont ils remettoient le surplus à leurs maîtres, selon des règles précises qu'un long usage avoit sanctionnées; d'autres, réduits

Ombres de Natura (*Rico*, dérivé du teutonique Reich, indique ici le pouvoir, non la richesse), les *cavalleros de Mesnada*, etc. P. Salanova Ximenes, grand justicier d'Arragon, vers l'année 1320, dit que, selon les anciennes *Observancias*, ne sont proprement *Mesnadarii* que les fils et petits-fils de nobles, et ceux qui descendent d'eux en droite ligne. Les hommes de Mesnade, ajoute-t-il, ne doivent être vassaux de personne que du roi. *Apud Hieron. Blancam Commentarii regum Aragonensium.* T. III. *Rer. Hisp.* p. 733.

(1) Leur nom paroît dérivé de l'arabe; il s'est conservé dans la langue espagnole, où *aldea* et *aldeanos* signifient un village et des villageois. *Voyez* sur cet ordre. *Muratori Diss. XV*. T. I, p. 841.

CHAP. II. à une dépendance absolue, ne travailloient que pour leurs maîtres, d'après les ordres de leurs maîtres, et n'étoient nourris que par eux (1).

Mais quoique la condition des esclaves fût assez dure, ils étoient moins malheureux que les esclaves romains ne l'avoient été dans les campagnes, depuis que la république avoit commencé à se corrompre. Plusieurs lois des Lombards protégeoient les serfs contre des maîtres injustes ou trop rigoureux; elles affranchissoient le mari d'une femme qui auroit été séduite par son maître (2); elles assuroient la protection des églises aux esclaves qui s'y seroient réfugiés (3); et elles régloient les peines qu'ils encouroient par leurs fautes, au lieu de les soumettre absolument à une volonté arbitraire. De plus, le seigneur ne pouvoit se dissimuler qu'il dépendoit de ses vassaux, toutes les fois qu'il étoit attaqué, en sorte qu'il cherchoit à se faire aimer d'eux, et qu'il les traitoit avec douceur, afin de trouver en eux des soldats prêts à le défendre. L'esclavage des campagnes romaines dépeupla l'Italie sous les empereurs; l'esclavage de ces mêmes campagnes ne les empêcha pas de se repeupler sous la noblesse féodale.

D'après les lois des Lombards, tout vassal

(1) *Antiq. Ital. med. æv. Dissert. XIV.* T. I.
(2) *Lex Liutprandi regis.* Lib. VI, §. 87, p. 80.
(3) *Ibid.* §. 90, p. 81.

étoit tenu de suivre son seigneur à la guerre, et de le faire à ses frais, en se fournissant son cheval, ses armes et ses vivres. Charlemagne ordonna que, lorsque l'armée seroit appelée à entrer en campagne, tout soldat se pourvût d'armes de tout genre, de vêtemens pour une année, et de vivres jusqu'à la saison nouvelle. Il est vrai que, quant aux vivres, les soldats introduisirent bientôt l'usage de les faire fournir par les campagnes et les provinces qu'ils traversoient. Ils en firent même un droit connu sous le nom de *fodero* (1), qui fut limité par le traité de paix de Constance. Tout homme libre qui refusoit de se rendre à l'armée, encouroit une amende de soixante sols (trente-six onces pesant d'argent), et s'il n'étoit pas en état de payer, il étoit réduit en esclavage (2). CHAP. II.

Quoique tous les hommes libres fussent tenus de se rendre à l'armée, et que, dans les occasions pressantes, la loi n'exceptât qu'un seul des enfans d'une même famille, lorsqu'il y en avoit plusieurs, encore devoit-ce être le plus foible (3), cependant les armées étoient en général peu nombreuses. Peut-être la loi étoit-elle mal exécutée; peut-être le nombre des hommes libres étoit-il

(1) Futter, fourrage, nourriture.

(2) *Capitulare Caroli Magni in Cod. Longob.* §. 55, p. 98.

(3) *Constitutio Ludovici II, regis Ital. apud Camillum Pellegrin.* T. II. *Rer. It.* p. 264.

CHAP. II. assez petit, comparé soit avec le nombre des esclaves et des vilains, dont on ne demandoit aucun service militaire, soit avec le nombre des hommes trop pauvres pour maintenir un cheval, en sorte que deux ou trois familles se réunissoient pour en fournir un ; enfin, peut-être aussi ne tenoit-on aucun compte des milices à pied des villes, quoiqu'elles fissent bien partie des armées.

Le nom de soldat ne se donnoit proprement qu'au cavalier, et celui-ci devoit être couvert d'une pesante armure ; il devoit porter un casque, un collier, une cuirasse, des bottines de fer, et un large bouclier. Il combattoit avec la lance, l'épée, le poignard, et la hache ou francisque, que la cavalerie déposa dans la suite. Le cavalier, le jour du combat, montoit un cheval de bataille ; mais dans la marche, il se servoit du palefroi, qu'il remettoit ensuite à son écuyer, lorsqu'il devoit se battre. Les fantassins, d'après les ordres de Charlemagne, devoient porter une lance, un bouclier, un arc, avec deux cordes de rechange, et douze flèches (1).

Les lois des Lombards, des Francs et des Allemands, soumettoient presque toutes les causes au jugement de Dieu, et le combat judiciaire étoit la procédure la plus usitée. Il n'est pas

(1) Second capitulaire de l'an 813, §. 9. *In Capitular. reg. Francor. Steph. Baluzii*, T. I, p. 508.

étrange que, de cet état de guerre judiciaire, les gentilshommes aient passé à des guerres privées presque continuelles. Lorsqu'ils avoient reçu une injure, les lois mêmes reconnoissoient leur droit d'en poursuivre la réparation, et elles donnoient à leur inimitié une fois déclarée le nom de *faida* (1). Les lois ne leur imposoient d'autre devoir que celui de renoncer à leur haine, lorsqu'on leur payoit la compensation pécuniaire fixée pour l'injure reçue. Ce paiement, nommé *widrigild* (2), devoit se faire, *cessante faida;* mais si l'une des parties se refusoit à payer le prix de l'injure, ou l'autre à le recevoir, la querelle se prolongeoit, et les deux familles restoient en guerre (3).

La noblesse étoit divisée par un nombre infini de semblables querelles; presque tous les gentilshommes préféroient les soutenir par les armes, plutôt que de les terminer par une composition; aussi avoient-ils un grand intérêt à

(1) Fehde, inimitié, guerre, défi, en allemand; *Feuds*, guerre ou haine de famille, en anglois.

(2) Widergeld, argent donné contre, ou argent de compensation.

(3) *Rotharis Leges in Cod. Longob.* §. 45 et 74, p. 21, 22. Charlemagne, cependant, s'étoit attribué le pouvoir de forcer à donner et recevoir le prix de la *faida;* mais les nobles s'y refusoient souvent. *Capitul. anni* 779, *apud Baluzium*, §. 22, T. I, p. 198.

CHAP. II. rendre leurs vassaux propres au service militaire, et à s'assurer de leur affection; et comme les serfs n'étoient point admis à la milice, leurs maîtres trouvèrent souvent avantageux de les affranchir peu à peu, et de les élever au rang d'*hommes de Masnade* ou d'*Arimanni*.

Tel étoit le système féodal à son établissement; c'étoit un mélange de barbarie et de liberté, de discipline et d'indépendance, qui étoit singulièrement propre à rendre à chaque homme le sentiment de sa dignité, l'énergie qui développe les vertus publiques, et la fierté qui les maintient. L'esclavage des campagnards étoit sans doute la partie odieuse de ce système; mais on ne doit pas oublier qu'il fut établi dans un temps où un esclavage plus absolu, plus avilissant, faisoit partie du système et des mœurs de toutes les nations policées; que les esclaves romains, qui cultivoient la terre, durent se trouver fort heureux de devenir serfs de la glèbe, et que le vasselage a été le degré par lequel les dernières classes du peuples se sont élevées de leur esclavage antique à leur affranchissement actuel.

Dans le système féodal, le lien social étoit très-foible, mais il s'étoit cependant trouvé suffisant tant que l'esprit national des petits peuples qui lui étoient soumis s'étoit maintenu. Une origine et une gloire communes, un nom national cher à tous les citoyens, des lois consenties par tous, apportées souvent du fond de l'Allemagne, et qui faisoient la plus noble partie de l'héritage de chaque guerrier, resserroient les liens entre les Lombards, entre les Bavarois, entre les Francs Saliens et les Francs Ripuaires, tant que ces peuples restèrent indépendans. L'ambition de Charlemagne, qui les réunit tous sous sa vaste monarchie, fut la première cause de la désorganisation qui devoit suivre. Il n'y a plus de patrie, plus de sentiment national, pour l'homme qui appartient à l'empire du monde. Pendant quelque temps, peut-être, les guerriers furent séduits par l'éclat des conquêtes de leur roi, et ils sentirent leur vanité flattée par des victoires qui détruisoient cependant pour eux les espérances de bonheur; mais le règne honteux des descendans de Charlemagne tira les peuples de cette illusion; ils reconnurent alors qu'ils ne pouvoient s'intéresser à l'empire d'Occident comme à une patrie, et que, si c'en étoit une, elle ne leur faisoit plus éprouver que de la douleur et de la honte, puisqu'elle étoit exposée à des humiliations continuelles, et que les Sarrasins, les Hongrois, les Avares, les Slaves, les Normands et les Danois, étoient devenus redoutables pour l'empire des fils de Charlemagne (1).

(1) Aucune distance ne mettoit à l'abri des incursions des

CHAP. II. Les nations civilisées et très-corrompues sont, en quelque sorte, frappées de mort lorsqu'elles perdent tout esprit public : l'égoïsme réduit alors les hommes à cet état de dégradation où les Grecs et les Romains sont tombés sous leurs derniers empereurs. Mais dans une nation pleine encore d'énergie, où le principe de vie est répandu partout, l'esprit public, lorsqu'il s'éteint, fait place à une vigueur individuelle, qui maintient la dignité de la nature humaine au milieu des malheurs de l'état. Dans le temps même où vingt Sarrasins avoient osé fonder une colonie ennemie à Frassinéto, dans le centre de l'empire formé par Charlemagne, les barons qui les entouroient étoient de braves soldats, et la nation entière étoit belliqueuse. Ce qui lui rendoit toute résistance impossible, c'étoit la perte de son esprit public, la désunion de tous les membres de l'empire, les guerres allumées entre les seigneurs de châteaux, la défiance enfin et la jalousie entre chaque village et le

Normands. La ville de Luna, capitale de la Lunigiane, entre la Toscane et la Ligurie, fut détruite, en 857, par ces hommes du Nord. *Ant. Ital. Diss. I*, *p.* 25. Et d'après une chronique ou saga islandoise, il paroît que ce sont les fils de Ragner Lodbrog qui ravagèrent ainsi l'Italie, et qui avoient l'intention de brûler aussi Rome, mais un voyageur leur montrant ses sabots tout usés, leur dit qu'ils étoient neufs lorsqu'il étoit parti de Rome; il leur persuada ainsi que la distance entre Rome et Luna étoit prodigieuse, et il les fit renoncer à leur expédition.

village voisin. Les paysans n'osoient plus sortir de leurs murailles pour ensemencer leurs champs, les récoltes étoient détruites ou enlevées par les ennemis, les routes infestées par un brigandage continuel.

Dans le dixième siècle, tous les ordres de la nation, pris séparément, étoient mécontens du lien qui les unissoit. Les magnats, lorsqu'un prince ambitieux occupoit le trône, lui voyoient distribuer les grands fiefs à ses créatures, comme des emplois civils; les villes, forcées de se défendre elles-mêmes contre les incursions des barbares, en s'entourant de remparts, et en organisant leurs milices, se dégoûtoient d'un gouvernement incapable de les protéger; les gentilshommes, fatigués par un service militaire ruineux, redoutoient les messagers du roi, qui ne les appeloient jamais qu'à des combats sans gloire, et à des diètes sans liberté; les paysans, enfin, opprimés par leurs seigneurs, et tourmentés par les brigandages des guerres privées, méconnoissoient une patrie qui ne les considéroit point comme citoyens. Au milieu de l'anarchie, des associations partielles s'étoient formées pour se défendre par elles-mêmes; des corps politiques indépendans existoient au sein de la nation, et leur formation devoit hâter la dissolution du lien social qu'elles rendoient superflu.

CHAP. II. Dans l'état ordinaire de la société, encore que l'autorité souveraine soit à charge à ceux sur qui elle pèse, tout homme redoute cependant les suites de l'anarchie, et sent combien il seroit exposé à des aggressions injustes, combien il seroit foible et malheureux si une autorité protectrice, si une force supérieure à celle des individus ne réprimoit pas les violences, et ne maintenoit pas l'ordre au milieu des intérêts opposés et des querelles qu'ils excitent parmi les hommes. Mais lorsque la société renferme dans son sein plusieurs associations partielles, ce besoin de protection ne se fait plus sentir aux chefs ou aux membres divers des corporations réunies.

Un duc de Spolète ou de Friuli voyoit dans le roi d'Italie un oppresseur qui s'arrogeoit le droit d'ôter son héritage à ses enfans, de partager ses revenus, de limiter son autorité; un ennemi jaloux qui, ne réussissant pas toujours à l'accabler de ses seules forces, cherchoit à diriger contre lui celles de ses voisins; qui joignoit pour lui nuire la ruse à la violence, et qui, dans aucun cas, ne revêtoit le caractère de défenseur ou de protecteur.

Un magnat ne pouvoit point considérer la chute du trône avec cette crainte inquiète que cause l'attente d'une révolution qu'on n'ose désirer, parce qu'on n'en prévoit pas les suites;

au contraire, il étoit à portée de calculer avec
exactitude quels seroient les résultats d'un pareil changement; il avoit le sentiment de ses propres forces; il connoissoit également celles de ses voisins, et ne les craignoit pas; il se croyoit bien assuré qu'il pourroit s'approprier toutes les prérogatives enlevées à l'autorité royale, et qu'il s'enrichiroit des dépouilles du trône; aucune anarchie, aucun désordre n'étoit la conséquence de cette révolution; il n'en devoit attendre que plus de sûreté, d'indépendance, de pouvoir et de gloire.

Les sujets du magnat n'avoient point, dans cette occasion, un intérêt contraire à celui de leur maître; le monarque ne les avoit jamais protégés contre les vexations du duc ou du marquis; jamais la disgrâce des grands n'avoit été motivée sur les plaintes du peuple; et lorsque les sujets sont abandonnés à la discrétion de leurs maîtres, il vaut mieux que ces maîtres soient héréditaires, pour qu'ils soient intéressés à la conservation et à la prospérité de leur héritage. L'autorité d'un seigneur temporaire n'étoit pas moins illimitée pour être précaire, et lorsqu'il étoit destitué, c'étoit souvent pour faire place à un homme nouveau d'autant plus avide qu'il étoit plus pauvre.

Il pouvoit aussi paroître aux sujets d'un magnat plus facile de limiter l'autorité d'un petit

CHAP. II. prince que celle d'un grand roi, de réprimer les vexations de l'homme qui n'avoit d'autres forces que les leurs, plutôt que celles d'un souverain qui, selon la politique des despotes, pouvoit employer ses sujets d'une province à enchaîner ceux d'une autre.

D'après ces dispositions nationales, il peut paroître étrange que les Italiens n'aient pas déposé Bérenger II et aboli l'autorité royale, au lieu d'appeler Othon du fond de l'Allemagne, et de se soumettre à lui; mais il restoit encore deux ordres de la nation, qui, tout mécontens qu'ils étoient, croyoient devoir maintenir le trône. Les villes ne savoient invoquer d'autres défenseurs, d'autres protecteurs que les rois, qui cependant ne les protégeoient pas; elles éprouvoient tous les malheurs de l'anarchie, et n'avoient point encore trouvé en elles-mêmes assez de forces pour s'en mettre à l'abri; leurs citoyens les plus éclairés devoient même désirer qu'elles se détachassent lentement de l'Empire, au lieu de prétendre tout à coup à une indépendance qu'elles ne seroient pas en état de soutenir. D'autre part, les gentilshommes, formant la noblesse du second rang, redoutoient également une dissolution de la monarchie, qui les auroit laissés sans défense contre les magnats limitrophes; ils vouloient bien obéir à des monarques qu'ils étoient accoutumés à respecter,

mais ils ne pouvoient consentir à se soumettre CHAP. II.
à des nobles qu'ils croyoient être leurs égaux.

La translation de la couronne impériale aux 961.
Allemands, garantit à chaque ordre de la nation un degré d'indépendance proportionné à sa situation et à ses forces; elle facilita la dissolution paisible du lien social, et la formation, dans l'intérieur de l'état, d'une foule de petits peuples, qui devinrent libres dès qu'ils purent se passer de la protection du monarque. Le
règne d'Othon-le-Grand fut signalé au dehors 961-965.
par des victoires, au dedans par l'établissement d'une constitution en rapport avec l'esprit du siècle et les besoins de la nation.

Othon ne fut pas moins grand que Charlemagne, et son règne eut une influence plus salutaire sur le sort des peuples qui lui étoient soumis. Charles eut l'ambition des conquérans, et pour élever son empire, il détruisit l'esprit national, et avec lui la vigueur des peuples qu'il avoit vaincus; Othon ne remporta pas de moindres victoires que lui, mais ce fut sur les ennemis de la civilisation, sur des agresseurs qui dévastoient l'empire par leurs irruptions. Othon ne chercha pas à étendre les limites de cet empire; il n'ambitionna pas d'autres pouvoirs que ceux qui lui étoient nécessaires pour protéger ses sujets, et, après avoir rendu la paix à ses provinces, il mit les peuples sur la

CHAP. II. voie de se passer un jour d'une autorité sem-
961-965. blable à la sienne.

La constitution qu'Othon-le-Grand donna aux Italiens, après qu'il eut achevé la conquête du royaume de Bérenger, étoit la plus propre de toutes à conserver au monarque son autorité pendant les longues absences que nécessitoit l'administration de ses états d'Allemagne. Avant la fatale invention des troupes de ligne, avant qu'on eût découvert que des hommes libres pouvoient consentir à vendre leurs volontés aussi-bien que leurs bras pour un misérable salaire, le despotisme ne pouvoit point avoir d'établissement régulier et durable. L'ascendant d'un grand homme, pendant qu'il étoit présent, soumettoit tout à ses volontés, surtout si cet ascendant étoit secondé par des idées de devoir et de reconnoissance; mais dès qu'il s'éloignoit, le sentiment de l'intérêt personnel reprenoit son empire sur chaque individu, et l'obéissance de l'inférieur se proportionnoit avec exactitude au bénéfice qu'il espéroit retirer de l'ordre public.

Othon avoit conduit en Italie une forte armée, mais cette armée étoit feudataire; chacun des officiers, en vertu de sa baronie, étoit tenu de servir pendant un certain temps; chacun des chevaliers étoit tenu de suivre durant le même temps son baron, de qui il avoit reçu un fief de haubert. L'expédition finie, l'armée avoit le droit et la volonté de rentrer dans ses foyers. Si Othon avoit voulu fixer en Italie un grand seigneur avec des troupes, il auroit fallu qu'il lui donnât des terres pour lui et pour ses vassaux, qu'il dépouillât de leurs propriétés les habitans de toute une province, pour en gratifier des étrangers; et un expédient aussi violent, en lui suscitant des ennemis acharnés, ne lui auroit pas assuré des vassaux bien fidèles. S'il se contentoit de donner des gouverneurs aux provinces, sans en changer les habitans, ces gouverneurs, n'ayant d'autre force que celle de leurs sujets, ne pouvoient se faire obéir qu'autant qu'ils se faisoient aimer, qu'autant que leurs ordres étoient conformes aux intérêts de leurs vassaux. Enfin si Othon accordoit sa confiance aux barons italiens, il demeuroit à leur merci, en raison de son éloignement, plus encore que ne l'avoient été ses prédécesseurs.

CHAP. II. 961-965.

Othon cependant étoit puissant et couvert de gloire; pendant les quatre ans qu'il avoit employés à soumettre le royaume de Lombardie, à la tête d'une armée belliqueuse, il avoit ressaisi le sceptre avec vigueur; on l'avoit toujours vu vainqueur des barbares qu'il avoit combattus, toujours supérieur aux rébellions de ses sujets et de son fils lui-même (1), tou-

(1) Ludolphe, son fils du premier lit, qui se révolta pendant

CHAP. II. 961-965. jours chéri de ses soldats, et respecté du clergé, quoiqu'il eût dirigé les armes des premiers contre le second; qu'il eût successivement déposé deux pontifes, et donné des chaînes à toute l'Église. La force de son caractère, sa volonté ferme, constante, inébranlable, et qui tendoit toujours aux grandes choses, ajoutoit encore à son pouvoir; mais avec tant de puissance, il n'auroit pu s'attribuer une autorité despotique, sans qu'elle se fût évanouie, dès qu'il auroit repassé les monts. Il fut trop sage et trop grand pour l'entreprendre; il se servit au contraire de sa puissance même, pour jeter les fondemens de la liberté.

Les villes avoient jusque alors été gouvernées par leurs comtes, qui souvent étoient aussi leurs prélats; ces seigneurs étoient presque tous Italiens, et par conséquent peu dévoués à l'empereur. Il ne les déposséda point, il ne limita point formellement leurs prérogatives; mais il encouragea la bourgeoisie à les restreindre, et à étendre ses immunités. Le comte, non plus que le roi, n'avoit point de troupes à ses ordres, et pour faire exécuter ses volontés, dans une ville populeuse, qui s'étoit exercée aux armes, seul contre tous, il ne lui restoit que le choix,

les années 953 et 954, et qui, après avoir fait la paix avec son père, mourut en 957, en Italie, dont il avoit entrepris la conquête.

ou de se concilier la bienveillance des citoyens, CHAP. II.
en se relâchant de ses prérogatives, ou d'invo- 961-965.
quer à son aide l'autorité du roi, qui n'étoit point disposé à favoriser ses prétentions.

Les villes, abandonnées en quelque sorte à elles-mêmes, se donnèrent toutes, sous le bon plaisir de l'empereur, un gouvernement municipal (1). Ces constitutions s'établirent pendant le règne d'Othon-le-Grand et de ses descendans, sans opposition, sans tumulte, et sans qu'aucune charte attestât leur légitimité; aussi leur antiquité n'est-elle prouvée que par la prescription que les villes alléguèrent dans la suite, toutes les fois qu'on voulut contester leurs priviléges.

Les municipalités nouvelles conservèrent pour Othon-le-Grand, leur bienfaiteur, une reconnoissance qui dura autant que sa famille; elles ne pensèrent à s'affranchir entièrement du joug des Allemands, que lorsque le dernier Othon mourut sans enfans, et qu'elles se virent dégagées, par cet événement, de tout lien avec la maison de Saxe.

Cependant Othon-le-Grand n'avoit pas laissé, durant son absence, les villes seules dépositaires de son pouvoir. Il avoit accordé les fiefs les plus importans à des Allemands, ou à des

(1) Nous reviendrons sur l'établissement de ces municipalités, dans notre sixième chapitre.

CHAP. II. hommes qui lui avoient donné des preuves de
961-965. leur dévouement. Il confia le marquisat de Vérone et de Friuli, ainsi que le duché de Carinthie, à Henri, duc de Bavière, son frère, afin de s'assurer ainsi la liberté d'entrer en tout temps en Italie (1). Il créa le marquisat d'Este, en faveur d'Oberto, l'un des gentilshommes qui l'avoient assisté contre Bérenger; il créa un autre marquisat, qui comprenoit les diocèses de Modène et de Reggio, en faveur d'Alberto Azzo, bisaïeul de la comtesse Mathilde, et celui même qui avoit donné un refuge, dans sa forteresse de Canossa, à l'impératrice Adélaïde (2). Enfin, il créa le marquisat de Montferrat, en faveur de son gendre Almaran (3). Mais les villes d'Italie profitèrent de ce que des étrangers venoient supplanter les anciens feudataires italiens. Le pouvoir de ces nouveaux seigneurs étoit vacillant et incertain; leurs vassaux les regardoient avec envie, et disputoient leurs droits, au lieu de les défendre; leurs voisins ne leur prêtoient aucun secours, et chaque

(1) *Continuator Reginonis Chronic. Germanorum*, L. II, p. 106, *apud Struvium Scr. Germ.* T. I.

(2) *Donizo vita Mathildis comitissæ.* L. I, c. 1. *Script. Ital.* T. V, p. 349.

(3) *Benvenuti de S. Georgio Hist. Montisferrati.* T. XXIII, p. 325. — Guichenon, Hist. généalogique de Savoie. L. V, Tabl. III et VIII. — *Sigonius ad ann.* 967, L. VII.

jour ils perdoient quelqu'une de leurs préro- CHAP. II.
gatives. Aussi abandonnèrent-ils les villes, 961-965.
pour se retirer dans leurs châteaux, où ils se croyoient plus en sûreté, et se trouvèrent-ils bientôt réduits, pour la puissance, au niveau des gentilshommes, quelque supérieurs qu'ils leur fussent par leur rang.

Nous verrons, dans le chapitre suivant, quels furent les démêlés d'Othon-le-Grand avec l'Église (1); nous verrons aussi ailleurs comment cet empereur fut engagé, ainsi que son fils, dans une longue guerre avec les Grecs,

(1) Une table chronologique du règne des premiers empereurs allemands, et de leurs expéditions en Italie, me paroît nécessaire pour faire comprendre le peu de part qu'ils eurent au gouvernement de cette contrée, et suppléer à la brièveté de ma narration.

	ÉPOQUES		EXPÉDIT. EN ITALIE.			MORT.
	du règne en Italie.	du couronn. impérial.		Entrée.	Retour.	
OTHON I.	961	962	1re.	961 —	965	
			2e.	966 —	972	973
OTHON II.	962 avec son père	967	1re.	967 —	972	
	seul	973	2e.	980 —	....	983
OTHON III.	983	996	1re.	996 —	996	
			2e.	997 —	1000	
			3e.	1000 —	....	1002
ARDOIN	1002 marq. d'Ivrée, con-curr. de Henri II.		....			1015
HENRI II.	1004	1014	1re.	1004 —	1004	
			2e.	1013 —	1014	
			3e.	1021 —	1022	1024
CONRAD II.	1024	1027	1re.	1026 —	1027	
			2e.	1036 —	1038	1039

CHAP. II. pour la possession de la Calabre et du duché
961-965. de Bénévent. Ce sont les seuls événemens du règne d'Othon en Italie, dont les historiens nous aient conservé quelque souvenir. Après avoir achevé la conquête du royaume de Lombardie, Othon étoit retourné en Allemagne en 964 (1). Il en revint l'année suivante, et il séjourna tour à tour à Ravenne, à Pavie, à Rome, et à Capoue, jusqu'en 972. Il fit ensuite un second voyage en Allemagne, et il y mourut près de Magdebourg, le 7 mai 973.

973-983. Othon eut pour successeur son second fils, de même nom que lui, qu'il avoit fait couronner empereur dès l'année 967. Le second Othon fut retenu en Allemagne jusqu'à l'année 980, par une guerre civile qu'excita contre lui Henri-le-Querelleur, duc de Bavière. Il passa ensuite en Italie, où il mourut en 983. Lorsque nous parcourrons l'histoire des républiques maritimes, et de celles de la Grande-Grèce, nous verrons quels furent les démêlés de ce prince avec elles, durant son règne peu glorieux.

983-1002. Othon II avoit laissé un fils en bas âge, sous la tutelle de sa femme Théophanie, de sa mère Adélaïde, et de l'archevêque de Cologne. Ce fils, pendant sa minorité, fut le jouet des

(1) *Continuator Reginonis*, L. II, p. 111. — *Hermanni Contracti Chronicon*, p. 264.

guerres civiles de l'Allemagne, qui ne se terminèrent qu'en 995, à la mort de son cousin Henri-le-Querelleur, duc de Bavière (1). Othon III vint ensuite en Italie, et il y mourut en 1002, à la fleur de son âge. En lui s'éteignit la maison de Saxe, après avoir régné quarante ans sur l'Italie unie à l'Allemagne.

CHAP. II. 983-1002.

De cet espace de temps, les princes de la maison de Saxe avoient passé vingt-cinq ans hors des frontières de l'Italie; et pendant leurs longues absences, le gouvernement général de la nation étoit en quelque sorte interrompu. Sans l'empereur on ne portoit aucune loi, on ne réunissoit aucune assemblée nationale, on ne s'engageoit dans aucune guerre publique, on ne faisoit aucune levée d'hommes pour le service de l'empire, on ne percevoit enfin aucun tribut qui fût destiné au monarque. Mais comme la souveraineté nationale ne pouvoit pas rester suspendue, elle retournoit aux provinces. Les seigneurs et les prélats rendoient des ordonnances; les cités publioient des lois municipales; des juges seigneuriaux étoient établis dans les villages par les feudataires; des consuls et des préteurs étoient élus dans les villes par le peuple; chaque corps reprenoit le droit de se défendre, et chaque citoyen de-

(1) *Hermannus Contractus*, p. 269.

CHAP. II. 983-1002. venoit soldat; enfin des magistrats élus par leurs égaux, fixoient pour les dépenses municipales une contribution presque volontaire, et un conseil, nommé conseil de confiance, administroit les deniers de la cité.

Le sentiment qui attache les peuples à l'idée abstraite d'une patrie, se compose de reconnoissance pour la protection qu'elle accorde, d'affection pour ses lois et ses usages, de participation à sa gloire. Mais l'état étoit tellement divisé, que chaque citoyen ne connoissoit d'autre protection que celle des magistrats de sa ville; d'autres lois, d'autres usages, que ceux qui étoient propres à sa ville; d'autre gloire enfin que celle qui étoit attachée aux armes de sa ville; en sorte que, ne songeant jamais qu'il étoit membre d'un empire qu'il ne connoissoit pas, et avec lequel il n'avoit que des rapports pénibles, il s'accoutumoit à voir sa patrie toute entière dans sa ville natale. Ainsi s'opéra dans les esprits une révolution bien étrange, et jusque alors sans exemple: car, quoique le bonheur et la liberté aient été accordés en partage aux petits peuples, tandis que le despotisme, les grands abus, les écarts de l'ambition, les guerres sans objets et les paix sans repos, sont trop généralement le sort des grands états, on n'avoit point encore vu, on ne reverra peut-être jamais, un peuple renoncer aux attributs des grandes nations, à la gloire attachée à un nom collectif, à la grandeur, à la force, pour chercher la liberté dans la dissolution de son lien social. CHAP. II. 983-1002.

Chacune des révolutions de l'Empire frappoit d'un nouveau coup la subordination féodale, et rendoit plus étrangers les uns aux autres les divers membres de l'état. La mort du troisième Othon affranchit les villes de la reconnoisance qu'elles devoient à la famille d'Othon-le-Grand, et la guerre civile qu'excita l'élection de son successeur, leur donna occasion d'éprouver leurs forces, et de s'assurer qu'elles n'avoient plus besoin d'un protecteur étranger.

Lorsqu'on fut instruit en Allemagne de la mort d'Othon III, le marquis de Thuringe, le duc d'Allemagne, et Henri III, duc de Bavière, fils de Henri-le-Querelleur, se disputèrent la couronne. Après une courte guerre civile, elle demeura au dernier, qui étoit petit-fils du frère d'Othon-le-Grand. Il fut couronné à Mayence, sous le nom de Henri II, roi d'Allemagne (1). Quoiqu'il fût Henri Ier pour les Italiens, qui ne comptoient pas Henri-l'Oiseleur parmi leurs rois, nous conserverons à ce prince 1002.

(1) *Chronicon Ditmari episcop. Mersepurgii*, L. V, p. 365, *apud Leibnitzium Scr. Brunsvic.* T. I. — *Annales Hildeshemens. Ib.* p. 721, *ann.* 1002. — *Hermannus Contractus Chron.* p. 270.

CHAP. II et à ses successeurs de même nom, l'adjectif nu-
1003. méral qu'emploient les Allemands, pour éviter la confusion de deux désignations différentes.

D'autre part, une diète de seigneurs italiens convoquée à Pavie, choisit Ardoin, marquis d'Ivrée, pour être roi de Lombardie (1). Le pacte que la nation italienne avoit fait avec la maison de Saxe, étoit annullé par l'extinction de cette maison; les deux royaumes d'Allemagne et d'Italie n'étoient nullement dépendans l'un de l'autre, et aucune loi n'obligeoit à en confier l'administration au même monarque. Cependant les Allemands considérèrent l'élection d'un roi lombard comme une rébellion; ils se disposèrent à reconquérir l'Italie, et leur jalousie une fois excitée, ils traitèrent toujours les Italiens comme un peuple ennemi ou rebelle, qu'il falloit effrayer par de rigoureux châtimens, pour le plier sous le joug. Les Othon avoient été les protecteurs de la liberté des villes; les Henri, par leur défiance ou leur dureté, contraignirent ces villes à tourner contre eux les forces que la liberté leur avoit rendues.

L'élection d'Ardoin avoit été faite à Pavie; ce fut aux yeux des Milanois une raison suffisante pour se déclarer contre lui : car Pavie et

(1) *Arnulphi Hist. Mediol.* L. I, c. 14 et 15. T. IV. *Rer. It.* p. 12. — *Landulphus senior. Histor. Mediol.* L. II, c. 19, p. 82.

Milan se disputoient le premier rang dans le CHAP. II.
royaume de Lombardie, et ces deux villes se 1002.
sentoient déjà assez fortes et assez indépendantes, pour se livrer à leur jalousie l'une contre l'autre. L'archevêque de Milan, Arnolphe, avoit de son côté un sujet de mécontentement contre Ardoin. Il n'étoit revenu qu'après la diète de Pavie, d'une ambassade à Constantinople, où Othon III l'avoit envoyé, et il re- 1004.
gardoit comme illégitime l'élection d'un roi, à laquelle le premier prince ecclésiastique de la nation n'avoit pas pris de part. Il convoqua une nouvelle diète à Roncaglia, dans laquelle Henri d'Allemagne fut reconnu pour roi des Lombards; l'archevêque et la ville de Milan lui promirent leurs secours; et Henri lui-même, après avoir affermi son autorité dans le nord, entra en Italie, par la Marche de Vérone; les troupes d'Ardoin se dissipèrent, ce monarque fut obligé de chercher un refuge dans ses forteresses du marquisat d'Ivrée, et le conquérant s'avança, sans éprouver de résistance, jusqu'à Pavie, où il reçut la couronne d'Italie des mains de l'archevêque de Milan.

Le jour même du couronnement de Henri, l'indiscipline de ses troupes donna aux habitans de Pavie de nouveaux motifs pour s'attacher à son rival. Les Allemands, pris de vin, insultèrent les bourgeois, et ceux-ci se virent forcés

CHAP. II. à repousser par les armes, les outrages d'une
1004. soldatesque indisciplinée. Les courtisans de Henri lui représentoient ce tumulte comme *une fureur de populace, comme l'explosion d'une arrogance d'esclaves* (1), qu'il falloit réprimer par la force; mais la rébellion étoit plus générale, et le danger plus réel qu'ils ne l'annonçoient. Henri se vit assiégé dans son palais, que ses gardes défendoient avec peine. Pour le délivrer, et soumettre les Pavesans révoltés, il fallut que l'armée qui étoit campée hors des murs, et qui ne pouvoit s'avancer dans les rues fermées par des barricades, mît le feu à la ville. L'incendie s'étendit rapidement, et favorisa le massacre. La superbe capitale des Lombards ne fut bientôt plus qu'un monceau de ruines arrosé de sang, dont Henri s'éloigna en hâte avec son armée. Les Pavesans rebâtirent cependant leur ville; mais en consacrant ses nouvelles murailles, ils jurèrent de se venger des Allemands; ils proclamèrent de nouveau Ardoin, et ils vouèrent leurs armes et leur fortune à relever son trône (2).

Henri mettoit plus de prix à la conservation de l'Allemagne, qu'à celle d'une vaine ombre de pouvoir en Lombarbie. Il laissa passer dix

(1) *Ditmarus Chronicon*, L. VI, p. 377. *Script. Br.* T. I.

(2) *Arnulphus Mediol.* L. I, c. 16, p. 12.

années, sans y porter de nouveau ses armes. CHAP. II.
D'autre part, Ardoin, qui ne manquoit ni de 1004.
capacité ni de bravoure, n'avoit à sa disposition ni troupes ni trésors. Verceil, Novare, Pavie, et probablement la plupart des villes du Piémont, reconnoissoient son droit à la couronne; mais aucune de ces cités ne pouvoit maintenir des soldats, ou ne vouloit recevoir le roi dans ses murs, au risque d'y admettre avec lui la licence des gens de guerre, et le pouvoir despotique. Ardoin s'enfermoit donc dans les châteaux-forts de son ancien marquisat, et ne rappeloit aux peuples qu'il étoit roi, que par quelques donations à des monastères, seuls monumens qui nous soient restés de son règne. Les villes sembloient s'être chargées seules de défendre les droits des deux concurrens. Milan envoyoit souvent ses milices attaquer les vassaux limitrophes d'Ardoin; les citoyens de Pavie, de leur côté, faisoient des incursions sur le Milanès; tous s'exerçoient aux armes; tous s'abandonnoient à la jalousie qu'il ressentoient contre leurs plus proches voisins; tous s'accoutumoient à regarder la patrie comme renfermée dans les murs de leur cité; et s'ils proclamoient encore le nom des rois, c'étoit pour justifier leurs propres guerres, non qu'ils épousassent la cause des monarques pour lesquels ils paroissoient combattre.

CHAP. II. Henri II parcourut l'Italie en 1013 et 1014, 1004. et reçut à Rome la couronne impériale, des mains du pape Benoît VIII, sans qu'il paroisse que, dans cette expédition, il rencontrât nulle part les armées d'Ardoin. Ce ne fut qu'a-
1015. près le retour de Henri en Allemagne, que le roi lombard, atteint d'une maladie grave, déposa, de son propre mouvement, les ornemens royaux, et revêtit l'habit de moine dans le monastère de Fructérie, pour se préparer à la mort (1).

1024. Les Italiens voulurent de nouveau se rendre indépendans des Allemands en 1024, à la mort de Henri II; et comme aucun de leurs compatriotes ne réunissoit leurs suffrages, ils offrirent successivement la couronne de Lombardie à Robert, roi de France, et à Guillaume, duc d'Aquitaine (2). Mais ces deux princes, après avoir sagement calculé la foiblesse de la monarchie italienne, et les dangers aussi-bien que les dépenses par lesquels il faudroit acheter un honneur illusoire, qui ruineroit leurs anciens sujets, refusèrent également un présent trop onéreux. L'archevêque de Milan, qui dirigeoit ces intrigues, prit alors le parti de se rendre

(1) *Muratori Ann.* 1015. — *Arnulphus Hist. Mediol.* L. I, c. 16, p. 13.

(2) *Muratori ad ann.* 1025, T. VIII, p. 357. — *Notæ ad Arnulp. Med.* L. II, c. 1, p. 14.

en Allemagne, et de faire la paix de sa nation avec Conrad-le-Salique, duc de Franconie, qui avoit été élu par une diète allemande, et dont le nom est attaché aux dernières lois qui complétèrent le système féodal (1). CHAP. II. 1024.

Conrad II descendoit, par les femmes, d'Othon-le-Grand, et ce fut, sans doute, un de ses titres pour prétendre à la couronne. Son prédécesseur, Henri II, étoit mort sans enfans, et l'une des vertus pour lesquelles il a été canonisé, ainsi que Cunégonde sa femme, c'est la fidélité avec laquelle il observa jusqu'à sa mort le vœu de virginité qu'il avoit fait de concert avec elle (2).

Lorsque Conrad, après avoir pacifié l'Allemagne, se fut déterminé à descendre en Italie, 1026.
il envoya, selon l'usage qui commençoit à s'introduire, des députés à toutes les villes pour les prévenir de son arrivée, leur demander de renouveler leur serment de fidélité, et exiger d'elles, en même temps, les impôts que, dans cette occasion seule, elles devoient payer au trésor royal. Ces impôts étoient désignés dans le latin barbare qu'on employoit alors, par les

(1) Ce Conrad étoit le second du nom pour les Allemands, parce que ceux-ci avoient eu pour roi un Conrad I, qui avoit régné de 911 à 918.

(2) *Leo Ostiensis Chron. Mon. Cassinens.* L. II, c. 46, p. 368.

CHAP. II. noms de *foderum*, *parata* et *mansionaticum*.
1026. Le premier étoit une certaine quantité de denrées destinées à la nourriture du roi et de sa suite; on convenoit souvent de remplacer cette prestation par une somme d'argent. Le second étoit un tribut consacré à réparer les routes, et à jeter des ponts sur les fleuves que le roi devoit traverser; le troisième devoit pourvoir aux frais de logement de la cour et de l'armée pendant son voyage (1).

Conrad s'avança ensuite jusqu'à Roncaglia, plaine située au bord du Pô, dans le voisinage de Plaisance, où les diètes du royaume d'Italie se rassembloient toujours à l'arrivée des empereurs. Une ville sembloit s'élever tout à coup au milieu du désert, un mur l'entouroit, des places et des rues tracées au cordeau séparoient les pavillons du roi, ceux des seigneurs et ceux de l'armée. Les marchands y accouroient de toutes les parties de l'Italie, et ils élevoient leurs boutiques en dehors des murailles, en sorte que les faubourgs de la ville nouvelle étoient animés par une foire brillante. Le pavillon du roi étoit placé au centre de son camp; un bouclier suspendu à une antenne brilloit devant sa porte, et tous les feudataires étoient sommés par un héraut de venir le garder à leur

(1) *Carolus Sigonius de Regno*, L. VII, p. 175. — *Otho Frising de Gestis Frider. I.* L. II, c. 12, p. 709.

tour. La fonction de veiller les armes pendant les premières nuits servoit de revue à l'armée; les absens étoient condamnés à la perte de leurs fiefs, pour n'avoir pas, selon leur devoir, suivi leur prince dans son expédition. Le roi consacroit les premiers jours de la diète à terminer les causes privées qu'on lui soumettoit, comme pour maintenir son droit à l'exercice du pouvoir judiciaire. Les jours suivans étoient destinés à recevoir les ambassades des villes, à régler leurs rapports avec la monarchie, et à terminer leurs différends. Pendant les derniers jours de la diète, le roi s'occupoit des intérêts des seigneurs, et de toutes les questions qui regardoient les fiefs.

CHAP. II.

1026.

La diète que présida Conrad-le-Salique en 1026 est indiquée par quelques historiens (1) comme l'époque d'un changement bien important dans la législation féodale. Ils croient que la première des constitutions que l'on trouve au livre cinquième des fiefs, fut sanctionnée à cette époque. Les seigneurs s'arrogeoient encore le droit de priver, sans jugement, leurs vassaux de leurs

(1) *Sigonius de Regno*, L. VIII, *ad ann.* p. 194. — *Denina Rivoluz. d'Italia*, L. X, c. 2, p. 76. — On peut, il est vrai, rapporter aussi cette constitution à l'année 1037; et il paroît que c'est l'opinion de Muratori. Mais il est probable qu'à sa première entrée en Italie, Conrad régla, par une loi, un point qui excitoit depuis long-temps les plaintes des feudataires.

CHAP. II. fiefs; la loi de Conrad-le-Salique restreignit la
1026. peine de la confiscation au seul cas de félonie, prouvée par le jugement des pairs de l'accusé: dans toute autre circonstance, tous les bénéfices militaires furent déclarés héréditaires de mâle en mâle. Conrad, après avoir parcouru l'Italie, et renouvelé par des plaids publics et des jugemens importans, la mémoire de l'autorité impériale, reprit avec son armée la route de l'Allemagne.

Le monarque ne se fut pas plus tôt éloigné, que de nouveaux désordres indiquèrent les vices du système féodal, qu'il avoit vainement
1027-1036. tenté de corriger. Les villes du centre de la Lombardie étoient, il est vrai, parvenues à jouir d'une assez grande liberté; les grands, et surtout les prélats, avoient de leur côté secoué le joug de l'empereur, et leur indépendance étoit presque absolue; mais les gentilshommes, les capitaines et les vavasseurs, qui composoient l'ordre équestre, loin de partager le succès des autres ordres, voyoient au contraire empirer leur condition. La nation ne paroissoit former un seul corps que dans les diètes ou les plaids de Roncaglia; encore les gentilshommes y assistoient-ils sans mission, sans priviléges, sans aucun moyen de réclamer contre l'oppression des grands feudataires, ou les usurpations des cités. Dès que la diète étoit terminée, l'état se

dissolvoit avec elle, et les seigneurs de châteaux CHAP. II.
retournoient dans leurs manoirs, pour s'y dé- 1027-1036.
fendre par leurs propres forces, et s'y faire rendre justice par leurs armes et celles de leurs vassaux. Une confusion générale et une ruine universelle des campagnes étoient la conséquence de ces guerres privées.

Le brigandage qui accompagnoit ces querelles des nobles fut suspendu plutôt que réprimé, pendant le règne de Conrad, par les prédications de quelques hommes pieux; ceux-ci prétendirent ou crurent peut-être que le ciel leur avoit révélé un ordre de Dieu qui commandoit aux hommes de tous les partis une trève de quatre jours par semaine, depuis la première heure du jeudi jusqu'à la première heure du lundi. Tous les hommes, quelque faute qu'ils eussent commise, devoient, pendant ces quatre jours, être libres de vaquer à leurs affaires, et des peines temporelles et spirituelles devoient frapper ceux qui, pendant la *trève de Dieu*, exerceroient aucune vengeance sur aucun de leurs ennemis ou de ceux de l'état. Cette paix fut prêchée, pour la première fois, en 1033, par les évêques d'Arles et de Lyon, et elle fut, à la même époque, introduite en Italie (1); mais elle n'y fut jamais complétement observée. Les Italiens

(1) *Landulphus senior*. L. II, c. 30, p. 90. — *Ducangius in glossario Latinit.* voce TREVA.

CHAP. II. étoient, de tous les chrétiens, les moins super-
1027-1036. stitieux et les moins disposés à croire à un ordre émané du ciel.

Les guerres privées entre les gentilshommes furent bientôt suivies d'une guerre plus générale, que ces mêmes gentilshommes déclarèrent, d'un commun accord, d'une part, aux prélats, qui pour la plupart étoient leurs suzerains, et, de l'autre, aux bourgeois des villes. Les vavasseurs voyoient d'un œil jaloux ces hommes, nés leurs égaux ou leurs inférieurs, qui jouissoient de l'autorité souveraine, les premiers comme princes, et les seconds comme républicains. Ils se plaignoient surtout de l'orgueil d'Héribert, archevêque de Milan, qui, sans respecter la constitution de Conrad, dépouilloit de leurs fiefs ceux de ses vassaux qui avoient encouru sa disgrâce. A la nouvelle d'une injustice que cet archevêque avoit commise envers l'un d'eux, tous les gentilshommes, vassaux du siége de Milan, prirent les armes en même temps (1), et leur exemple fut bientôt suivi par tous les gentilshommes de la Lombardie. Les bourgeois, d'autre part, qui avoient été en butte à quelques vexations de la part de la noblesse, et qui croyoient que le lustre de leurs prélats rejaillissoit sur eux-mêmes, prirent

(1) En 1035. *Arnulp. Hist. Mediolan.* L. II, c. 10, p. 16.

les armes pour les seconder. Le premier combat se livra dans les rues mêmes de Milan. Après une longue résistance, les gentilshommes furent défaits et obligés de sortir de la ville. CHAP. II. 1035.

Mais dès qu'ils furent en rase campagne, de nombreux auxiliaires accoururent pour se ranger sous leurs drapeaux; la ville de Lodi, jalouse de Milan, se déclara pour eux; et dans la bataille de Campo Malo, l'archevêque et les Milanois furent défaits par les gentilshommes. Conrad, 1035-1039. que ces désordres déterminèrent à passer en Italie, assembla une diète à Pavie, où il s'efforça de les apaiser. Il fit mettre aux arrêts l'archevêque Héribert, ainsi que les évêques de Verceil, de Crémone et de Plaisance (1). Il seconda de tout son pouvoir les réclamations des vavasseurs; mais ses efforts pour rétablir la paix furent infructueux; les prélats prisonniers échappèrent à ses gardes, et retournèrent dans leurs villes, qui s'armèrent pour les défendre. Conrad voulut en vain les y poursuivre; il fut repoussé de Milan, et forcé de renoncer au siége de cette ville (2).

Bientôt une nouvelle querelle augmenta la

(1) *Sigebertus Gemblacens. Chronog.* p. 833. — *Hermann. Contr.* p. 279. — *Annales Hildeshemens.* p. 728.

(2) *Arnulphus Mediol.* L. II, c. 13, p. 18. — *Landulphus senior*, L. II, c. 25, p. 86.

CHAP. II. 1035-1039. confusion que cette guerre civile avoit produite. Les gentilshommes révoltés avoient eux-mêmes des vassaux dont la tenure étoit militaire, et qu'on appeloit alors *vavassins;* ils avoient aussi des esclaves ou serfs attachés à la glèbe. Ces deux classes d'hommes, au moment où tous les ordres de la société prenoient les armes pour la liberté, crurent avoir aussi le droit de la réclamer; ils s'armèrent à leur tour contre leurs seigneurs, et demandèrent un affranchissement général.

Tous les rangs de la société se trouvèrent, à cette époque, en guerre les uns avec les autres. Cependant l'excès même de l'anarchie ramena enfin une paix avantageuse pour toute la nation; les droits de chaque ordre furent fixés avec plus de précision; la constitution de Conrad sur la succession des fiefs fut admise par tous les partis; la plupart des esclaves furent mis en liberté; et les conditions les plus humiliantes, attachées à la dépendance féodale, furent supprimées ou adoucies (1). Enfin, les gentilshommes désirant acquérir une patrie, prirent presque tous le parti de se faire admettre à la bourgeoisie des villes voisines, ou, selon le langage du temps, de se recommander eux et leurs fiefs à la protec-

(1) *Constitutio Conradi Salici Imp.* L. V, tit. I, *Libri feudorum.* — *Cod. Longob.* T. I, P. II, *Rer. It.* p. 177.

tion des cités. Cette pacification paroît s'être opérée en 1039, au moment où, les armées étant en présence dans le voisinage de Milan, la nouvelle de la mort de Conrad-le-Salique leur fut apportée, et les engagea à poser les armes (1). CHAP. II. 1035-1039.

(1) *Arnulphus*, L. II, c. 16, p. 18.

CHAPITRE III.

L'église et la république de Rome dans la première moitié du moyen âge. — Démêlés des papes et des empereurs. — Règnes de Henri III, Henri IV et Henri V, de 1039 à 1122. — Paix de Worms.

CHAP. III. TROIS princes de la maison de Franconie, le fils, le petit-fils et l'arrière-petit-fils de Conrad-le-Salique, occupèrent le trône impérial, depuis la mort de ce souverain jusqu'au temps où les républiques qui sont l'objet de cet ouvrage, se trouvèrent en possession de l'indépendance, et où nous pourrons commencer à suivre avec intérêt les détails de leur histoire. Mais, avant de donner un précis du règne de ces trois Henri de Franconie, il convient de retourner en arrière, pour faire connoître à nos lecteurs, depuis le commencement du moyen âge, l'état de l'église romaine, dont le premier de ces trois princes fut le protecteur, tandis que les deux derniers furent persécutés par elle; comme aussi pour faire connoître l'état de la ville de Rome, dont ils disputèrent la souveraineté aux papes. A cette époque même, et dès le commencement du moyen âge, une nouvelle république romaine se constituoit en silence, et soumettoit quelquefois à son autorité les pontifes dominateurs du reste de la chrétienté.

Il est difficile de comprendre pourquoi la ville de Rome ne fut point prise par les Lombards, lorsque Alboin fit la conquête du reste de l'Italie. Les villes maritimes pouvoient être aisément secourues par les Grecs de Constantinople; Ravenne, Venise et Comacchio étoient défendues par les marais qui les entourent; Naples, Gaëte, Amalfi et les villes de la Calabre, par les montagnes qui les environnent; mais Rome est située dans un pays ouvert de toutes parts. Les Lombards, maîtres des duchés de Toscane, de Spolète et de Bénévent, entouroient cette ancienne capitale du monde; la longue muraille qu'Aurélien avoit élevée pour enfermer le champ de Mars dans la même enceinte que l'ancienne ville, présentoit un circuit immense à défendre, et la population de Rome, exténuée par une suite de désastres, étoit bien disproportionnée avec l'étendue de ses murs. Les empereurs grecs, soit foiblesse ou crainte de compromettre l'honneur de leurs armes, ne maintenoient pas de garnison à Rome; ils confioient le gouvernement de la ville à un préfet, ou dans la suite à un duc, qui relevoit de l'exarque de Ravenne; et les historiens grecs, honteux peut-être de l'abandon

CHAP. III. où leurs maîtres laissoient l'Italie, évitent de parler de Rome, pendant les deux siècles que dura la domination des Lombards (1).

Cependant Rome ne fut point prise par les Lombards, et les fugitifs des autres provinces de l'Italie, qui vinrent chercher un asile dans cette ville, augmentèrent sa population, et la mirent en état de résister par ses propres forces aux attaques des successeurs d'Alboin. Les papes encourageoient les Romains à la défense de leur patrie, et à la fidélité envers les souverains de Constantinople. Eux-mêmes étoient élus par le clergé, le sénat et le peuple de Rome; mais ils n'étoient point consacrés sans le consentement formel de l'empereur d'Orient (2). Ils entretenoient toujours deux apocrisaires ou nonces, à la cour de Constantinople et à celle de l'exarque de Ravenne, pour assurer leur souverain de leur obéissance, et pourvoir d'un commun ac-

(1) Théophylactus Simocatta, auteur contemporain de l'invasion des Lombards, a écrit l'histoire du règne de Maurice, de 582 à 602, avec de très-grands détails, sans que, dans son histoire, on trouve, que je sache, une seule fois le nom des Lombards, celui de Rome, ou celui de l'Italie. *Script. Byzant.* T. III. Après lui, pendant près de quatre siècles, les Grecs n'ont pas eu d'historiens, mais seulement quelques chroniqueurs arides.

(2) Les Romains se passèrent cependant une seule fois de ce consentement, à l'élection de Pélage II, en 577, parce que leur ville étoit tellement resserrée par les Lombards, qu'aucune communication avec Constantinople ne leur étoit possible. *Anastas. Biblioth. in vita Pelagii II.* T. III. *Rer. It.* p. 133.

cord à la défense de Rome et à l'administration
de l'église.

Plus les Romains se voyoient négligés par les empereurs, plus ils s'attachoient aux papes, qui, pendant cette période, étoient eux-mêmes presque tous Romains de naissance, et que leurs vertus ont fait admettre, pour la plupart, dans le catalogue des saints. La défense de Rome étoit considérée comme une guerre religieuse, parce que les Lombards étoient, les uns ariens, les autres attachés encore au paganisme; les papes employoient les richesses ecclésiastiques dont ils disposoient, et les aumônes qu'ils obtenoient de la charité des fidèles occidentaux, à protéger les églises et les couvens contre la profanation des barbares; en sorte que le pouvoir croissant de ces pontifes sur la ville de Rome, étoit fondé sur les titres les plus respectables, des vertus et des bienfaits.

Peu d'histoires présentent plus d'obscurité que celle de Rome, et des provinces que les Grecs possédèrent en Italie jusqu'au règne de Charlemagne; en effet, à cette époque, ni les Grecs ni les Romains n'avoient d'historien. Les vies des papes n'ont été écrites que dans le neuvième siècle; encore est-ce plutôt pour l'édification des fidèles que pour l'instruction des historiens (1).

(1) Les vies des papes ont été recueillies par Anastase, biblio-

CHAP. III. C'est cependant durant cette période que s'opéra une révolution qui a eu l'influence la plus durable sur le sort, non-seulement de Rome, mais de tout l'Occident. La réformation, ou, si l'on veut l'appeler ainsi, l'hérésie des iconoclastes, aliéna les sujets latins des Grecs leurs souverains; elle engagea les papes à détruire l'autorité des empereurs sur Rome, cette autorité dont jusque alors ils avoient été les gardiens, et elle fut la cause première de l'indépendance de la ville et de la souveraineté de l'Église.

La religion pure et philosophique de Jésus-Christ avoit subi de très-grandes altérations dès les premiers siècles de son existence; elle s'étoit ressentie de la dégradation du peuple qui la professoit, de la perte des vertus publiques, de la corruption de l'esprit et du goût. Les subtilités des philosophes et l'ignorance du vulgaire avoient contribué également à l'altérer, et le paganisme étoit rentré tout entier dans la religion qui avoit semblé l'anéantir.

Le changement le plus remarquable que subit le christianisme, fut la suite d'une prétendue

thécaire, qui mourut avant l'année 882. On nomme *Liber pontificalis* ce recueil qui a été aussi attribué au pape Damaso II. Il est probablement l'ouvrage de plusieurs écrivains. *Voyez* sur ce livre les Dissertations d'Émanuel de Schelestradt, et de Gio. Ciampini. *Scr. It.* T. III, P. I.

découverte d'images de Jésus-Christ, puis de la Vierge, qu'on attribuoit à un artiste céleste, puisque aucune main humaine ne s'étoit employée à les former. Ces images, qui reçurent leur nom de cette circonstance (1), après avoir elles-mêmes été produites par un miracle, ne tardèrent pas à en faire à leur tour. Elles remportèrent des victoires sur les ennemis de l'état et de la religion; elles écartèrent les Persans des murs d'Edesse; elles guérirent les infirmes, et bientôt on leur attribua tous les pouvoirs de la divinité. Bientôt d'autres images, sans avoir comme elles une origine céleste, furent reconnues pour avoir la même puissance, et la religion chrétienne, qu'à plus d'un titre on pouvoit accuser déjà d'avoir rétrogradé vers le polythéisme, se trouva, par un dernier pas, changée en idolâtrie proprement dite : les images, les statues furent reconnues comme ayant dans leur matière même quelque chose de divin; on les honora pour elles-mêmes, indépendamment de l'objet qu'elles représentoient, plus peut-être qu'on ne l'ait jamais fait chez les païens. CHAP. III.

Cependant, presque à la même époque, un peuple barbare reçut d'un conquérant ambitieux un nouveau système de théisme. L'islamisme est fondé, plus qu'aucune autre reli-

(1) Ἀχειροποίητος, fait sans le secours des mains.

CHAP. III. gion, sur le dogme de l'unité et de la spiritualité de Dieu, et les musulmans ont toujours témoigné une horreur égale pour l'association de la créature au culte qui n'est dû qu'au Créateur, et pour la représentation, par des formes, de l'Être que les sens ne peuvent saisir, comme l'esprit ne peut le mesurer. Les musulmans prodiguèrent aux chrétiens le reproche d'idolâtrie (1); ils tournèrent contre eux tous les argumens, comme toutes les railleries dont les anciens apologistes s'étoient servis pour attaquer les païens; et cette controverse étoit d'autant plus humiliante pour les orthodoxes, que leur profession de foi formoit un contraste évident avec leur pratique, et que la haine du nom d'idolâtres n'étoit point éteinte en eux, à l'époque où eux-mêmes méritoient le plus ce nom.

Les musulmans firent davantage encore pour détromper les chrétiens : ils les vainquirent; ils mirent en fuite le *Labarum* miraculeux; ils prirent Edesse, malgré son image triomphante; ils détruisirent et dispersèrent les tableaux et les reliques avec l'autel qui les portoit; ils con-

(1) Ειδωλα λατρειν veut dire, *se prosterner devant les ressemblances*. Le mot composé de ces deux-là n'indique donc point que les idolâtres prennent la pierre ou le marbre pour des dieux, mais seulement pour des images divines, auxquelles ils rendent un culte.

vainquirent enfin d'impuissance les prétendus agens de la divinité, les saints, les anges, les demi-dieux des catholiques et leurs images (1). CHAP. III.

Ces défaites avoient, depuis quelque temps, ébranlé la croyance du peuple, lorsqu'une race de montagnards, qui conservoit dans l'Asie Mineure (2) son indépendance, l'amour des armes, et une religion plus rapprochée de l'ancien christianisme, parvint à placer un de ses chefs sur le trône. Léon-l'Isaurien ou l'Iconoclaste, signala son règne par l'attaque la plus violente contre les superstitions nouvelles, le culte des images et les progrès du monachisme. Il éprouva, même en Orient, une résistance qui mit son trône en danger; mais une partie considérable du peuple partageoit les opinions de Léon, et ce prince unissoit une grande habileté à une grande vigueur de caractère (3). L'Oc- 717-741.

(1) Jesid, neuvième calife de la race des Ommiades, fit détruire toutes les images de la Syrie, vers l'année 719, et justement à l'époque où commençoit le schisme des iconoclastes. Aussi les orthodoxes reprochèrent-ils aux sectaires de suivre l'exemple des Sarrasins et des Hébreux. *Fragm. Mon. Johann. Ierosolymitani. Scr. Byzant.* T. XVI, p. 235.

(2) L'Isaurie faisoit partie de la Cilicie.

(3) Le règne de Léon-l'Isaurien et de ses successeurs iconoclastes ne nous est connu que par le récit partial de Théophanes, qui, lui-même, fut persécuté par cette secte. *Theop. Chronog.* T. VI. *Bys.* p. 260 et suiv. Cédrénus n'a fait que copier ou abréger Théophanes. T. VII. *Bys.* p. 555.

CHAP. III. cident étoit à la fois plus attaché au culte des images, et plus indépendant de l'empereur. Les Romains refusèrent absolument de se soumettre aux édits de Léon, et le pape Grégoire II, qui siégoit alors, après avoir vainement cherché à ramener les iconoclastes à la croyance de l'Église, autorisa les Romains à refuser à l'empereur les tributs accoutumés (1). Dans le même temps, Ravenne et toutes les villes de l'exarchat ouvrirent leurs portes à Liutprand, roi des Lombards, en sorte qu'il ne resta plus en Italie, sous la domination de l'empire d'Orient, que les villes maritimes de la Grande-Grèce.

Grégoire II s'étoit montré à plusieurs reprises le protecteur de son troupeau; il l'avoit défendu contre les invasions des Lombards, tantôt par sa réputation de sainteté, et le crédit qu'elle lui faisoit obtenir auprès de Liutprand; tantôt par les trésors de l'Église, qu'il avoit consacrés à solder des troupes. En refusant d'obéir plus long-temps à Léon-l'Isaurien, Grégoire accusa Marino, duc de Rome, et Paul, exarque de Ravenne, d'avoir, par les ordres de leur maître, voulu le faire assassiner (2), et sans les chasser de Rome, il les y priva de toute autorité. Ainsi

(1) *Theophanes in Chronog.* p. 269. *ad ann.* 9 *Imper.* — *Georgii Cedreni Hist. compend.* p. 358.

(2) *Vita Gregorii II, ex Anastasio bibliothecario*, T. III. *Rer. It.* P. I, p. 156.

s'établit, vers l'année 726, par son influence, et avec l'agrément du roi des Lombards, un simulacre de république, qui subsista obscurément dans Rome, depuis le règne de Léon-l'Isaurien, jusqu'à la destruction du royaume des Lombards, et au couronnement de Charlemagne. CHAP. III.

Ce fut surtout pendant le pontificat de Grégoire III, de 731 à 741, que la république romaine, sous l'influence du pape, se gouverna comme un état indépendant. Dans cet espace de temps, on vit les nobles, les consuls et le peuple se joindre à un concile qui condamnoit les iconoclastes, tandis que les Romains relevoient leurs murailles, qu'ils fortifioient *Centumcellæ* ou Civita-Vecchia, qu'ils s'allioient aux ducs de Bénévent et de Spolète contre Liutprand, roi des Lombards, et qu'ils concluoient enfin avec celui-ci un traité au nom du duché de Rome (1).

On demandera peut-être quel étoit le gouvernement de cette république ou de ce duché; mais c'est ce qui n'est point facile à décider: car les Romains et le pape évitoient des démarches et des déclarations positives, pour ne pas aliéner absolument l'empereur; ils l'aidèrent même à recouvrer l'exarchat de Ravenne; et, après avoir renvoyé en Sicile le patrice destiné

(1) *Vita Gregorii III, ex lib. Pontif. Anastasii bibl.* T. III. *Rer. It.* p. 158. *Vita S. Zachariæ. Ib.* p. 161.

à les gouverner, ils reçurent de nouveau, dans plus d'une occasion, des officiers de Constantinople; ils réclamèrent la protection de l'empereur contre les Lombards, et ils demandèrent, inutilement il est vrai, des troupes à Constantin Copronyme, pour se défendre. L'empereur, de son côté, étoit disposé à se contenter d'une ombre de pouvoir, et à se décharger en silence de la défense d'une ville que sa situation rendoit difficile à protéger. Le pape, comme chef de l'Église, comme père des fidèles, jouissoit d'un très-grand crédit et sur les citoyens et sur les ennemis de l'état. On accordoit souvent à la sainteté de son caractère ce qu'on auroit refusé aux prérogatives de son rang. Les nobles romains enfin avoient appris des Lombards, leurs voisins, à faire respecter leur indépendance, et ils n'obéissoient ni à l'empereur, ni au pape, ni à leur propre sénat. Ils possédoient, comme seigneurs de châteaux, tout le territoire du duché de Rome, et lorsqu'ils vivoient dans la capitale, c'étoit en princes qui se croyoient supérieurs aux lois. Leur pouvoir étoit proportionné au nombre de leurs vassaux et de leurs satellites. Au milieu de ce conflit de juridictions, le pape, chef du clergé, patriarche de tout l'Occident, dépositaire des trésors du ciel, qu'il échangeoit aisément contre ceux de la terre, le pape se montroit le seul défenseur du peuple, le seul pacificateur des discordes des grands. Les progrès de l'ignorance avoient ajouté à ses pouvoirs; il étoit devenu comme un demi-dieu sur la terre, surtout pour les nations barbares nouvellement converties et éloignées de sa personne; il formoit le lien de toute l'Église, et, seul, il pouvoit obtenir que des nations lointaines, dont le peuple connoissoit à peine le nom, prouvassent leur christianisme par leur charité envers les Romains. La conduite des pontifes inspiroit le respect, comme leurs bienfaits méritoient la reconnoissance. Ils avoient peut-être les torts de la superstition; mais ces torts sont des vertus aux yeux du peuple qui les partage; leurs mœurs étoient pures et sévères, le luxe ni le pouvoir ne les avoient point encore corrompues.

Grégoire III fut le premier pape qui implora la protection des Français pour l'Église et la république romaine; il recourut à Charles Martel, maire du palais, pour obtenir des secours contre Liutprand (1). Cet exemple fut suivi par les autres papes, toutes les fois que les attaques des Lombards mirent la ville de Rome en danger. Outre les lettres des papes, nous en avons une de l'apôtre saint Pierre lui-même, qui fut adressée par Etienne II à Pepin, Charles, Carlo-

(1) En 741. *Voyez* les deux premières lettres du *Codex Carolinus*. T. III, P. II. *Rer. It.* p. 75, 77.

CHAP. III. mann et l'université des Français, pour mettre l'Église de Dieu et le peuple romain sous leur protection spéciale (1).

En retour, pour cette protection, les papes accordèrent de leur côté des grâces aux rois de France. Zacharie donna son consentement à la translation de la couronne de France de Childéric à Pepin (2), et Étienne II couronna ce dernier, à Paris, en 754 (3). Étienne conféra ensuite le titre de patrice des Romains à Pepin et à ses deux fils; et, au nom de l'Église, des ducs, comtes, tribuns du peuple, et de l'armée de Rome, il leur écrivit sous ce titre pour les engager à défendre, contre Astolphe, une ville dont ils avoient été créés magistrats (4).

Le droit de créer un patrice des Romains n'appartenoit pas plus au pape, que celui de transférer la couronne de France d'une maison à une autre. Le patrice étoit un officier nommé par les empereurs grecs; il y en avoit un en Sicile, et quelquefois un autre à Rome, et ce

(1) La troisième lettre du *Codex Carolinus*, p. 92.

(2) *Amalrici Augerii vitæ Pontif. Roman.* T. III, P. II, p. 78. — *Frodoardus de Pontif. Rom. Poema. Ib.* p. 79.

(3) *Anastasii biblioth. vita Stephani III.* T. III, P. I, p. 168. Le même pape est appelé Étienne III par cet auteur, et Étienne II par les autres.

(4) *Epist.* 4, 5 et suiv. *in Cod. Carol.* p. 96.

magistrat étoit à la tête du gouvernement. Mais l'élection du peuple français donnoit à Pepin un meilleur titre à la royauté, que l'élection du pontife romain au patriciat; et le pape, dans la position dangereuse où se trouvoit son troupeau, étoit excusable de chercher à tout prix à lui assurer un protecteur. Cependant les papes compromirent leur caractère par ces négociations; tandis qu'ils donnoient aux Carlovingiens des droits qui ne leur appartenoient pas à eux-mêmes, ils recevoient d'eux en retour des concessions de terres et de richesses que les Carlovingiens n'avoient aucun droit de donner. Pepin força le roi des Lombards, Astolphe, à rendre l'exarchat et la Pentapole, non point à l'empereur de Constantinople, qui en avoit été dépouillé, et qui faisoit redemander ces provinces par ses députés, mais à saint Pierre, à l'Église romaine représentée par ses pontifes, et à la république. Ce dernier mot paroît employé par l'historien d'Etienne II, pour désigner le gouvernement de Rome et des provinces qui, après s'être détachées de l'empire grec, demeuroient indépendantes; car l'historien termine l'éloge de ce pontife en disant, « qu'avec l'aide » de Dieu il étendit les frontières de la répu- » blique, et du peuple souverain, qui formoit » le troupeau confié à ses soins (1). » CHAP. I.I.

(1) *Annuente Deo rempublicam dilatans, et universam domi-*

CHAP. III. La donation de Pepin ne nous a pas été conservée, en sorte que nous ne connoissons pas avec exactitude les conditions de cette concession, par laquelle l'Eglise acquit pour la première fois une domination temporelle (1). Mais l'histoire nous apprend que cette donation ne reçut jamais son exécution. Astolphe permit bien que l'acte de la donation et les clefs de chaque ville fussent déposées sur l'autel de saint Pierre; des ôtages arrivèrent même à Rome avec l'envoyé de Pepin; mais l'Eglise n'entra point en jouissance de la souveraineté de ces provinces, et nous avons une suite de lettres des papes, dans lesquelles ils se plaignent qu'Astolphe, et Désidério son successeur, n'avoient point mis l'Eglise et la république romaine en possession des villes promises (2), ou, qu'après les avoir livrées, ils les avoient presque aussitôt reprises de nouveau. Lorsque en raison des instances de l'Eglise, ces villes

nicam plebem, etc. Anast. bibl. Vita Stephani III. T. III, p. 172, *anno* 755.

(1) Le *liber Pontificalis* nous apprend les noms des villes cédées; savoir, Ravenne, Rimini, Pésaro, Fano, Céséna, Siniga-glia, Jési, Forlimpopoli, Forli, Castel Sussubio, Montéfeltro, Accerragio, Monte di Lucaro, Cerra, Castel San-Mariano, Bobbio, Urbino, Cagli, Luceolo, Gubbio et Comacchio. *Anast. Biblioth.* p. 171

(2) *Ecclesia sancta Dei et respublica Romanorum. Epist.* 7, 8 *et* 9. *Cod. Carolin.* p. 104 et suiv.

eurent été remises en liberté par Désidério, au lieu d'être gouvernées par le pape, elles furent administrées par les archevêques de Ravenne, comme représentans des exarques (1) ; et, lorsque enfin Charlemagne, appelé par le pape Adrien, eut conquis le royaume des Lombards, en 774, Charlemagne confirma bien la charte de donation de son père, mais il ne l'effectua jamais, et Adrien fut obligé de solliciter à son tour le nouveau monarque, le suppliant d'accomplir, pour le salut de son âme, ce qu'il avoit promis de faire en faveur de l'Eglise et de la république des Romains (2). CHAP. III.

Mais tandis que les donations de souveraineté, faites par Pepin, Charlemagne, et Louis-le-Débonnaire, se réduisirent à des chartes pompeuses, qu'ils n'avoient eux-mêmes aucune intention d'exécuter, ces mêmes princes enrichirent le saint-siége par des largesses plus réellement profitables ; ils lui donnèrent le *domaine utile* d'une partie de l'exarchat et de la Pentapole, c'est-à-dire, les fruits et la rente de la terre, tandis que la souveraineté de ces mêmes provinces étoit réservée à la république romaine, au patrice, et enfin à l'empereur d'Occident. Cependant l'obéissance d'un grand nombre de

(1) *Agnelli liber Pontificalis*, P. II. *in vita Sergii archiep.* c. 4, T. II, *Rer. It.* p. 174.

(2) *Codex Carolinus*, *Epist.* 59, p. 213 *et passim*.

CHAP. III. vassaux étoit attachée à ce domaine utile; en sorte que le pape, qui depuis long-temps étoit reconnu pour le premier citoyen de Rome, en devint aussi le premier et le plus puissant baron (1).

Dès qu'une dignité procure le pouvoir et la richesse, elle doit devenir l'objet des vœux des ambitieux, et bientôt même leur proie. Immédiatement après les premières largesses de Pepin, on vit prétendre à la chaire de saint Pierre des hommes fort différens de ces religieux austères qui l'avoient occupée jusque alors, et les annales de l'Église commencèrent à être souillées par les crimes du chef des chrétiens. Deux frères, Étienne II et Paul Ier, qui se succédèrent sur le saint-siége, de 752 à 766, sont accusés, par l'historien de l'église de Ravenne, d'injustice, de rapine et de cruauté (2). Après la mort du dernier, un antipape s'empara par les armes du siége pontifical; le pape légitime, Étienne III, fut impliqué dans l'assassinat de quelques-uns des premiers dignitaires

(1) Constantin Porphyrogénète, dans le dixième siècle, dit que les papes étoient souverains de Rome. *De Thématibus*. L. II, Th. 10, p. 22. Ῥώμη ἰδιοκρατορίαν ἔχειν, καὶ δεσπόζεσθαι κυρίως, παρα τινος κατα καιρὸν Πάπα; cependant, même au dixième siècle, le pape n'étoit encore qu'un des plus puissans seigneurs de Rome.

(2) *Agnellus in libro Pontif. Vita Sergii*. T. II, p. 172.

de son église (1), et le clergé tout entier revêtit CHAP. III.
les habitudes et les mœurs farouches des gentilshommes de son siècle.

Dans les temps de barbarie, tandis que l'ignorance rend la foi plus ferme, des passions indomptables et féroces font fouler la morale aux pieds. Les massacres, les trahisons, les parjures, sont des événemens fréquens dans la vie d'hommes auxquels le neuvième et le dixième siècles n'ont point refusé le nom de grands. Mais, après des crimes épouvantables, une pénitence signalée attestoit la religion du coupable et son repentir. L'ambition du clergé indiqua aux grands criminels une nouvelle voie pour s'acquitter de leurs fautes, et pour faire oublier leurs fureurs : ce fut celle des donations faites à l'Église pour le salut de l'âme du donateur. Pepin et Charlemagne, par de semblables largesses, avoient jeté les fondemens de la puissance des papes; mais ils n'enrichirent pas le saint-siége seul, ils montrèrent une générosité presque égale envers l'archevêque de Ravenne, qu'ils mirent en état de rivaliser avec les papes; envers l'archevêque de Milan, et surtout envers les monastères. Tous leurs successeurs sur le trône d'Italie imitèrent leur exemple, tous les hauts barons suivirent

(1) *Vita Stephani III* (*seu IV*) *in Anast. biblioth.* p. 174 et suiv. — *Vita Hadriani*, p. 180.

CHAP. III. celui de leurs souverains; comme eux, ils sentoient le besoin de faire payer à leurs héritiers les désordres de leur vie; aussi nous reste-t-il un plus grand nombre de chartes de donations faites aux églises, avant le douzième siècle, que de toutes les autres espèces de contrats réunies. Lorsque Othon-le-Grand entra en Italie, tandis que les grands fiefs laïques étoient éteints ou divisés, les villes les plus riches et les provinces les plus populeuses étoient possédées par le clergé. A cette époque, les premiers et les plus puissans souverains ecclésiastiques étoient le patriarche d'Aquilée, l'archevêque de Milan, celui de Ravenne, les évêques de Plaisance, de Lodi, d'Asti, de Bergame, de Novare et de Turin; l'abbé du Mont-Cassin, le plus grand seigneur du duché de Bénévent, qui a conservé jusqu'à nos jours le titre de premier baron du royaume de Naples, et l'abbé de Farfa, dans la Sabine (1). Au reste, la plupart des évêques avoient acquis par une charte, ou des rois ou des grands seigneurs, la jurisdiction sur la ville où ils siégeoient; et il n'y avoit pas un seul évêché, pas un seul monastère d'hommes ou de femmes, qui, tout au moins dans quelque village ou quelque hameau, ne possédât les droits régaliens.

(1) *Muratori Antiq. Ital. Diss. LXXI*, T. VI, p. 56.

Au pouvoir temporel étoient attachés des devoirs qui éloignèrent tout-à-fait les ecclésiastiques de leurs fonctions primitives. Lorsqu'un évêque ou un abbé étoit comte d'une ville, il réunissoit, sous ce titre, l'office de juge à celui de général ; il étoit chargé du gouvernement civil de son comté pendant la paix, de sa défense durant la guerre. Comme châtelains, les ecclésiastiques se crurent permis de soutenir des siéges, long-temps avant qu'ils osassent conduire des armées dans les camps. Cependant ils apprirent aussi ensuite à marcher contre l'ennemi. L'empereur Louis II leur en donna l'ordre précis, dans le ban qu'il publia pour l'expédition de Bénévent, en 866 (1); et en 915, le pape Jean X se mit lui-même à la tête des troupes de la ligue qu'il avoit formée contre les Sarrasins. CHAP. III.

Les rois de la race carlovingienne, entraînés par le même esprit religieux qui leur avoit fait enrichir le clergé, crurent aussi sanctifier l'administration de leurs états, en la confiant à des ecclésiastiques. Le chancelier, l'un des plus grands officiers de la couronne, n'étoit presque jamais séculier; les évêques, les abbés, étoient appelés aux conseils des rois, comme

(1) Ce ban est rapporté par Camillo Pellegrini. *Hist. princip. Langob.* T. II, P. I, p. 265.

CHAP. III. aux états de la nation. Pendant le règne de Pepin et une partie de celui de Lothaire, Adélard, abbé de Corbie, et le moine Wala, son frère, furent les vrais souverains de l'Italie. Après eux, d'autres ecclésiastiques prirent leur place dans les conseils, et l'on a remarqué qu'ils n'avoient pas refusé d'être les agens des guerres dénaturées que les fils de Louis-le-Débonnaire firent à leur père. Le crédit près du souverain, le pouvoir, la richesse, ont de tout temps corrompu ceux qui les possédoient; on ne pouvoit s'attendre à ce que le clergé restât seul à l'abri de cette corruption, si l'on réfléchit qu'à cette époque l'esprit de la religion chrétienne étoit absolument dénaturé par une superstition grossière; que ses ministres, pris parmi les hommes du siècle, devoient participer aux vices de ce siècle; que les grands seigneurs ne manquoient jamais de placer un de leurs fils dans l'Église, pour s'appuyer ensuite de la fortune qu'il feroit dans cette carrière, et qu'au lieu de l'y préparer par des études religieuses, ils lui donnoient la même éducation qu'aux jeunes chevaliers; que l'avidité avec laquelle on pilloit les biens de l'Église, égaloit la profusion avec laquelle on l'avoit enrichie, et que le roi Hugues n'avoit pas été le premier qui eût conféré violemment des bénéfices ecclésiastiques à ses espions ou à ses bâ-

tards; qu'enfin plusieurs souverains dépossédés, CHAP. III.
plusieurs grands seigneurs dont on vouloit se défaire, étoient forcés de recevoir la tonsure; et que le corps du clergé, composé d'une manière aussi irrégulière, ne pouvoit pas avoir des vertus qui lui fussent propres, et qui convinssent à son état. C'est à tort qu'on a fait un argument contre la religion, des désordres des neuvième et dixième siècles, lorsqu'il n'auroit fallu rien moins qu'un miracle pour sanctifier les élémens impurs dont le clergé se composoit.

Nous avons une histoire assez détaillée des pontifes contemporains des empereurs carlovingiens. Cette histoire, écrite par un bibliothécaire de la cour de Rome, est, en général, honorable pour eux (1). Le scandale de leur conduite ne commença guère qu'avec le dixième siècle. Mais, avant de voir le saint-siége souillé par les mœurs dissolues de quelques jeunes gens, il est juste d'arrêter nos regards sur l'époque plus honorable du pontificat de Léon IV.

Presque immédiatement après la mort de

(1) Les vies des pontifes ont été écrites par Anastase, bibliothécaire, jusqu'à la mort de Nicolas I, en 867; les vies de quelques pontifes, jusqu'en 889, ont été ajoutées par un autre bibliothécaire, nommé Guillaume. De cette époque, jusqu'à l'année 1050, où commence le recueil du cardinal d'Aragon, il y a une lacune qu'on n'a pas de moyens de remplir.

 Charlemagne, les Sarrasins, s'apercevant de la foiblesse de l'immense monarchie qu'il avoit formée, avoient commencé à ravager les provinces maritimes de l'Italie. En 833, leurs incursions avoient déjà déterminé le pape Grégoire IV à fortifier contre eux la ville d'Ostie (1). Ils avoient continué cependant leurs déprédations; les villes de la côte étoient ruinées, les habitans de Civita-Vecchia étoient forcés de s'enfuir dans les forêts, et en 847, les Sarrasins poussèrent la hardiesse jusqu'à entreprendre le siége de la ville même de Rome. En même temps ils pillèrent les basiliques de Saint-Pierre au Vatican, et de Saint-Paul hors des murs. A cette époque même, le pape Sergius II mourut, et les Romains, pour ne pas rester sans chef dans des circonstances aussi dangereuses, élurent pour pape Léon IV, prêtre romain, qui jouissoit déjà d'une grande réputation; ils le consacrèrent sans attendre l'approbation de l'empereur (2). Les Sarrasins, cependant, s'étoient retirés d'eux-mêmes; mais Léon, pour se mettre à couvert de nouvelles attaques, fit relever les murailles de Rome, et fortifier la ville de toutes parts; il fit entourer d'un mur le mont Vatican, qui, jusque alors, avoit été hors de l'enceinte de Rome, et il appela de son

(1) *Anast. bibliot. in vita Gregor. IV*, p. 226.

(2) *Vita Leonis IV. Anast. biblioth.* p. 231.

nom ce nouveau quartier, CITÉ LÉONINE (1). CHAP. III.
Il rebâtit Civita-Vecchia, que les Sarrasins avoient ruinée (2), et avec l'aide des trois républiques, de Naples, Amalfi et Gaëte, qui jouissoient déjà de la liberté sous la protection des Grecs, il combattit une nouvelle flotte de Sarrasins, et la força de se retirer avec dommage. A ces actions glorieuses, les biographes de Léon IV ajoutent le récit de quelques miracles; il y en a un qui a plus illustré la mémoire de ce pontife, que la fondation de la ville qui portoit son nom. Le bourg des Saxons, qui s'étendoit entre la cité léonine et le quartier de *Transtevere*, fut en partie consumé par un terrible incendie, que les prières de Léon arrêtèrent (3). C'est le sujet du tableau à jamais mémorable de Raphaël, connu sous le nom de l'*incendio del Borgo*, dans la quatrième salle du Vatican.

Depuis la déposition du dernier monarque carlovingien, jusqu'au règne d'Othon-le-Grand, l'autorité des princes qui portèrent momentanément le titre d'empereur, fut toujours vacillante et contestée. Cependant la ville de Rome ne faisoit pas partie du royaume d'Italie, elle ne relevoit que de la couronne impériale, et

(1) *Vita Leonis IV. Anast. biblioth.* p. 240.
(2) *Ibid.* p. 245.
(3) *Ibid.* p. 235.

CHAP. III. pendant la vacance de l'empire, elle recouvroit son indépendance, ou, pour mieux dire, elle tomboit sous le joug de l'oligarchie turbulente de ses nobles. Celui d'entre eux qui parvenoit à occuper le trône pontifical, obtenoit, en vertu des richesses de l'Église, une grande prépondérance sur tous les autres, et devenoit en quelque sorte le chef de la république. L'élection, il est vrai, devoit être faite par les suffrages réunis du clergé et du peuple (1); mais le clergé étoit presque tout militaire, et la voix des grands étoit supposée représenter celle de la nation; aussi devoit-on bien s'attendre que, dans ce corps de noblesse, l'objet des vœux de tous seroit décerné au plus valeureux, au plus adroit, au plus galant peut-être d'entre les jeunes ambitieux qui se disputoient la tiare, plutôt qu'à quelque prêtre recommandable par sa sainteté, mais incapable d'intrigues (2).

Les mœurs du moyen âge favorisoient une galanterie mêlée de dignité, que les anciens n'avoient point connue : dans les châteaux,

(1) *A cunctis sacerdotibus seu proceribus, et omni clero necnon et optimatibus, vel cuncto populo Romano. Anast. biblioth. in Leone III*, p. 195.

(2) Le portrait qu'Anastase fait du pape Adrien I, indique les qualités qui fixoient ordinairement les suffrages. *Vir valde præclarus, et nobilissimi generis prosapia ortus, atque potentissimis Romanis parentibus editus; elegans et nimis persona decorabilis. constans etiam, etc..... In Hadriano I, p.* 179.

cette galanterie prit une tournure chevaleres-
que ; dans une grande ville, elle s'unit davantage à l'intrigue. A Rome, les femmes, en cherchant à plaire, voulurent aussi exercer du pouvoir ; elles essayèrent de dominer, par leurs amans, l'état, et avec lui, l'Église, qui faisoit partie de l'état ; et elles acquirent plus d'autorité sur les Romains au dixième siècle, qu'on ne leur en vit jamais exercer dans aucun autre gouvernement.

Deux patriciennes fameuses, Théodora et sa fille Marozia, disposèrent, pendant l'espace de soixante ans, de cette tiare, que les Henri, à la tête des armées allemandes, ne purent, peu d'années après, enlever à leurs ennemis.

Théodora étoit d'une naissance illustre ; elle possédoit de grandes richesses et plusieurs châteaux forts ; les arcs de triomphe et les tombeaux massifs des anciens Romains, changés en forteresses par les gentilshommes, étoient garnis de ses soldats ; surtout elle disposoit en souveraine des nombreux amans qu'elle comptoit parmi les nobles romains ; elle employa cette espèce d'empire à faire cesser une guerre scandaleuse que deux factions se faisoient à Rome, en s'arrachant successivement la tiare. On avoit vu un Étienne VI, successeur de Formose, en 896, faire déterrer le cadavre de son prédécesseur ; soumettre ce corps mort, en pré-

CHAP. III. sence d'un concile, à un ridicule et atroce interrogatoire; le condamner, le faire mutiler, et le jeter enfin dans le Tibre (1). Depuis cette époque, des papes élus tour à tour par les deux partis, avoient alternativement cassé tous les actes de leurs prédécesseurs. Théodora elle-même étoit du parti contraire au pape Formose, et sa fille Marozia avoit été maîtresse de Sergius III, l'un des persécuteurs de ce pontife. Mais lorsque Théodora eut soumis les grands et l'Église par ses artifices et ses galanteries, les mœurs de la cour de Rome en devinrent, si ce n'est plus pures, du moins plus douces.

Éprise d'un jeune ecclésiastique nommé Jean, Théodora lui fit obtenir d'abord l'évêché de Bologne, puis l'archevêché de Ravenne, et enfin, désolée d'avoir éloigné d'elle celui qu'elle aimoit, en le revêtant de cette nouvelle dignité, elle agit avec tant d'adresse auprès du clergé et des gentilshommes romains, que le même homme fut élevé par eux au trône pontifical, en 914, sous le nom de Jean X (2). L'amour

(1) *Liutprandi Ticinens. Hist.* L. I, c. 8, p. 430. — *Amalricus Augerius vitæ Pontif.* T. III, P. II, p. 317. — *Frodoardus poema de Romanis Pontif. Ib.* p. 318.

(2) *Liutprandi Hist.* L. II, c. 13, T. II, p. 440. Baronius, Pagi, et tous les écrivains ecclésiastiques, ont admis pour véridiques les récits de Liutprand, évêque de Crémone. Muratori seul

ou la reconnoissance de ce pape pour Théodora ont scandalisé le cardinal Baronius, auteur des Annales de l'Eglise; cependant on ne reproche à Jean X ni poison, ni assassinat, ni trahison; forfaits qui, dans un âge postérieur, ont souillé plus d'une fois le trône pontifical. Jean X administra les affaires de l'Eglise avec fermeté et avec justice; il sut réunir, pour le bien commun de ses compatriotes, les princes rivaux qui se partageoient l'Italie, et jusqu'aux deux empereurs d'Orient et d'Occident; il conduisit lui-même leurs armes contre les Sarrasins, campés aux bords du Garigliano, et dans cette expédition, il mérita la gloire de vaillant guerrier, pour laquelle il étoit plus fait que pour le titre de père de fidèles (1). CHAP. III.

Lorsque Théodora se lia, pour la première fois, avec Jean X, elle n'étoit plus dans la fleur de l'âge. Déjà auparavant, et vers l'an 906, elle avoit marié sa fille, la fameuse Marozia, à un

les révoque en doute, dans ses annales, sur l'autorité des épitaphes de quelques papes, et du panégyrique bannal que Frodoardus, en quatre ou cinq mauvais vers, s'est cru obligé de faire de tous les pontifes l'un après l'autre. J'aimerois autant citer en preuve les sonnets qu'on fait en Italie pour chaque mariage, où la noblesse et la valeur, l'amour et la beauté viennent au service de tout le monde, sans acception de personnes.

(1) *Liutprandi Hist.* L. II, c. 14, p. 441. — *Leo Ostiensis chronicon monasterii Cassinensis*, L. I, c. 52, T. IV. *Rer. It.* p. 325.

CHAP. III. Albéric, marquis de Camérino, qui donnoit à la famille de son épouse un nouveau lustre, par la propriété d'un grand fief voisin de Rome.

Cependant l'histoire cesse de parler de Théodora; peut-être la mort affranchit-elle Jean X de sa domination. Albéric, premier époux de Marozia, qu'un historien presque contemporain appelle consul des Romains (1), fut tué dans une sédition; et sa veuve, en 925, n'exerçoit pas moins d'empire sur les barons romains, que Théodora en avoit exercé avant elle. Le pape seul, après avoir été l'amant de la mère, ne pouvoit sentir de l'amour pour la fille; celle-ci, de son côté, nourrissoit une aversion extrême pour Jean X. Marozia avoit trouvé moyen de s'emparer par surprise du môle d'Adrien, aujourd'hui château Saint-Ange. Cette tour massive, le plus inébranlable des monumens de l'ancienne Rome, avoit, dans d'autres occasions, été déjà convertie en forteresse. Bâtie de l'autre côté du Tibre, à l'extrémité du pont Elius, elle commande la communication entre le Vatican et le Champ-de-Mars, le cours supérieur du fleuve et les approches de la ville, du côté de la Toscane et de tout le nord de l'Italie; aussi ce château, dans le moyen âge, de même que de nos jours, a-t-il été considéré

(1) *Leo Ostiensis chron. mon. Cassinens.* L. I, c. 61, p. 333.

comme la clé de Rome. Après s'être fortifiée dans le môle d'Adrien, Marozia offrit sa main à Guido, duc de Toscane. Les deux époux, lorsqu'ils eurent réuni leurs forces, se trouvèrent presque souverains de Rome; alors ils firent tuer un frère de Jean X qui étoit son confident; ils enfermèrent le pape lui-même dans une prison, où il ne tarda pas à mourir, et ils firent passer successivement la tiare sur la tête de deux de leurs créatures (1). CHAP. III.

En 931, Marozia étoit veuve pour la seconde fois, et assez puissante dans Rome pour porter au saint-siége, sous le nom de Jean XI, son second fils, âgé à peine de vingt-un ans, à qui la médisance donnoit pour père le pape Sergius. Ce pontife a été fort maltraité par l'annaliste ecclésiastique (2); cependant, durant un règne de cinq ans, il ne put se rendre coupable d'aucun crime ou d'aucune faute; car, réduit aux seules fonctions ecclésiastiques, il ne jouit pas un seul instant du pouvoir attaché à son siége.

Marozia s'étoit réservé à elle-même l'exercice de ce pouvoir, et le roi Hugues de Provence, qui, vers le même temps, vouloit affermir le sien sur la Lombardie, ne dédaigna pas de rechercher l'alliance d'une femme que ses galan-

(1) *Liutprandi Hist.* L. III, c. 12, p. 450.

(2) *Baronius Annales ecclesiast. ad ann.* 931.

CHAP. III. teries seules avoient rendue puissante. Marozia épousa en effet Hugues en troisièmes noces, quoiqu'il fût frère utérin de Guido, son second mari; mais cette union ne répondit point aux espérances des ambitieux époux. Au sortir d'un repas, Hugues, dès les premiers jours de son mariage, osa frapper à la joue Albéric, fils de Marozia et du marquis de Camerino, son premier mari, parce que ce jeune homme, qui lui présentoit l'aiguière, avoit versé maladroitement l'eau sur ses mains. Albéric indigné appela ses compatriotes à prendre les armes pour venger son injure et secouer le joug d'un barbare. Avec leur aide il força Hugues à prendre la fuite. Jamais ce prince ne put rentrer dans Rome, et Marozia finit ses jours dans un monastère (1).

Ainsi les Romains secouèrent tout ensemble le joug des femmes, celui des papes et celui des rois; ils crurent avoir recouvré la liberté de l'ancienne Rome; ils répétèrent le nom de république, parce qu'ils virent un consul à leur tête, car Albéric prenoit indifféremment ce titre ou celui de patrice. Albéric étoit un maître cependant; mais il avoit attaché les Romains à sa cause; il les tenoit armés pour l'indépendance de leur patrie; et dans l'état où il les avoit trouvés,

(1) *Liutprandi Hist.* L. III, c. 12, p. 450.

son administration convenoit peut-être mieux qu'aucune autre à leur fortune naissante. Il conserva sur eux le même ascendant pendant vingt-deux ans qu'il vécut encore, et, à sa mort, il laissa comme un héritage la principauté de Rome à son fils Octavien, qui n'étoit âgé que de dix-sept ans. Pendant sa vie, il avoit nommé successivement divers papes, qu'il avoit tenus dans une dépendance absolue; lorsque le dernier d'entre eux, qui lui avoit survécu deux ans, mourut, Octavien, qui étoit prêtre, crut affermir son autorité en y joignant la direction de la puissance spirituelle. Il se fit consacrer lui-même sous le nom de Jean XII. Ce fut des mains de ce pontife qu'Othon-le-Grand reçut la couronne impériale.

Il paroîtra étrange, sans doute, que dans le dixième siècle, dans un siècle qui, plus que tout autre, fut celui de l'ignorance et de la superstition, le pouvoir des papes se soit si rapidement et si complétement anéanti. Il paroîtra étrange surtout que la donation de Charlemagne au saint-siége ait été l'époque et presque la cause de ce déclin du pouvoir sacerdotal. Mais les papes, ensuite de cette donation, étoient devenus des souverains, ou au moins de grands seigneurs feudataires, et leur pouvoir étoit miné par les mêmes causes qui minoient sourdement la puissance de tous les monarques et de tous

CHAP. III. les grands seigneurs. Il faut que l'organisation sociale soit déjà bien complète, pour qu'une ville gardée par ses propres milices, gouvernée par ses propres magistrats, reconnoisse l'autorité d'un souverain éloigné, qui n'a ni soldats ni archers pour faire exécuter ses ordres. Cette organisation n'existoit pas dans le moyen âge, et toutes les cités devenoient indépendantes du souverain qui n'y résidoit pas. On voit quelques traces de la protection que le pape accordoit quelquefois aux villes de l'Émilie et de la Pentapole, dont il avoit obtenu la restitution à la république; mais on ne trouve aucun monument qui indique que le pape gouvernât ces villes; ce n'étoient donc point les cités, mais les possessions territoriales, les fiefs et les domaines qui faisoient la richesse du pape, et qui donnoient du prix à la concession des Carlovingiens.

Cependant les papes, pour tirer parti de ces possessions territoriales, les avoient inféodées eux-mêmes sous des redevances militaires. Une noblesse armée remplaça les anciens vassaux roturiers, qui cultivoient les mêmes domaines, et qui n'auroient pas su les défendre. On ne prévoyoit point encore tout ce que le gouvernement des prêtres devoit craindre de l'esprit altier, indépendant et belliqueux des gentilshommes.

Vers la fin du neuvième siècle, les papes

étoient au faîte de l'espèce de puissance féodale qu'ils s'étoient formée par leurs propriétés; la nouvelle milice qu'ils venoient de créer sur leurs terres étoit encore liée à eux par le souvenir d'un bienfait récent, et elle s'efforçoit d'augmenter leur crédit. C'est à sa valeur et à son dévouement qu'ils dûrent leur prépondérance dans la république romaine, à une époque où, comme nous l'avons dit, ils étoient les plus puissans barons du duché de Rome. Mais la rivalité de Sergius et de Formose divisa cette noblesse en deux partis : les gentilshommes restèrent attachés à celle des deux maisons dont ils avoient reçu des bienfaits; et lorsque le parti de Sergius triompha, la dignité pontificale fut rendue en quelque sorte héréditaire dans la famille de Théodora, de Marozia et des Albéric; les chevaliers consacrèrent leur reconnoissance à cette famille dont ils avoient reçu des fiefs militaires, tandis qu'ils se crurent dégagés de tout lien envers les rivaux des Albéric, lors même qu'ils viendroient à occuper ensuite la chaire de saint Pierre. CHAP. III.

Cependant la ville de Rome, depuis le temps où elle avoit secoué le joug des empereurs d'Orient, avoit toujours conservé les formes, si ce n'est l'esprit d'une république. Le pape n'avoit, dans l'intérieur de ses murs, d'autre pouvoir que celui que lui assuroit le respect

CHAP. III. religieux des peuples pour son caractère, ou leur crainte superstitieuse des censures de l'Église. Pendant l'administration d'Albéric, les droits du peuple étoient reconnus, et ses assemblées périodiques étoient conservées. Il est vrai que l'homme qui avoit assuré à la nation son indépendance étoit trop puissant pour la laisser libre; mais lorsqu'il mourut, son fils Octavien n'hérita que de ses possessions et de ses droits, et le pouvoir illimité du père finit avec la reconnoissance et la confiance sans bornes des citoyens.

En même temps que le peuple éleva Octavien ou Jean XII à la dignité papale, il confia les principales fonctions de l'administration à un préfet de la ville, auquel il donna pour collègues et conseillers des consuls annuels, et il chargea douze tribuns ou décurions qui représentoient les divers quartiers de Rome, du soin de protéger ses propres intérêts (1). Il s'opéra alors dans le caractère national une révolution plus importante que celle qui n'atteignoit que les magistratures. A la mort du grand consul, on vit renaître l'esprit public; on vit se manifester

(1) En 966, ces diverses magistratures existoient déjà depuis plusieurs années. *Baronius Annales ecclesiast. ad ann.* 966. — *Amalricus Augerius in vita Joh. XIII*, p. 329. — *Panduiph. Pisanus, et Catalog. Papar. in eund.* p. 329-332. *Rer. It.* T. III, P. II.

dans le peuple l'intention de circonscrire l'autorité arbitraire, et de mettre un terme à ses usurpations. Cet esprit engagea les Romains dans une lutte hardie, mais inégale, avec les empereurs et les papes; lutte qui se prolongea pendant l'espace de temps presque entier qu'embrasse cette histoire. CHAP. III.

Othon-le-Grand déposa successivement Jean XII et Benoît V, et le peuple romain, en haine du pouvoir arbitraire, se déclara à deux reprises pour ces papes, et soutint par les armes, quoique sans succès, la légitimité de leur titre aussi bien que son droit d'élection. Jean XII, après avoir invité Othon à descendre en Italie, s'étoit bientôt aperçu qu'il avoit préparé un joug sous lequel lui-même seroit forcé de se courber. Il se ligua contre l'empereur avec Bérenger, mais il étoit trop tard; le monarque italien, après s'être vainement défendu dans la forteresse de Saint-Léon, fut fait prisonnier. Othon marcha contre Rome, et le pape s'enfuit à Capoue avec Adelbert, fils de Bérenger (1).

Othon assembla un concile à Rome pour juger Jean XII, ou plutôt, disoit-il, pour le corriger des étourderies de sa jeunesse. Mais ce concile mit au grand jour la corruption effrayante du saint-siége. Pierre, cardinal-prêtre, se leva,

(1) *Liutprandi Contin.* L. VI, c. 6, p. 471.

CHAP. III. et fit l'énumération, devant toute l'assemblée, des vices et des crimes du pape (1), et l'empereur, sans vouloir admettre ou rejeter une semblable accusation, écrivit à Jean XII la lettre suivante, pour l'inviter à venir se justifier.

« Au souverain pontife et pape universel, le » seigneur Jean, Othon, par la clémence de » Dieu, empereur auguste, et les archevêques » de la Ligurie, de la Toscane, de la Saxe et » de la France, au nom du seigneur, salut.

» Arrivés à Rome pour le service de Dieu, » quand nous avons interrogé vos fils les Ro- » mains, les évêques, les cardinaux, les prêtres, » les diacres et tout le peuple, sur la cause de » votre absence, et sur le motif qui vous empê- » choit de nous voir, nous, défenseur de votre » Église et de vous-même, ils nous ont raconté » de telles choses de vous, des choses si hon- » teuses, que si on les disoit des histrions, en- » core les feroient-elles rougir. Pour que tout » ne demeure point caché à votre grandeur, » nous en rapporterons brièvement quelques- » unes; un jour ne nous suffiroit pas à les ex- » primer toutes en détail. Sachez donc que vous » êtes accusé, non point par un petit nombre, » mais par tous, par des gens de votre ordre » aussi-bien que des séculiers, de vous être

(1) *Liutprandi*, L. VI, c. 7 et 8, p. 473.

» rendu coupable d'homicide, de parjure, de CHAP. III.
» sacrilége, d'inceste avec deux sœurs vos pro-
» ches parentes. Ils ajoutent, ce qui est horrible
» à entendre, qu'à table vous avez bu à la santé
» du diable; qu'au jeu vous avez imploré le
» secours de Jupiter, de Vénus et des autres
» démons. Nous supplions donc avec ferveur
» votre paternité de venir, et de ne pas tarder
» à vous purger de ces accusations. Et si vous
» craignez la violence d'une multitude témé-
» raire, nous nous engageons par serment à
» ce que rien ne se fasse contre la règle des
» saints canons. Du 8 des ides de novembre
» 963 (1). »

Jean, dans sa réponse, refusa de reconnoître l'autorité du concile, et menaça d'excommunication ceux qui oseroient procéder à l'élection d'un nouveau pontife. Il fut cité une seconde fois, mais inutilement; alors le concile le déclara déchu de sa dignité, et nomma, pour lui succéder, Léon, protoscrinaire de l'Église, qui fut sacré sous le nom de Léon VIII.

Cependant les gentilshommes attachés à la famille des Albéric, les citoyens qui vouloient maintenir le droit du peuple romain à nommer son évêque, et les partisans de l'indépendance de l'Église, se réunirent pour déclarer illégitime

(1) *Liutprandi.* L. VI, cap. 9, p. 474.

CHAP. III. la déposition de Jean, et l'élection de Léon. L'empereur, avant son départ, fut obligé de réprimer une sédition qui éclatoit contre son pape. Dès qu'il fut éloigné, Jean XII rentra dans la ville, mit en fuite Léon, fit mutiler cruellement deux cardinaux ses ennemis, et fit des préparatifs pour se défendre dans Rome. Un accident inattendu mit un terme à tous ses projets. Le pape, surpris de nuit dans un rendez-vous de galanterie chez une femme mariée, fut frappé à la tempe d'un coup dont il mourut peu de jours après. L'évêque de Crémone dit que ce fut par les mains du diable, tandis que les incrédules accusèrent le mari jaloux (1).

Les Romains ne se laissèrent point déconcerter par la mort de Jean XII; ils lui substituèrent immédiatement un cardinal-diacre, qui prit le nom de Benoît V, et ils résistèrent quelque temps avec courage à l'armée d'Othon, qui entreprit le siége de leur ville. Cependant ils furent enfin forcés de céder à la famine et aux attaques journalières des soldats. Othon rentra dans Rome avec son antipape Léon VIII; le pape Benoît V, que l'Église considère comme seul légitime (2), parut en habits pontificaux devant son compétiteur et une nombreuse as-

(1) *Liutprandi Hist.* Lib. VI, cap. 11, p. 475.

(2) *Baronius Ann. ecclesiast. ad ann.* 964. — *Pagi critica.* Ibid. — *Sigonius de regno.* L. VII.

semblée d'évêques, dans l'église de Saint-Jean-de-Latran; il reconnut à genoux et en versant des larmes, qu'il avoit usurpé la chaire de saint Pierre; il se dépouilla de son manteau, et remit sa crosse à l'antipape Léon; celui-ci la brisa en présence de l'assemblée, ensuite le pape légitime fut envoyé en exil au fond de l'Allemagne (1).

Après la mort de Benoît et de Léon, un nouveau pape, Jean XIII, évêque de Narni, fut désigné par l'empereur, et les deux puissances se trouvèrent réunies contre la liberté de la ville; néanmoins, les Romains n'abandonnèrent point le combat; Othon étoit en Allemagne; les magistrats, ayant eu lieu de se plaindre du pape, lui donnèrent l'ordre de sortir de la ville. Jean fut forcé de se soumettre, et il passa dix mois en exil dans un château de la Campanie.

Du lieu de sa retraite, le pape supplia Othon d'accourir à son aide. L'empereur en effet rentra en Italie avec son armée, et, même avant son arrivée, le pape fut rappelé. Mais loin que la soumission des Romains pût fléchir l'âme

(1) *Liutprandi*. L. VI, c. ultim. p. 476. — *Vita Johann. XII, ex Mss. Vaticano Pandulphi Pisani*. T. III. *Rer. Ital.* P. II, p. 328. — Baronius se trouve ici dans un dilemme qui ressemble au fameux sophisme du menteur : « Si Benoît est le vrai pape, » donc il est infaillible, donc il a dit la vérité, quand il a dit » qu'il n'étoit pas pape, etc. ».

vindicative de Jean, dès que les troupes allemandes, conduites par Othon, furent entrées dans la ville, le pape fit arracher du tombeau et jeter au vent les cendres du préfet de Rome, Roffrédo, qui lui avoit intimé l'ordre de s'exiler : le nouveau préfet, la tête enveloppée d'un outre, fut promené sur un âne, et exposé à la risée publique; les consuls romains furent envoyés en exil au fond de l'Allemagne, et les douze tribuns du peuple périrent sur l'échafaud (1). La gloire d'Othon ne fut pas moins souillée que celle du pape, par ces odieuses exécutions. « Nous voulions te recevoir avec bonté » et magnificence, » dit l'empereur grec Nicéphore Phocas à Liutprand l'historien, ambassadeur d'Othon, « mais l'impiété de ton maître » ne l'a pas permis; il s'est emparé de Rome en » ennemi; il a fait périr une partie des Romains » par le glaive, et d'autres sur l'échafaud; à plusieurs il a fait arracher les yeux, et d'autres » enfin sont par lui chassés en exil (2) ».

Dans aucune période, peut-être, l'histoire des pontifes n'est souillée de plus de crimes que pendant le règne des trois Othon de Saxe;

(1) *Baronius Annal. eccles. ad ann.* 966. — *Pagi critica, et Murat. ad ann.* 967. Toutes les vies du pape Jean XIII. *Script. Rer. Ital.* T. III, P. II, p. 330.

(2) *Legatio Liutprandi ad Nicephor. Phocam.* T. II. *Rer. Ital.* p. 479.

mais, heureusement pour la mémoire des papes, les chroniques qui rapportent ces forfaits, sont trop concises et trop obscures pour que cette histoire scandaleuse ait pu frapper l'imagination, ou se graver par ses détails dans la mémoire.

Peu de temps avant qu'Othon Ier eut fait place à Othon II, Benoît VI, Romain de naissance, avoit succédé à Jean XIII. Un cardinal-diacre, Boniface Francone, fils de Ferruccio, s'empara bientôt après de la personne de ce pape, le renferma dans un cachot du château Saint-Ange, et l'y fit étrangler, ou, selon d'autres, mourir de faim. Il se fit sacrer lui-même, sous le nom de Boniface VII; il ne régna cependant que quarante jours; il profita de ce temps pour dépouiller les églises et les basiliques de leurs trésors et de leurs pierreries; et comme les Romains, révoltés de ses crimes, prenoient les armes pour le chasser, il s'enfuit de lui-même à Constantinople avec son butin, vers l'an 984, et il n'en revint que dix ans après, pour disputer de nouveau la tiare (1).

(1) *Amalricus Augerius*, *Pandulphus Pisanus*, et *Catal. Papar.* T. III, P. II, p. 332-335. — *Ptolomœi Lucensis Hist. eccles.* L. XVI, c. 27, T. XI, p. 1043. — Plusieurs catalogues placent ici un pape *Domnus*, dont l'Église reconnoît l'existence sous le nom de Dono, quoique le calcul des temps ne laisse point d'espace pour son règne de dix-huit mois. Je crois que ce n'est

CHAP. III. La faction impériale fit sacrer ensuite, en 975, Benoît VII, neveu ou petit-fils du grand-consul Albéric, dont la famille étoit devenue propriétaire du comté de Tusculum (1). Les comtes de Tusculum se chargèrent de maintenir à Rome les intérêts de l'empire, et avec l'appui de la maison de Saxe, ils maîtrisèrent les élections ; en sorte que ces feudataires, l'empereur et le pape, firent cause commune contre la liberté.

En 983, Benoît VII mourut, et les Romains lui donnèrent pour successeur Jean XIV, évêque de Pavie ; cependant ce dernier avoit à peine régné huit mois, lorsque Boniface VII revint de Constantinople à Rome, s'empara par les armes de la personne de son rival, et l'enfermant dans un des cachots du château Saint-Ange, l'y laissa mourir de faim, tandis que lui-même occupa de nouveau le saint-siége, et gouverna l'Église pendant onze mois.

Tant de crimes lassèrent les Romains, et

autre que Benoît VI, *Domnus Benedictus*. Le nom de Benedictus aura été omis dans une copie, et le titre de *Domnus* sera devenu le nom d'un second personnage supposé, dont l'histoire est toute semblable à celle de Benoît VI.

(1) Cette généalogie des comtes de Tusculum, qui explique leur crédit et leur puissance subite, n'est guère fondée que sur le retour des mêmes noms dans cette famille ; mais je la vois adoptée par Vitali, *Storia diplom. de' Senatori di Roma*, P. I, p. 23 ; et indiquée par Pagi, *Critica*, *ann.* 975, §. 3.

leur inspirèrent autant de haine que de mépris CHAP. III.
pour ce pouvoir sacerdotal, qu'une durée de 900-924.
plusieurs siècles et de nombreux souvenirs ne pouvoient plus rendre respectable. Tandis que les papes étoient désormais considérés comme des tyrans à la fois féroces et pusillanimes, dont il étoit honteux de porter le joug, un homme que la vieille gloire de Rome échauffoit encore, et qui désiroit ardemment de ramener les beaux jours de la république, Crescentius, commençoit à se faire connoître, et acquéroit de l'ascendant sur le peuple, par son éloquence et son courage. Il ranima le noble orgueil des Romains, qui se crurent sous sa conduite de dignes descendans des maîtres du monde; il les enhardit à secouer l'autorité des papes, qui ne reposoit que sur la confiance des peuples dans la sainteté du ministere apostolique, et qui perdoit tous ses titres à l'obéissance dès que les pontifes renonçoient à leurs vertus. Crescentius commença d'exercer quelque pouvoir dans Rome, avec le titre de consul, dès l'année 980, à peu près vers le temps où Othon II entra pour la première fois en Italie. Cet empereur, occupé d'une guerre contre les Grecs dans le duché de Bénévent, ne changea rien à l'administration de Rome. Crescentius ne put prévenir les crimes de Boniface VII, mais il est

CHAP. III. probable qu'il contribua à les faire punir (1). Il s'efforçoit de priver les papes de toute part à un gouvernement dont ils avoient long-temps abusé; aussi les historiens pontificaux se plaignent-ils de ses persécutions (2). Jean XV, élu en 985, et qui occupa le saint-siége jusques en 996, fut à son tour exilé par le consul; mais lorsqu'il eut enfin reconnu l'autorité du peuple, il fut rappelé à Rome, et il vécut avec Crescentius en bonne intelligence (3). Ce pape mourut, lorsqu'il commençoit à se lasser de la contrainte à laquelle il se voyoit condamné, et comme il venoit d'envoyer une ambassade à Othon III; pour engager à passer en Italie ce prince qui sortoit à peine de sa longue minorité.

996. L'empereur étoit déjà parvenu à Ravenne, lorsqu'il apprit la mort du pontife; il désigna, pour lui succéder, un seigneur allemand, son parent, nommé Bruno, qui, avec l'appui des comtes de Tusculum et de l'armée qui s'avan-

(1) Boniface VII fut dérobé au châtiment qu'il avoit mérité par une mort subite; mais son corps, livré aux outrages du peuple, après avoir été traîné dans les rues, fut pendu au cheval de Constantin. *Catalog. Pap.* 335.

(2) Voyez *Baronius*, *ad ann.* 996. Il rapporte son épitaphe, §. 10.

(3) *Vita Johannis XV*, *ex Amalr. Augerio.* T. III, P. II, p. 334.

çoit, fut élevé à la chaire de saint Pierre, sous le nom de Grégoire V. CHAP. III.

Crescentius s'étoit retiré sur le môle d'Adrien à l'approche des troupes allemandes; et Grégoire, qui ne vouloit pas commencer son pontificat par des actes de rigueur, s'interposa pour faire la paix entre l'empereur et le consul. Mais Othon ne tarda pas à repartir pour l'Allemagne, et le nouveau pontife, fier d'une dignité que dans sa patrie on respectoit bien plus qu'à Rome, enorgueilli de sa naissance royale, et de l'appui d'Othon, dont il se regardoit comme le lieutenant, voulut se mettre au-dessus des lois et des priviléges du peuple. Crescentius comprit à quels dangers seroit exposée la liberté romaine, si les empereurs, non contens de visiter la ville avec leurs armées allemandes, y laissoient encore des pontifes de leur famille, qui leur fussent entièrement dévoués. Les empereurs grecs, par foiblesse il est vrai, plutôt que par un sentiment de devoir, respectoient mieux les priviléges des peuples; les républiques de Venise, de Naples, d'Amalfi, florissoient déjà sous leur protection; ces souverains ne voyageoient jamais, ils n'essayoient jamais de faire des innovations dans l'administration des provinces éloignées; et, loin de favoriser les usurpations du sacerdoce, ils ne devoient pas être disposés à laisser prendre aux

CHAP. III. papes plus de pouvoir qu'ils n'en accordoient aux patriarches de Constantinople. Crescentius crut qu'en soumettant de nouveau Rome à l'empire d'Orient, il assureroit à la république des secours d'argent, et qu'il la délivreroit à la fois de l'ambition artificieuse des papes, de la morgue et de la violence des monarques allemands. Des ambassadeurs grecs, chargés en apparence d'une mission pour Othon, furent appelés à Rome, où ils s'arrêtèrent, et où ils ébauchèrent avec Crescentius le pacte solennel qui devoit précéder cette grande réunion.

997. Un Grec, nommé Philagathus, qui avoit suivi en Occident l'impératrice Théophanie, lorsqu'elle avoit épousé Othon II, étoit à cette époque évêque de Plaisance (1). Crescentius jeta les yeux sur lui, comme sur une personne propre à remplacer Grégoire V. On ne manquoit pas de motifs pour déposer celui-ci, dont on pouvoit regarder l'élection comme entachée de violence. Crescentius fit valoir cette cause d'illégitimité, Grégoire fut chassé, et l'évêque de Plaisance, élu à sa place, prit le nom de Jean XVI.

Si les projets de Crescentius avoient pu recevoir une entière exécution, si Philagathus avoit pu se maintenir sur le trône pontifical, le sort

(1) Il étoit originaire de Rossano en Calabre, et il avoit joui d'un très-grand crédit auprès d'Othon II.

entier de l'Europe et celui de la religion au- CHAP. III.
roient pu être changés. L'Italie auroit pu assurer son indépendance, en balançant les forces des deux empires. Si elle avoit augmenté ses relations avec les Grecs, elle auroit pu recevoir d'eux une culture plus prompte, et peut-être leur communiquer en retour un esprit de liberté, un courage et des vertus qui auroient sauvé de sa chute l'empire d'Orient. D'autre part, le pouvoir des papes ne se seroit jamais relevé. Les Italiens avoient peu de respect pour eux; les Grecs étoient jaloux de leurs prétentions à la suprématie, et les nations septentrionales, qui par leur vénération pour le saint-siége, ont fondé toute sa puissance, se seroient détachées d'un pape qu'elles auroient vu soumis à l'influence des Grecs. Mais, avant que 998.
les troupes qu'on attendoit de Constantinople, pour appuyer cette révolution, eussent débarqué en Italie, Othon III entra de nouveau à Rome, et Jean XVI tomba entre les mains de ses ennemis. En vain saint Nilus, abbé d'un monastère dans le voisinage de Gaëte, vint, à l'âge de quatre-vingt-dix ans, se jeter aux pieds de l'empereur et du pape Grégoire, pour implorer leur miséricorde; en vain il leur rappela que l'évêque de Plaisance les avoit tenus l'un et l'autre sur les fonts de baptême; en vain il les supplia de lui accorder la vie de son malheureux

CHAP. III. compatriote, au lieu des stériles honneurs qu'ils rendoient à ses cheveux blancs; rien ne put toucher le haineux pontife. Jean XVI, mutilé avec férocité, fut soumis à un long supplice, dont le seul récit révolte la nature (1).

Crescentius s'étoit retiré avec tous les vieux amis de la liberté, dans le môle d'Adrien, qui, d'après lui, fut nommé long-temps *Tour de Crescentius*. Othon III fit de vains efforts pour le soumettre; mais ce massif de pierres, qui, sur un diamètre de deux cent cinquante pieds, ne présente d'autre vide ou d'autre ouverture, qu'un escalier étroit, étoit assez solide pour résister aux attaques des hommes, comme il a résisté à celles du temps. L'empereur feignit enfin de vouloir entrer en négociations; il s'engagea, sur sa parole *royale*, à respecter la vie de Crescentius, et les droits de ses concitoyens; mais dès qu'à l'aide de cette promesse il se fut emparé de sa personne, il lui fit trancher la tête, ainsi qu'à plusieurs de ses partisans (2).

La veuve de Crescentius, Stéphanie, déguisant sa profonde douleur, et se taisant sur les

(1) *Acta St. Nili abbatis*, *apud Baron. Annales*, *ann.* 996, §. 16, 17 et 18.

(2) *Arnulph. Hist. Mediolan.* L. I, c. 11 et 12, T. IV, p. 11. — *Landulphus senior*, *Hist. Mediolan.* L. II, c. 19, p. 81. — *Chronicon Monasterii Cassinens.* L. II, c. 18, p. 352.

outrages auxquels elle avoit été exposée (1), CHAP. III. cherchoit à tout prix à s'approcher d'Othon, pour tirer de lui une vengeance signalée. Depuis qu'une brutale violence avoit détruit pour elle la gloire et la pureté de sa vie, elle croyoit que la beauté qui lui étoit restée ne devoit plus lui servir que comme instrument de vengeance. Othon étoit revenu malade d'un pèlerinage au mont Gargano, où ses remords peut-être l'avoient conduit. Stéphanie lui fit parler de son habileté dans la médecine; sous ses habits de deuil elle l'éblouit encore par ses charmes, et comme sa maîtresse ou comme son médecin (2), ayant gagné sa confiance, elle lui administra un poison qui le conduisit bientôt à une mort douloureuse (3).

Les historiens allemands, enclins à pardonner à la grande jeunesse d'un prince qui n'avoit que vingt-deux ans lorsqu'il mourut, s'efforcent de relever le caractère d'Othon III (4). Cepen-

(1) *Stephania autem uxor ejus traditur adulteranda Teutonibus*. Arnulph. Mediol. loco cit.

(2) *Ab uxore ut fertur Crescentii senatoris..... qua impudice abutebatur, potionatus*. Chronic. Cassin. L. II, c. 24, p. 555.

(3) Landolphe l'ancien racoute qu'elle le fit envelopper d'une peau de cerf empoisonnée, et non moins venimeuse que la robe du centaure Nessus.

(4) *Annales Hildeshemens. apud Leibnitz*. T. I. *Brunsvicens. Scr.* p. 721. — *Ditmarus Restitutus*. Lib. IV, p. 354 et seq. — *Sigeberti Gemblacens. Chronog.* p. 825.

CHAP. III. dant aucune action glorieuse n'est citée à l'appui de leurs éloges. Dernier rejeton de la maison de Saxe, il mourut sans enfans, l'an 1002, à Paterno, près de Città-Castellana, détesté des Romains, qui cherchoient chaque année à secouer le joug injuste qu'il vouloit leur imposer.

Au commencement du onzième siècle, la ville de Rome fut de nouveau ébranlée par une lutte presque ignorée entre les amis de la liberté, ceux des empereurs et ceux des papes. Un fils de Crescentius, nommé Jean, avoit hérité du crédit de son père sur le peuple romain, et de son amour pour la liberté. Vers l'an 1010, il avoit rendu à la république son antique forme, des consuls, un sénat composé de douze sénateurs seulement, et des assemblées du peuple. Lui-même, généralement désigné par le titre de patrice, donnoit l'impulsion à la république naissante; un second Crescentius, peut-être son frère, administroit la justice, sous le titre de préfet de Rome, et présidoit aux tribunaux (1). Le voyage et le couronnement à Rome de l'empereur Henri II, en 1013, diminuèrent la liberté de la ville, et augmentèrent le pouvoir du pape Benoît VIII, que ce prince religieux protégeoit de tout son crédit. Un mé-

(1) *Ditmarus Restit.* Lib. VI, p. 400. — *Mabillon. Annal. Benedict. ad ann.* 1011.

lange bizarre de grandeur d'âme et de foiblesse entroit dès cette époque dans le caractère des Romains, et nous verrons leur inconséquence se manifester pendant toute la durée de cette histoire. Un mouvement généreux vers les grandes choses étoit bientôt suivi par un morne abattement ; ils passoient de la liberté la plus orageuse, à la servitude la plus avilissante. On auroit dit que les ruines et les portiques déserts de la capitale du monde, entretenoient ses habitans dans le sentiment de leur impuissance; au milieu de ces monumens de leur domination passée, les citoyens éprouvoient d'une manière trop décourageante leur propre nullité. Le nom de Romains qu'ils portoient ranimoit fréquemment leur enthousiasme, comme il le ranime encore aujourd'hui ; mais bientôt la vue de Rome, du forum désert, des sept collines de nouveau rendues au pâturage des troupeaux, des temples désolés, des monumens tombant en ruines, les ramenoit à sentir qu'ils n'étoient plus les Romains d'autrefois. Si, en opposition à cet esprit vacillant, à ces alternatives de courage et de pusillanimité, l'Eglise romaine avoit été déjà ce qu'elle fut ensuite, persévérante dans ses entreprises, immuable dans ses projets, ambitieuse par esprit de corps et en vue de l'éternité, elle auroit facilement triomphé du parti républicain. Heureusement pour celui-ci,

CHAP. III. les élections orageuses du peuple ne donnoient à l'Eglise que des chefs de parti pour papes, l'ambition de ces papes s'arrêtoit à leur famille, et leurs vices dissipoient leurs richesses et détruisoient leur considération. Des schismes fréquens affoiblissoient davantage encore le saint-siége. Lorsque Henri III vint à Rome la première fois, pour y recevoir la couronne impériale, il y trouva trois papes qui se disputoient la tiare; et le premier acte d'autorité qu'il eut à faire dans cette ville, fut destiné à rétablir l'unité de l'Eglise.

L'empereur, Conrad-le-Salique, étoit mort à Utrecht, le 4 juin 1039. Il avoit eu de son épouse Gisèle, son fils Henri III, dit le Noir, qu'il avoit fait déjà, de son vivant, couronner comme roi d'Allemagne (1). Henri fut reconnu

(1) Voici une table chronologique du règne des trois Henri de la maison de Franconie, et du règne des papes leurs contemporains; elle fait suite aux tables que nous avons insérées dans les deux chapitres précédens.

Anno				
1039.	Henri III,	roi.	Benoît IX, pape (depuis 1033).	
1044.	———	—	Grégoire VI.	Benoît IX et Jean, anti-papes.
1046.	———	emper.	Clément II.	Première expédition de Henri III en Italie.
1048.	———	—	Damas II.	
1049.	———	—	Léon IX.	
1055.	———	—	Victor II.	Seconde expédition de Henri III.

par les Italiens, ou la même année, ou la suivante au plus tard. L'archevêque Héribert de Milan, passa en Allemagne, pour terminer avec lui les querelles entre sa métropole et Conrad. CHAP. II.

Anno				
1056.	Henri IV,	roi.	. . . .	Henri III meurt, âgé de 39 ans, le 5 octob.
1057.	———	—	Étienne IX.	
1059.	———	—	Nicolas II.	
1061.	———	—	Alexandre II.	Cadaloo ou Honorius II, antipape.
1073.	———	—	Grégoire VII.	
1077.	———	—	———	Première expédition de Henri IV en Italie.
1084.	———	emper.	———	Guibert ou Clément III, antipape.
1086.	———	—	Victor III.	
1088.	———	—	Urbain II.	
1093.	———	—	———	Conrad, roi d'Italie, fils révolté de Henri.
1099.	———	—	Pasqual II.	
1101.	———	—	———	Mort de Conrad.
1105.	———	—	———	Révolte de Henri V, fils de Henri IV.
1106.	Henri V,	roi.	———	Henri IV meurt le 7 août.
1111.	———	emper.	———	
1118.	———	—	Gelase II.	Burdino ou Grégoire VIII, antipape.
1119.	———	—	Calixte II.	
1122.	———	—	———	Paix de Worms.

Je n'ai indiqué que la première des expéditions de Henri IV en Italie; ce prince guerrier repassa dès lors les Alpes presque à chaque campagne.

CHAP. III. Mais, malgré cette pacification, Henri III, retenu par une guerre dangereuse avec le roi de Bohême (1), attendit quelques années avant de venir prendre possession des deux couronnes de Lombardie et de l'empire. Son absence donna lieu à de nouveaux troubles à Milan, dont nous parlerons ailleurs; elle laissa aussi éclater à Rome un schisme plus scandaleux peut-être que tous ceux qui l'avoient précédé.

La famille des comtes de Tusculum, qui descendoit de Marozia et des Albéric, avoit donné à l'Église trois papes l'un après l'autre; Benoît VIII, en 1012; Jean XIX, frère du précédent, en 1024; et Benoît IX, neveu des deux autres, en 1033. C'étoit par simonie, et en achetant les suffrages du peuple, que les deux derniers avoient été élus, et que la dignité pontificale étoit devenue comme héréditaire dans une même famille (2). Un historien assure même que Benoît IX n'avoit pas plus de dix ans, lorsque à force d'or on acheta pour lui les suffrages du peuple (3). Cette extrême jeunesse n'est pas prouvée; mais ce qui n'est pas contesté, c'est la conduite scandaleuse de ce pontife, et les vols, les massacres et l'impureté,

(1) *Sigeberti Gemblacensis Chronog.* p. 833.

(2) *Vitæ pontif. roman. ex Amalr. Augerio, Pandulph. Pisan. et Catal. Papar.* T. III, P. II, p. 340 et seq.

(3) *Glaber. Hist.* L. IV, c. 5.

par lesquels il souilla le saint-siége pendant un règne de douze ans. « J'ai horreur de répéter », écrivoit le pape Victor III, alors son sujet, et quarante ans plus tard son successeur, « quelle » fut la vie de Benoît, lorsqu'il eut été con- » sacré; combien elle fut honteuse, corrompue » et exécrable; aussi ne commencerai-je mon » récit qu'au temps où le Seigneur tourna sa » face vers son Église. Après que Benoît IX » eut, pendant assez long-temps, tourmenté » le peuple romain par ses rapines, ses meur- » tres et ses abominations, les citoyens, ne » pouvant plus supporter sa scélératesse, se » rassemblèrent, et le chassèrent de la ville, » aussi-bien que du siége pontifical. Ils élevè- » rent à sa place, mais à prix d'argent, et au » mépris des sacrés canons, Jean, évêque de » Sabine, qui, sous le nom de Sylvestre III, » occupa seulement trois mois le siége de l'É- » glise romaine. Benoît, qui étoit issu des con- » suls de Rome, et qui étoit appuyé par toutes » leurs forces, infestoit la ville avec ses soldats, » et contraignit enfin l'évêque de Sabine à retour- » ner avec honte dans son évêché. Benoît reprit » alors la tiare qu'il avoit perdue, mais sans » changer ses anciennes mœurs........ Voyant » enfin que le clergé et le peuple méprisoient » ses déréglemens, et que le bruit de ses for- » faits frappoit l'oreille de tous, comme il étoit CHAP. III.

CHAP. III. » adonné aux voluptés, et qu'il vouloit vivre » plus en épicurien qu'en pontife, il trouva » l'expédient de vendre, pour une assez grosse » somme d'argent, le souverain pontificat à un » certain Jean, archiprêtre, qui passoit dans » la ville pour un des hommes les plus reli- » gieux du clergé; lui-même se retira dans ses » châteaux, et Jean, qui prit le nom de Gré- » goire VI, administra l'Église pendant deux » ans et huit mois, jusqu'à l'arrivée à Rome de » Henri, roi d'Allemagne (1) ».

Ce même Grégoire VI, nous disent ses biographes, s'adonna complétement aux armes, pour recouvrer par la force les possessions ecclésiastiques qui avoient été ravies au saint-siége; et, comme il étoit dépourvu de toute éducation, et d'une ignorance absolue, le peuple romain lui donna un collègue, pour exercer conjointement avec lui la papauté, et vaquer au culte pendant que Grégoire combattoit (2).

Cependant ces cessions et ces partages, faits

(1) Henri III fut couronné à Rome en 1046. Victor III, nommé auparavant Désidério, cardinal et abbé du Mont-Cassin, fut successeur immédiat de Grégoire VII, et élu pape en 1086, dans un âge avancé. Le morceau que nous citons de lui, est tiré du troisième livre de ses Dialogues sacrés, et rapporté en appendix à la chronique du Mont-Cassin. L. II, T. IV, p. 396.

(2) *Amalr. Augerius de vitis Pontif.* p. 340. — *Catal. Papar.* p. 342.

d'abord de concert, n'avoient point pu se maintenir; et lorsque Henri arriva en Italie, Benoît IX siégeoit à Saint-Jean-de-Latran; Grégoire VI à Sainte-Marie Majeure, et Sylvestre à Saint-Pierre du Vatican. Henri, sans vouloir entrer dans Rome, assembla un concile à Sutri, pour l'établir juge entre les papes : de tous les compétiteurs, le seul Grégoire VI se rendit à cette assemblée; mais, d'après le jugement de l'Église, son élection, comme les deux autres, fut déclarée illégitime, et le saint-siége étant de nouveau vacant par sa démission, Sudger, évêque de Bamberg, présenté par Henri III, fut élu sous le nom de Clément II (1).

Cette intervention de Henri III dans l'élection du souverain pontife, rendit à l'empereur l'exercice entier du droit qu'avoient eu déjà les empereurs grecs et carlovingiens, de concourir à la nomination des papes, droit que Conrad ou Henri II ne paroissent pas avoir exercé. Henri III acquit même à cet égard une plus haute influence qu'aucun de ses prédécesseurs. Jusques alors l'usage de l'Église avoit été de faire désigner le souverain pontife par le choix du peuple romain, et d'attendre, pour le confirmer, l'approbation de l'empereur; mais Henri,

(1) *Baronius Annal. ecclesiast. ad ann.* 1046, §. 3-5. — *Pagi Critica, ad ann.* §. 1.

CHAP. III. profitant de la reconnoissance du nouveau pape, de la défaveur que le dernier schisme avoit jetée sur les élections populaires, et de l'appui de son armée, obligea le peuple romain à renoncer au droit de présentation, et à lui abandonner sans réserve l'élection des pontifes à venir (1).

Henri III ne fit jamais qu'un usage pieux d'un pouvoir qui limitoit si fort les libertés de l'Église et celles du peuple. Clément II, Damas II et Léon IX, qu'il élut successivement, étoient des personnages religieux, qui réformèrent les mœurs du clergé et de l'Église. Le dernier auquel il fit obtenir la tiare, fut Victor II, auparavant évêque d'Aichstett, qui lui fut désigné en 1055 par le moine Hildebrand, alors sous-diacre de l'Église romaine. Henri ne se détermina qu'avec peine à éloigner de lui ce prélat, l'un de ses principaux conseillers et de ses amis les plus chers (2); et lorsque Henri fut atteint, l'année suivante, d'une maladie mortelle, qui le conduisit au tombeau à l'âge de trente-neuf ans, ce fut à ce pape, conjointement avec l'impératrice Agnès, que l'empereur confia l'administration de ses états, et la tutèle de son fils, âgé seulement de cinq ans. La mort

(1) *Sancti Petri Damiani Opuscula*, §. 27 et 36, *apud Muratori*, *ad ann.* 1047.

(2) *Chron. sancti monast. Cassinens.* L. II, c. 89, p. 403.

de Victor suivit de près celle de Henri, et ses successeurs ne répondirent point à la confiance que le monarque avoit placée dans le saint-siége. CHAP. III.

Ce fut en effet à dater de la mort de Henri III, que les pontifes de Rome, après avoir été les sujets et les créatures des empereurs, devinrent leurs censeurs et leurs maîtres; le successeur de saint Pierre prétendit ouvertement à une domination universelle; des prélats ambitieux prirent à tâche d'exciter le fanatisme des peuples; et pendant soixante-dix ans d'anarchie, la puissance ecclésiastique et la puissance séculière se combattirent, autant par des forfaits que par les armes. Nous croyons pouvoir nous dispenser de raconter de nouveau avec détail la querelle trop souvent décrite du sacerdoce et de l'empire, pour les investitures; nous nous contenterons d'indiquer le caractère des personnages qui y jouèrent le principal rôle, et l'esprit du siècle qui la vit naître.

Dès les premières années de la minorité de Henri IV, le moine Hildebrand acquit une haute influence sur l'Église et sur l'empire. La trempe de son âme l'appeloit aux succès les plus éminens, car, à la honte de la société, ce n'est pas par des vertus aimables, mais souvent par des défauts ou des vices, que l'on gouverne les hommes. Dans le caractère d'Hildebrand,

CHAP. III. on trouvoit toute l'énergie de volonté qui appartient à une ambition démesurée, toute la dureté d'un être qui, dans le cloître, étoit devenu étranger à la nature humaine, et qui n'avoit jamais aimé personne. Comme ce moine avoit appris à réprimer toutes ses affections, les puissances de son âme impétueuse s'étoient toutes dirigées vers l'accomplissement de ses volontés. Ce qu'il projetoit une fois, il en faisoit le but de sa vie : il l'appeloit justice et vérité; il se persuadoit à lui-même, avant de persuader aux autres, que son ambition étoit son devoir. Il avoit vu l'Église dépendre de l'empire, il soutint que l'empire dépendoit de l'Église; il appela usurpations criminelles, rébellions séditieuses, les tentatives des séculiers pour maintenir des droits incontestables; il communiqua au clergé son enthousiasme et sa conviction, et il lui donna une impulsion qui se prolongea longtemps encore après sa mort, et qui a élevé les pontifes au-dessus des rois de l'Europe (1).

Avant d'être porté lui-même au saint-siége, Hildebrand dirigea pendant vingt ans les élections des papes. Du vivant encore de Henri III,

(1) *Voyez* sur le caractère de Grégoire, les écrivains ecclésiastiques et orthodoxes. *Baronius, ann.* 1073. — *Pagi Critica.* Ibid. — *Pandulphus Pisanus vitæ Pontif.* T. III, P. I, *Rer. Ital.* p. 304. — *Paulus Bernriedens. de Gestis Gregor. VII.* Ibid. p. 317.

il avoit été rendu dépositaire de toute l'autorité du sénat et du peuple de Rome, et c'est alors qu'étant lui-même à la cour de l'empereur, il avoit élu Victor II. Il fut l'âme de la cour de Rome, pendant les pontificats d'Etienne IX, de Nicolas II et d'Alexandre II, en sorte qu'on peut s'étonner qu'à chaque vacance du trône pontifical, il n'y ait pas été porté lui-même long-temps avant l'année 1073, époque de son élection; mais sans doute que son caractère dur et impérieux écartoit de lui les suffrages du peuple. CHAP. III.

Hildebrand, par le ministère de ses prédécesseurs, dont il étoit l'unique conseiller, fit porter sur le clergé lui-même ses premières réformes. Il sentoit que, pour le rendre tout-puissant, il falloit augmenter le respect du peuple pour lui, et l'attacher davantage à son chef. Plusieurs curés, et peut-être quelques évêques, étoient solennellement mariés, les règlemens ecclésiastiques ne leur en avoient point ôté le droit d'une manière absolue (1); mais le peuple,

(1) Tous les anciens historiens milanois assurent que saint Ambroise avoit laissé aux prêtres de ce diocèse la permission de se marier une seule fois, et avec une vierge. Cependant Pagi, *Critica Annal. eccles. ann.* 1045, §. 7-10, et Puricelli, dans sa dissertation, T. IV, *Rer. Ital.* p. 121, se sont efforcés de réfuter cette assertion. D'après une lettre du pape Zacharie à Pepin, majordome de France, §. 11, le mariage fut défendu aux évêques, prélats et diacres, par le chap. 37 du concile africain, les autres

qui depuis long-temps n'accordoit son admiration qu'aux vertus monacales, regardoit comme dignes de plus de respect les ecclésiastiques qui vivoient dans le célibat. Ces derniers, en renonçant aux affections de famille, donnoient leur cœur tout entier à l'Église; aussi étoient-ils bien plus dévoués aux papes, bien plus zélés à la fois et bien plus puissans. Hildebrand résolut de ne plus souffrir d'hommes mariés parmi les ministres des autels; et, d'après ses conseils, Etienne IX déclara en 1058, que le mariage étoit incompatible avec la prêtrise, que toutes les femmes de prêtres étoient des concubines, et que tous ceux qui ne se séparoient pas d'avec elles, étoient dès l'heure excommuniés. Une injure aussi grave, faite à des hommes respectables, et qui s'étoient conformés aux lois de leur état, ne fut pas supportée avec patience; le clergé de Milan se regarda comme plus lésé qu'aucun autre, parce qu'il alléguoit la permission expresse du mariage, accordée par saint Ambroise à ce diocèse, et l'exemple de deux archevêques qui avoient été mariés (1). Il ré-

clercs restant en liberté de suivre l'usage des églises particulières. *Codex Carol.* T. III, *Rer. Ital.* P. II, p. 84.

(1) *Corio Istorie Milanesi.* P. I, p. 6. — *Gualvanei Flammæ Manipul. Flor.* c. 150, T. XI, *Rer. It.* p. 673. — *Landulphus Senior, Hist. Mediolan.* L. III et IV, T. IV, p. 96. — Et le quatrième volume tout entier (500 pages in-4°.) du comte Giorgio Giulini, *Memorie della città e campagna di Milano.*

clama fortement, il résista, il opposa la décision d'un concile à celle du pape; mais Hildebrand méprisa sa résistance, et les curés réfractaires furent dénoncés comme professant une hérésie, tandis qu'ils ne faisoient que défendre leurs anciens usages. A ces nouveaux hérétiques, on donna le nom de Nicolaïtes (1).

Un coup plus hardi fut porté au pouvoir séculier, en 1059, par le pape Nicolas II, dans le concile de Latran. Tous les ecclésiastiques avoient anciennement été élus par le peuple de leur paroisse; mais les seigneurs et les rois, en enrichissant l'Église, s'étoient presque tous réservé à eux-mêmes et à leurs successeurs, la présentation aux bénéfices qu'ils créoient pour elle, c'est-à-dire, le droit d'élire ou de désigner le prêtre qui en seroit revêtu. Indépendamment de ce contrat entre le donateur et la paroisse, toutes les fois qu'une église possédoit un fief, le nouveau prélat, par les lois de l'état, ne pouvoit en être mis en possession qu'autant qu'il en étoit investi par le seigneur dont il relevoit. C'étoit la loi féodale, la loi universelle, qui n'admettoit pas d'exceptions en faveur des ecclésiastiques. Au moyen des droits de présentation et d'investiture, la faculté d'élire la plupart des pasteurs avoit été enlevée à leurs trou-

(1) *Baronius Annal. eccles. ad ann.* 1059, §. 43.

CHAP. III. peaux, pour être donnée à la couronne. Il est bien probable qu'à la cour des empereurs, comme depuis à la cour des papes, et auparavant dans l'assemblée de la paroisse, l'élection aux bénéfices les plus riches s'achetoit souvent à prix d'argent. Hildebrand dénonça cet abus comme un scandale infâme, comme un marché honteux des dons du saint esprit, auquel il donna le nom de simonie. Les simoniaques furent déclarés hérétiques et excommuniés; et, pour préserver les églises d'une corruption semblable, il fut prohibé aux prêtres de recevoir aucun bénéfice ecclésiastique des mains d'un laïque, *même gratis* (1). L'Église s'attribua tout à coup la prérogative de renouveler ses propres membres, tandis que les rois et les grands furent dépouillés du droit de distribuer les bienfaits dont leurs ancêtres leur avoient laissé la disposition; d'un droit que le contrat primitif leur réservoit comme une propriété, qu'ils avoient possédé pendant plusieurs siècles, et que toute la chrétienté avoit reconnu.

Le canon qui proscrivoit les investitures, ne fut pas immédiatement appliqué à l'élection des papes; on n'avoit pas un seul exemple à alléguer, d'un empereur qui eût mis à prix cette dignité suprême, et les concessions faites par

(1) *Baronius Annal. ad ann.* 1059, §. 32-34.

l'Église à Henri III, étoient trop récentes pour qu'on osât les anéantir. Le concile de Latran se contenta de les modifier. L'élection des papes à venir, qui auparavant avoit appartenu au peuple romain, fut attribuée aux cardinaux, mais non pas exclusivement. Ils durent les premiers se rassembler, et être, selon les termes du décret, les guides (*prœduces*) de l'élection; le reste du clergé et du peuple devoit se contenter de les suivre, et l'opération entière devoit se faire « sauf l'honneur et le respect dus au roi » Henri, futur empereur, et par l'entremise de » son nonce, le chancelier de Lombardie, aux- » quels le siége apostolique a accordé le privi- » lége personnel de concourir à l'élection par » leur consentement (1). » Ces termes fort vagues du canon du concile de Latran ont été la première origine du droit exclusif que les cardinaux se sont attribué de créer les chefs de l'Église. La réserve bien plus expresse des droits du monarque, n'empêcha pas qu'à la première vacance, deux ans après, Alexandre II ne fût élu sans que le consentement de Henri, ou de l'impératrice régente, eût été demandé (2); en sorte que la cour, irritée, élut en Allemagne un

(1) *Decretum Nicolai II Papæ, in Chronico monast. Farfensis.* T. II, P. II. *Rer. Ital.* p. 645.

(2) *Leo Ostiens. Chron. monast. Cassinens.* Lib. III, c. 21, p. 431.

CHAP. III. autre pape, Cadaloo, évêque de Parme, et qu'on vit éclater un nouveau schisme.

Ce fut encore par le concile de Latran, que le dogme de la présence réelle dans l'eucharistie fut déclaré expressément faire partie de la foi catholique. Un archidiacre d'Angers, nommé Bérenger, venoit d'écrire contre les inventeurs de cette croyance; il soutenoit dans son livre, que l'Église n'avoit jamais vu dans le sacrement, qu'une mémoire, un symbole du sacrifice de Jésus-Christ. Sa profession de foi, qui jusque alors avoit été celle de la chrétienté, fut condamnée comme une hérésie, dont on le força de faire abjuration (1).

Durant la minorité de Henri IV, ses ministres, sans abandonner ses droits, surent éviter une rupture ouverte avec le saint-siége. Le parti des Italiens, qui vouloient défendre contre le pape, la liberté de l'Église, formoit un contrepoids suffisant à l'ambition des pontifes. Ce parti étoit presque toujours dominant à Milan et en Lombardie, et il étoit puissant même à Rome, où un homme fort riche le dirigeoit. Pierre Léone étoit ce chef; quoique d'origine juive, il avoit acquis un crédit prodigieux dans la capitale de la chrétienté (2). Ce

(1) *Baronius Annal. ad ann.* 1059, §. 15-23.

(2) Pierre Léone n'obtint cependant la confiance ni de Henri

fut lui qui attira l'antipape Cadaloo à Rome, où il prit le nom d'Honorius II. Cadaloo remporta une victoire sur les troupes du pape légitime, et il s'établit au Vatican ; mais il en fut ensuite chassé par les forces du duc de Toscane (1). CHAP. III.

Lorsque Hildebrand, qui prit le nom de Grégoire VII, fut porté en 1073 à la chaire de saint Pierre, Henri IV étoit sorti de sa minorité. Ce prince avoit atteint l'âge de vingt-trois ans ; il étoit trop fier et trop vaillant pour se soumettre à un joug honteux ; aussi ne voulut-il plus garder de ménagemens avec des pontifes qui l'insultoient et le bravoient sans cesse. Il résolut de repousser les usurpations par la force. Son caractère étoit généreux et noble, mais il se livroit avec trop peu de retenue aux passions de son âge, et la fourberie ambitieuse du clergé, à laquelle il avoit été en butte, lui avoit inspiré un mépris trop général pour la religion. Les papes et leurs partisans profitèrent de ses défauts pour le peindre aux peuples comme un monstre ; cependant ce ne sera pas lui,

ni du pape. L'évêque schismatique Benzo le représente, de son côté, comme un fourbe. *Benzoni episc. Albensis Panegyr. Henri III Imp.* L. I, c. 4 et 8, p. 985 et 987, *apud Menckènium script. Germ.* T. I.

(1) *Benzo Panegyr.* L. II, p. 982 et suiv. — *Vita Alexandri II, ex card. Aragonio.* T. III, P. I, p. 302. — *Vita ejusd. pontificis, ex Amalrico Augerio.* P. II, p. 356.

CHAP. III. mais Grégoire, que nous verrons souiller sa cause par la plus révoltante dureté.

La superstition agrandit les objets qu'elle montre de loin. Plus les fidèles étoient éloignés de Rome, plus ils manifestoient de dévouement à l'Église romaine; ses foudres faisoient trembler les Allemands; celui que le pape avoit condamné leur paroissoit digne d'une éternelle censure; c'étoit chez eux, dans la nation de l'empereur, au sein de sa propre famille, que les prêtres réussissoient aisément à ébranler son pouvoir. Mais, tandis que les papes trouvoient toujours dans la cour de Henri, des ambitieux prêts à les servir, et des fanatiques prêts à les croire, les Italiens s'indignoient du joug honteux qu'on vouloit imposer au chef de l'état; et l'ardeur qu'ils mettoient à le défendre auroit assuré son triomphe, si une femme, la fameuse comtesse Mathilde, n'avoit, justement à cette époque, réuni l'immense héritage des anciens marquis de Toscane à celui de la maison de Canossa, et si l'âme de cette héroïne du moyen âge n'avoit été formée de toute l'aveugle superstition de son sexe, et de tout le courage, de toute la vigueur et la constance qui d'ordinaire sont réservés au sexe masculin. Ce fut par la mort de Godefroi de Lorraine, marquis de Toscane, en 1070, et par celle de Béatrix, sa femme, en 1076, que Mathilde, fille du

premier lit, de la dernière, devint souveraine CHAP. III.
du fief le plus vaste qui eût encore existé en Italie (1).

Toute l'existence de Mathilde n'eut qu'un but, l'exaltation du saint-siége; elle consacra ses forces à servir les papes pendant sa vie; et lorsqu'elle mourut, elle légua ses biens à la chaire de saint Pierre. Elle fut mariée deux fois; d'abord avec Godefroi-le-Jeune de Lorraine, ensuite avec Guelfe V de Bavière; mais l'ambition ou le fanatisme ne laissoient point de place en son cœur pour l'amour; elle se sépara de ses deux époux, qu'elle ne trouvoit point assez dévoués au saint-siége, et elle se consacra toute entière à la défense des papes (2).

Henri IV, poussé à bout par Grégoire VII, 1076.
entreprit de le déposer dans la diète de Worms, en même temps que Grégoire déposoit Henri dans le concile de Rome; bientôt Henri, abandonné de ses vassaux allemands, qui s'efforçoient de transférer sa couronne à Rodolphe

(1) Un savant Lucquois, nommé Florentini, a consacré une érudition prodigieuse à écrire la vie de la comtesse Mathilde. Nous avons aussi sur elle deux écrivains contemporains, sa vie, écrite en prose par un anonyme, et un poëme sur elle, de Donizo, chapelain de Canossa, son sujet. Tous deux sont imprimés. T. V. *Rer. Ital.*; comme aussi dans les *Script. Brunsvic. Leibnitzii.* T. I, p. 629 et seq.

(2) Mathilde étoit née de Boniface et de Béatrix, en 1046; elle mourut en 1115.

CHAP. III. de Souabe, et qui lui faisoient la guerre avec fureur (1), fut réduit à venir en Italie implorer son pardon des mains du pontife orgueilleux qu'il avoit offensé. Le monarque avoit été cité pour paroître à Rome avant la seconde fête du carême de 1077; l'excommunication et la sentence de déposition restoient jusque alors suspendues sur sa tête. Il traversa les passages les plus sauvages des Alpes, avec un danger extrême, pendant un hiver rigoureux; les routes ordinaires étoient gardées par ses ennemis. Arrivé en Italie, il supplia Mathilde d'intercéder pour lui auprès du pontife. Grégoire étoit alors enfermé avec cette princesse dans la forteresse de Canossa, près de Reggio, et il se préparoit à passer en Allemagne. Henri employa encore, pour obtenir son absolution, l'entremise du marquis d'Este, de l'abbé de Clugny, et des principaux seigneurs et prélats de l'Italie. « Le » pape résista long-temps, dit Lambert d'As» chaffenbourg, historien contemporain; mais, » vaincu enfin par les instances et le rang de » ceux qui le pressoient, « Eh bien ! dit-il, s'il » se repent vraiment de ce qu'il a fait, qu'il » dépose entre mes mains sa couronne et toutes » les marques de sa dignité royale, en signe » de sa vive et vraie pénitence, et qu'il déclare

(1) *Lambertus Schafnaburgensis, de Rebus gestis German.* p. 403, *apud Struvium script. German.* T. I.

» alors, qu'après la contumace dont il s'est CHAP. III.
» rendu coupable, il se reconnoît pour indigne
» du rang et du titre de roi. » Ces conditions
» parurent trop dures aux députés; ils insis-
» tèrent pour que le pape modérât sa sen-
» tence, et ne brisât pas le roseau cassé. Gré-
» goire céda enfin, mais avec peine, à leurs
» sollicitations, et il consentit à ce que Henri
» s'approchât de lui, et réparât par sa pénitence
» l'affront qu'il avoit fait au saint-siége, en
» n'obéissant pas à ses décrets. Henri vint comme
» il lui étoit ordonné, et le château étant en-
» touré d'un triple mur, il fut reçu dans l'en-
» ceinte de la seconde muraille, toute sa suite
» étoit demeurée en dehors de la première. Il
» avoit déposé ses habits royaux, il n'avoit
» plus rien qui annonçât un prince, rien où
» il déployât de la pompe; ses pieds étoient
» nus, et il demeuroit à jeûn depuis le matin
» jusqu'au soir, attendant vainement la sen-
» tence du pontife romain. Il l'attendoit en-
» core, et de la même manière, le second et
» le troisième jour; le quatrième enfin il fut
» admis en la présence de tous; et, après de
» longs débats, il fut absous de la sentence d'ex-
» communication portée contre lui, sous con-
» dition cependant qu'il seroit prêt à répondre
» à une diète des princes d'Allemagne, dans
» le lieu et le temps que le pape désigneroit,

CHAP. III. » sur les accusations qui étoient portées contre » lui; que le pape seroit juge de cette cause; et » que si Henri prouvoit son innocence, il re- » tiendroit son royaume, mais, au cas contraire, » il le perdroit et seroit puni selon la rigueur » des lois ecclésiastiques..... Jusqu'à l'époque de » ce jugement, il ne devoit point lui être permis » de porter les marques de la dignité royale, ou » de prendre aucune part aux affaires publi- » ques » (1).

Ainsi donc, après avoir soumis l'empereur à une pénitence qui sans doute passoit de beaucoup son attente, après l'avoir retenu seul à moitié vêtu, au milieu de janvier, par un froid excessif, sur une terre couverte de neige (2),

(1) *Lambertus Schafnaburgensis, de Rebus German.* p. 420.

(2) Voici, sur le même événement, les vers de Donizo, chapelain de Canosse, qui sans doute avoit été lui-même présent à cette pénitence. Ce sera en même temps un échantillon de sa barbare poésie. *Vita Comit. Mathildis.* Lib. II, cap. 1, p. 366, *Script. Ital.*

Frigus
Per nimium magnum Janus dabat hoc in anno.
Ante dies septem quam finem Janus haberet,
Ante suam faciem concessit Papa venire
Regem, cum plantis nudis a frigore captis
In cruce se jactans, sæpissime clamans:
Parce beate Pater, pie parce mihi peto plane.

Soit Lambert, soit Donizo, sont partisans du pape, et ennemis de Henri, en sorte qu'ils terminent ce récit par des invectives contre le dernier, pour avoir violé les conditions qui lui étoient imposées.

le pape, loin de tenir compte de cette soumission, le renvoyoit par une trahison insigne à un nouveau tribunal dont Henri n'avoit point reconnu la compétence, pour y être jugé à la rigueur. CHAP. III.

Les peuples de la Lombardie et les évêques italiens, presque tous en guerre avec le pape, ne dissimulèrent pas leur indignation, et contre le pontife qui avoit violé les droits de l'humanité, et contre l'empereur qui s'étoit humilié devant lui. Henri, de son côté, ne fut pas plus tôt hors de Canosse, qu'il mit en œuvre toutes ses ressources, pour se venger du traitement cruel qu'il y avoit éprouvé. Il recouvra d'abord sa gloire dans les armes; de retour en Allemagne, il attaqua Rodolphe de Souabe, et le vainquit à plusieurs reprises. Ce dernier fut enfin tué dans un combat en 1080 (1). Le même jour, les Lombards, partisans de Henri, battirent les troupes de la comtesse Mathilde, à la Volta, dans le Mantouan.

Grégoire avoit formé le plan du despotisme ecclésiastique, et en avoit proclamé les principes. Le recueil de ses maximes, intitulé *Dictatus Papæ,* nous a été conservé dans les annales ecclésiastiques. On est étonné de voir avec quelle audace la tyrannie théocratique ose y lever

(1) *Sigeberti Gemblacensis Chronograph.* p. 843.

CHAP. III. le masque. « Il n'y a qu'un nom au monde, y est-
» il dit, celui du pape; lui seul peut employer
» les ornemens impériaux, tous les princes
» doivent baiser ses pieds ; lui seul peut nom-
» mer ou déposer les évêques, assembler, pré-
» sider et dissoudre les conciles; personne ne
» peut le juger, son élection seule en fait un
» saint; il n'a jamais erré, jamais à l'avenir il
» n'errera; il peut déposer les princes, et délier
» les sujets du serment de fidélité, » etc. (1).

Mais Grégoire ne vécut pas assez pour voir de ses yeux le succès de ses ambitieux projets. Henri IV, rentré en Italie en 1081, avoit opposé à Grégoire un antipape, Guibert, archevêque de Ravenne, qui prit le nom de Clément III. En 1084, Henri, après avoir assiégé Rome à plusieurs reprises, réussit enfin à s'en rendre maître, et y fit sacrer son antipape, de qui, à son tour, il reçut la couronne impériale, tandis que Grégoire s'étoit retiré dans le môle d'Adrien. Les Romains s'étoient joints à Henri pour assiéger leur pontife, lorsque Robert Guiscard, le chef de ces Normands, dont nous raconterons, dans le chapitre suivant, les exploits et les conquêtes, s'avançant avec une armée considérable, fit retirer Henri, brûla Rome depuis Saint-Jean de Latran jusqu'au Colysée, et réduisit en escla-

(1) *Baronius Annal. ad ann.* 1076, §. 24.

vage un grand nombre de ses citoyens. C'est depuis ce sac de Rome, par les Normands, que l'ancienne ville est demeurée presque déserte, et que la population s'est transportée toute entière au-delà du Capitole, dans ce qui formoit autrefois le champ de Mars (1). Guiscard, après avoir fait éprouver à Rome toutes les horreurs d'une ville prise d'assaut par un ennemi barbare, se retira, et emmena le pape avec lui à Salerne. C'est dans cette ville que Grégoire VII mourut, au mois de mai 1085, après avoir, jusqu'à son dernier soupir, répété ses imprécations et ses excommunications contre Henri, contre l'antipape Guibert, et leurs principaux adhérens (2), mais après avoir aussi aliéné de son parti, par sa hauteur et sa dureté, presque tous les évêques d'Italie, après avoir forcé à se déclarer contre lui, les Romains qui lui avoient été long-temps fidèles; et après avoir occasionné la ruine de cette ville superbe dont il étoit le pasteur et presque le souverain. CHAP. III.

Les pontifes qui succédèrent à Grégoire, Victor III, Urbain II, Pasqual II et Gélase II, semblèrent tous animés du même esprit que lui. De son côté, Mathilde faisoit naître de son aveu-

(1) *Vita Gregorii VII, ex card. Aragon.* p.313. — *Landulphus senior.* L. IV, cap. 3, p. 120. — *Gaufridus Malaterra hist. Sicula.* L. III, cap. 37, T. V, *Rer. It.* p. 587.

(2) *Pauli Bernriedens. Vita Gregorii VII*, c. 110, p. 348.

CHAP. III. gle superstition une espèce de grandeur d'âme. Tandis qu'en 1092, Henri, secondé par l'antipape Guibert, ruinoit, dans le Modénois, les possessions de Mathilde, les théologiens qui entouroient celle-ci, humiliés par les défaites réitérées de son parti, la pressoient eux-mêmes, dans la diète de Carpinéto, de céder à la force des circonstances, et de se réconcilier avec Henri; mais Mathilde leur imposa silence, et résolut de mourir plutôt que de faire la paix avec un hérétique (1).

1093 L'année suivante, le pape Urbain II parvint à faire révolter contre son père, Conrad, fils aîné de Henri. La cour de Rome applaudit avec une joie féroce, à cette rébellion, et aux calomnies infâmes que Conrad publia pour l'excuser, en souillant la gloire de son père (2). Conrad fut reconnu par les papes, comme roi d'Italie, et reçut à Monza la couronne de Lombardie. Après huit ans de guerres civiles, il mourut, méprisé de ceux mêmes qui avoient suscité sa révolte, et qui en avoient profité; cependant sa défection avoit rétabli l'équilibre entre les deux factions ennemies.

A la même époque, le fanatisme religieux allu-

(1) *Donizo Vita comit. Mathild.* L. II, c. 7, p. 371.

(2) *Dodechini Appendix ad Marianum Scotum Chronic. apud Struvium script. Germ.* T. I, p. 661. — *Sigeberti Gemblacensis Chronograph.* p. 848.

moit un incendie plus vaste encore. Ce fut le même pape Urbain II, protecteur d'un fils révolté, qui prêcha la croisade aux conciles de Plaisance et de Clermont. L'Europe s'ébranla toute entière à sa voix ; les flots des nations occidentales traversèrent l'Italie pour se rendre en Orient (1) ; les soldats de l'Église ne pouvoient reconnoître comme légitime aucune résistance contre le pape ; ils rétablirent, en passant, le pouvoir du saint-siége sur les ruines de celui des empereurs. Henri crut devoir céder au torrent, et en 1097 il se retira en Allemagne.

CHAP. III.

1095.

Après sa retraite, il ne songea plus qu'à rendre la paix à l'Église et à l'empire. Quoique poursuivi par les excommunications des papes, il ne parut point s'occuper de faire cesser leurs outrages. Il avoit même pensé à se démettre de la couronne en faveur de son fils Henri V, dans l'espérance que le rapprochement seroit plus facile entre deux antagonistes dont l'amour-propre n'étoit point encore aigri par une longue discorde (2). Ce projet, que Henri n'exécuta pas,

(1) L'armée croisée qui traversa l'Italie étoit celle de Hugues, frère du roi de France, de Robert de Flandre, de Robert de Normandie, et d'Eustache de Boulogne. Ils chassèrent de Rome l'antipape Guibert, et, à l'exception du château Saint-Ange, ils lui enlevèrent toutes ses forteresses.

(2) *Annales Hildeshemens. apud Leibnitz.* p. 733. — *Dodechini Appendix*, p. 666. — *Sigeberti Gemblacens. Chron.* p. 854.

CHAP. III. enflamma l'ambition du jeune prince. Le pape Pasqual II, dont la haine religieuse étoit implacable, échauffa, par ses émissaires, un fils qu'une soif coupable de régner égaroit déjà ; il lui représenta le crime qu'il méditoit comme une action sainte et glorieuse, et le détermina à la révolte. Nous emprunterons de Sigonius, historien attaché au parti des papes, le récit de ces tragiques événemens (1).

1106. Une diète étoit convoquée à Mayence pour le jour de Noël ; les partisans du jeune Henri s'y étoient rendus en foule; aucune assemblée nationale n'avoit, depuis long-temps, été si nombreuse. Le jeune Henri conseilla au roi son père, de ne point se hasarder parmi tant de gens dont la fidélité étoit tout au moins douteuse. L'empereur suivit les avis d'un fils dont il ne soupçonnoit pas encore toute la déloyauté, et il se retira au château d'Ingelheim. Comme il y séjournoit, les archevêques de Mayence, de Cologne et de Worms, envoyés par la diète, se présentèrent devant lui, et le sommèrent, au nom de cette assemblée, de leur remettre

(1) Sigonius n'est pas un écrivain contemporain ; mais j'ai emprunté son récit, comme plus dégagé des passions d'un siècle de guerres civiles. Il est appuyé au reste sur le témoignage d'auteurs plus anciens, comme *Otto Frisingens.* L. VII, c. 8-12, p. 113. — *Abbas Urspergensis in Chron.* p. 243. — *Anonymus in vita Henrici IV*, etc.

les ornemens impériaux, savoir : la couronne, CHAP. III.
l'anneau, et le manteau de pourpre, pour qu'ils 1006.
en revêtissent son fils; et comme Henri demandoit la cause de sa déposition, « C'est, » dirent-ils, parce que, pendant de longues » années, tu as déchiré l'Église de Dieu par » une querelle odieuse; parce que tu as vendu » les évêchés, les abbayes, et toutes les dignités » ecclésiastiques; parce que tu n'as jamais observé les lois dans l'élection des évêques; c'est » pour tous ces motifs qu'il a plu au souverain » pontife et aux princes de l'Allemagne, de te » repousser, non-seulement de la communion » des fidèles, mais encore de la possession du » trône. »

« Mais vous, reprit l'empereur, archevêques » de Mayence et de Cologne, vous qui m'accusez d'avoir vendu les dignités ecclésiastiques, dites du moins quel est le prix que j'ai » exigé de vous, lorsque je vous ai donné vos » églises, les plus opulentes, les plus puissantes » de mon empire; et puisque vous êtes forcés » de confesser que je ne vous ai rien demandé, » pourquoi vous joignez-vous à mes accusateurs, tandis que vous savez qu'envers vous » je me suis conformé à mes devoirs? Pourquoi » vous joignez-vous à ceux qui ont faussé leur » foi, et le serment fait à leur prince? Pourquoi » vous mettez-vous à leur tête? Prenez patience

CHAP. III. » quelques jours encore, attendez le terme na-
1106. » turel de ma vie, que mon âge et mes peines » indiquent ne devoir pas être éloigné; ou, si » vous voulez m'enlever mon royaume, fixez » du moins le jour où, de mes propres mains, » j'ôterai de ma tête ma couronne, pour la » placer sur la tête de mon fils. »

Les archevêques répondirent avec dureté, qu'ils exécuteroient, fût-ce par force, l'ordre dont ils étoient chargés. Alors Henri s'éloigna d'eux, et ayant pris conseil du petit nombre d'amis qu'il avoit près de lui, voyant qu'il étoit entouré de gens armés, et que toute résistance étoit impossible, il se fit apporter les ornemens et le manteau royal, puis il monta sur le trône, et fit appeler les prélats.

« Les voilà, leur dit-il, ces marques de » la dignité royale, que m'avoient déférées et » la bonté du Roi des siècles, et la volonté » unanime des princes de l'état. Je n'emploie- » rai pas la force pour les défendre; je n'avois » point prévu de trahison domestique, et je » ne me suis point mis en garde contre elle : » le ciel m'a accordé la faveur de ne point sup- » poser tant de fureur chez mes amis, tant » d'impiété chez mes enfans. Cependant, avec » l'aide de Dieu, votre pudeur défendra peut- » être encore ma couronne; si vous êtes, au con- » traire, insensibles à la crainte de ce Dieu qui

» protége les rois, et à la perte de votre hon- CHAP. III.
» neur, je souffrirai de vos mains la violence 1006.
» que je n'ai point de moyens de repousser. »

A ce discours, les députés hésitoient ; mais l'archevêque de Mayence s'écria : « Pourquoi » balancer? n'est-ce pas à nous qu'il appartient » de sacrer les rois, et de les orner de la pour- » pre? Celui que nous en avons revêtu par un » mauvais choix, pourquoi ne l'en dépouille- » rions-nous pas? » Se jetant alors sur Henri, ils enlevèrent la couronne de sa tête, ils le forcèrent à descendre du trône, et le dépouillèrent du manteau de pourpre et des ornemens royaux. Henri cependant élevant la voix, s'écria : « Que Dieu voie votre conduite ! Il m'a » fait porter la peine des péchés de ma jeu- » nesse, en me soumettant à une ignominie » que jamais roi n'éprouva avant moi. Mais » vous qui levez vos mains contre votre sou- » verain, vous qui violez le serment qui vous » lie à moi, vous ne lui échapperez pas non » plus; Dieu vous punira, comme il punit » l'apôtre qui trahit son maître. »

Les archevêques, méprisant ses menaces, se rendirent auprès de son fils pour le sacrer. Le vieux Henri cependant s'enferma dans Louvain; bientôt ses amis se rassemblèrent en foule auprès de lui, et lui promirent leur aide pour recouvrer son autorité. Ils formèrent une puis-

CHAP. III. sante armée, le père et le fils marchèrent l'un
1106. contre l'autre, et dans la première rencontre le fils fut battu et mis en fuite. Ce dernier cependant rassembla ses troupes, et de nouveau il les conduisit au combat. Le vieillard fut vaincu dans cette seconde bataille, et tomba même au pouvoir de ses ennemis, qui ne lui épargnèrent pas les outrages (1).

Il fut réduit à un tel degré de misère, qu'il vint à Spire, dans le temple qu'il avoit bâti à la Vierge, demander à l'évêque de la ville, de lui accorder de quoi vivre, ajoutant qu'il étoit

(1) C'est à cette époque, sans doute, qu'il faut placer l'entrevue entre le père et le fils, dont le vieux Henri rend compte à Philippe Ier, roi de France, dans une lettre qu'il lui adressa en 1106. « Sitôt que je le vis, dit-il, touché jusqu'au fond du » cœur de douleur autant que d'affection paternelle, je me jetai » à ses pieds, le suppliant, le conjurant au nom de son Dieu, » de sa foi, du salut de son âme, lors même que mes péchés au- » roient mérité que je fusse puni par la main de Dieu, de s'ab- » stenir, lui du moins, de souiller, à mon occasion, son âme, » son honneur et son nom; car jamais aucune sanction, aucune » loi divine, n'établit les fils vengeurs des fautes de leurs » pères....... ». Dans la même lettre, il parle de sa prison. « Pour ne rien dire des opprobres, des injures, des menaces, » des glaives dirigés contre ma tête, si je ne faisois tout ce qui » m'étoit commandé, de la faim et de la soif, dont je souffrois » par le ministère de gens qu'il étoit injurieux pour moi de » voir ou d'entendre; pour ne pas dire, ce qui est plus doulou- » reux encore, qu'autrefois j'avois été heureux, etc....... ». Cette lettre touchante nous a été conservée par *Sigebertus Gemblacens. apud Struv.* T. I, p. 856.

encore propre à remplir l'office de clerc, puis- CHAP. III.
qu'il savoit lire et servir le chœur; et comme 1006.
cette humble demande lui fut refusée, il se tourna vers les assistans : « Vous du moins, » mes amis, leur dit-il, ayez pitié de moi; » voyez la main du Seigneur qui me frappe ». Puis au bout de peu de jours, le 7 des ides du mois d'août 1106, il mourut de l'affliction profonde qui déchiroit son cœur. Pendant cinq ans, son corps resta sans sépulture, dans une cellule de l'église de Liége; le pape avoit défendu de le déposer en terre sainte (1).

On éprouve quelque satisfaction en voyant la vengeance du vieux et malheureux Henri accomplie par les mains de ses ennemis eux-mêmes; le farouche Pasqual, trahi et persécuté par le prince dont il avoit excité la révolte, et le fils dénaturé du vieux empereur, humilié par l'Église pour laquelle il avoit combattu son père.

Ce ne fut que l'an 1110 que Henri V put 1110.
s'acheminer vers l'Italie, pour recevoir des mains du pape la couronne impériale. L'ambition de saisir avant le temps l'héritage de son père, avoit fait place à l'ambition d'occuper cet héritage tout entier. Le droit des investitures étoit considéré, avec raison, comme une des

(1) *Sigonius de Regno Italico.* L. IX.

CHAP. III. plus importantes prérogatives de la couronne, 1110. et Henri ne vouloit, à aucun prix, y renoncer.

Comme il approchoit de Rome, il signa, sur les frontières de la Toscane, avec Pierre Léone, l'un des principaux seigneurs romains, un traité 1111. qu'il renouvela encore à Sutri, pour assurer la paix entre l'Église et l'empire. Sans doute que la force de Henri étoit devenue bien imposante, et que Pasqual, qui venoit de conclure une ligue avec les seigneurs normands, se trouvoit encore bien foible, car une concession fort étrange du pape à l'empereur formoit la base de ce traité de Sutri (1). Voici comment Henri V lui-même en rend compte dans sa lettre aux fidèles. « Le » seigneur Pasqual vouloit enlever au royaume, » sans nous entendre, les investitures des évê- » ques, que nous possédons, et que nos prédé- » cesseurs ont possédées pendant près de quatre » siècles, depuis Charlemagne, sous soixante- » trois pontifes divers, en vertu et par l'autorité » de nombreux priviléges. Et comme nous lui » demandions, par nos députés, ce qui resteroit » alors au royaume, puisque nos prédécesseurs

(1) Les premières conventions avec Pierre Léone sont rapportées dans Baronius, *anno* 1110, §. 2, et les actes de Sutri, *anno* 1111, §. 2; mais pour les bien comprendre, il faut lire *Petrus Diaconus contin. Chronici Cassinens.* L. IV, c. 35, p. 513; et les lettres de Henri V, rapportées par *Dodechinus App.* p. 668, et abrégées dans *Sigebertus Gemblacens. Chronog.* p. 861.

» ont accordé et livré aux églises presque toutes CHAP. III.
» nos propriétés, il répondit que les ecclésias- 1111.
» tiques se contenteroient des dîmes et des obla-
» tions, et que le roi reprendroit et retiendroit,
» pour lui et pour ses successeurs, les terres et
» les droits régaliens qui furent donnés aux
» églises par Charles, par Louis, par Othon et
» par Henri; nous fîmes répondre que nous ne
» voulions pas nous rendre coupables d'une si
» grande violence et d'un tel sacrilége envers les
» églises; mais il assura et promit par serment,
» que de sa propre autorité il reprendroit tous
» ces biens aux églises, et nous les rendroit
» juridiquement, selon le droit qu'il en avoit.
» Les nôtres alors déclarèrent que s'il accom-
» plissoit ce qu'il promettoit, et qu'il savoit
» cependant ne pouvoir tenir, nous résigne-
» rions, comme il le demandoit, les investitures
» des églises...... Cependant, pour montrer
» que ce n'étoit pas par notre volonté que nous
» apportions aucun trouble aux églises du Sei-
» gneur, sous les yeux et à l'ouïe de tous, nous
» fîmes promulguer ce décret. » C'étoit le 12 février 1111, dans la basilique du Vatican, où l'empereur et le pape s'étoient réunis pour le couronnement, en présence de tout le peuple.
« Moi, par la grâce de Dieu, Henri, empereur
» auguste des Romains, je donne à saint Pierre,
» à tous les évêques et abbés, et à toutes les

CHAP. III. » églises, tout ce que mes prédécesseurs, rois
IIII. » ou empereurs, leur ont concédé ou leur ont » livré, et qu'ils ont offert dans l'espérance » d'une rétribution éternelle. Pécheur que je » suis, et redoutant un jugement terrible, je » n'ai garde de vouloir soustraire ces dons à » l'Eglise. — Après avoir lu et signé ce décret, » je demandai au seigneur pape d'accomplir ce » qu'il m'avoit promis par la charte de nos » conventions; mais comme j'insistois sur cette » demande, tous les fils de l'Eglise, les évêques » et les abbés, tant les siens que les nôtres, lui » résistèrent fermement et universellement en » face, s'écriant que le décret qu'il avoit promis » (qu'on nous permette de le dire sans offenser » l'Eglise) étoit hérétique; en sorte qu'il n'osa » point le proférer. »

Ainsi donc Pasqual, en même temps qu'il somma Henri de renoncer au droit d'investiture, déclara que son clergé ne lui permettoit point de résigner les droits régaliens que possédoit l'Eglise. Un tumulte violent fut la suite de cette contestation qui interrompoit la cérémonie du couronnement; Henri, emporté par sa colère, fit saisir le pape avec la plus grande partie des ecclésiastiques qui l'accompagnoient, et il le commit à la garde du patriarche d'Aquilée (1).

(1) *Chron. Monast. Cassin.* Lib. IV, c. 38, p. 517. — *Pan-*

Cependant le cardinal de Tusculum et l'évêque d'Ostie s'échappèrent au milieu du tumulte, et rentrèrent déguisés à Rome. Ils excitèrent les citoyens à prendre les armes pour la délivrance du chef de l'Eglise. Le lendemain, de grand matin, les milices romaines sortirent avec impétuosité de la ville, et chargèrent courageusement les Allemands qui occupoient la cité Léonine, ou le quartier du Vatican, au-delà du Tibre. Henri lui-même courut risque de la vie; et son armée auroit été entièrement défaite, si les Romains ne s'étoient arrêtés au milieu de leur victoire, pour piller les fuyards. Henri profita de cette faute; il rassembla un corps d'Allemands et de Lombards, avec lequel il chargea les milices romaines, et les renversa dans le Tibre, ou les força de regagner la ville en grand désordre. Cependant il ne crut pas prudent de séjourner auprès d'une cité ennemie, avec une armée trop foible pour la réduire, et il se retira en hâte dans la Sabine, emmenant Pasqual prisonnier avec lui (1). Ce pape, avec six cardinaux, fut confiné pendant soixante et un jours dans la forteresse de Tribucco; d'autres cardinaux furent enfermés dans un autre château, et les mauvais traitemens ne furent pas

CHAP. III. IIII.

dulphi Pisani vita Paschalis II, p. 357. — *Vita Paschalis II, ex card. Aragon.* p. 361.

(1) *Chronic. Cassin.* L. IV, c. 39, p. 517.

CHAP. III. épargnés aux prisonniers que l'on vouloit amener par la rigueur à une pacification.

1111.

Pasqual, ne voyant pour lui aucun refuge, accablé de ses propres souffrances et de celles de ses compagnons d'infortune, croyant, comme on le lui rapportoit artificieusement, que Henri se porteroit bientôt contre lui aux dernières extrémités, et le feroit mourir avec tous ses cardinaux s'il ne se rendoit pas, consentit enfin à céder à l'empereur, de la manière la plus expresse et la plus formelle, par un traité signé de lui et de seize cardinaux ou évêques, l'investiture des évêchés et des abbayes de son royaume, pourvu que l'empereur l'accordât gratuitement et sans simonie (1). Il promit de ne point s'en mêler; il releva tous les partisans de Henri, de toutes les excommunications qu'ils pouvoient avoir encourues; il s'engagea, pour l'avenir, à ne jamais l'excommunier lui-même, et il consentit à ce que le corps de Henri IV fût enfin déposé en terre sainte. Le pape et les cardinaux ne furent relâchés qu'après que ce traité eut été signé et scellé de la manière la plus solennelle, qu'il eut été confirmé par serment sur l'hostie sacrée partagée entre les communians, et que le pontife eut placé, de sa propre main, la couronne impériale sur la tête de

(1) *Voyez* ce traité *apud Sigebert. Gemblacens. Chronog.* p. 863.

Henri. Les portes de Rome restèrent fermées durant cette cérémonie, pour que les Romains irrités ne la troublassent pas par une attaque imprévue (1). CHAP. III. 1111.

Le triomphe de Henri étoit complet, mais il ne devoit pas être de longue durée; Pasqual ne fut pas plutôt relâché, que le collége des cardinaux manifesta son indignation, de ce que le chef de l'Église avoit abandonné ses plus beaux priviléges, et des conquêtes pour lesquelles Grégoire VII et ses successeurs s'étoient exposés à tant de dangers, avoient fait répandre tant de sang, et avoient dévoué aux flammes éternelles les âmes de tant de fidèles enveloppés dans les excommunications générales, ou morts en état d'interdit. Leurs clameurs alloient croissant, comme le danger diminuoit; car Henri, avec son armée, avoit repris le chemin de l'Allemagne et repassé les monts. Les cardinaux qui avoient été faits prisonniers avec Pasqual, et qu'il avoit libérés, en signant, de concert avec eux, le traité sur les investitures, ne lui prêtoient aucun secours. Au moyen d'une phrase équivoque, qui faisoit leur unique réponse, ils croyoient se mettre à l'abri de tout reproche. « Nous approuvons, di- » soient-ils, ce que nous avons approuvé

(1) *Chronic. Monast. Cassinens.* L. IV, cap. 40, p. 518.

CHAP. III. » précédemment ; nous condamnons ce que
1111. » nous avons toujours condamné » (1). Les zélés catholiques exigeoient que le pape déclarât nul le serment qu'il avoit prêté, qu'il rompît le traité qu'il avoit signé, et qu'il excommuniât l'empereur. Déjà les légats du saint-siége, avant de connoître le jugement de l'Église, avoient proclamé cette sentence dans les conciles
1112. provinciaux ; et, au commencement de l'année suivante, Pasqual fut obligé, pour cette question même, de convoquer un concile général au palais de Latran. Ce concile abolit le privilége qui avoit été extorqué au pape, et fulmina une excommunication contre Henri. Pasqual ne s'opposa pas à cette sentence, mais il ne la confirma pas non plus. Sous quelque odieux caractère que se fût montré son fanatisme dans la persécution de Henri IV, il étoit religieux de bonne foi ; il en avoit donné une preuve, lorsqu'il avoit proposé de céder à Henri V les droits régaliens ; il en donna une nouvelle, en résistant à toutes les sollicitations de son clergé, pour annuller un serment que lui avoit arraché la violence. Henri V rentra en Italie en
1116. 1116, pour se mettre en possession de l'immense héritage de la comtesse Mathilde, morte le 24 juillet de l'année précédente. Ce n'est pas que cette princesse n'eût, par un testament de

(1) *Baronius Annal. eccles. ad ann.* 1111, §. 25.

l'année 1102, donné tous ses biens présens et CHAP. III.
à venir à l'Église romaine, pour le salut de 1116.
son âme et des âmes de ses parens; mais ce testament, où il n'est question que des propriétés, et non des fiefs ou des biens régaliens, ne fut pas reconnu pour valide (1); l'on disputa sans doute à une femme le droit de disposer de ses terres; et nous verrons, pendant tout le douzième siècle, l'héritage de la comtesse Mathilde être un sujet de contestation entre les empereurs et les papes.

Après s'être mis en possession de cette suc- 1117.
cession, Henri V s'avança contre Rome, où les chefs de la noblesse l'appelèrent, pour se venger

(1) Comme les prétentions des papes à la souveraineté d'une partie de l'Italie n'étoient fondées que sur la donation de la comtesse Mathilde, il est essentiel de remarquer qu'il n'y a pas dans cette donation un seul mot qui indique la souveraineté, le domaine sur des pays ou des villes, les droits régaliens, les justices, l'hommage des vassaux, rien enfin au-delà d'une simple transmission de domaines ruraux. « *Pro remedio animæ meæ, et* » *parentum meorum, dedi et obtuli Ecclesiæ Sancti-Petri, per* » *interventum Domni Gregorii Papæ VII, omnia bona mea* » jure proprietario, *tam quæ tum habueram, quam ea quæ in* » *antea acquisitura eram, sive jure successionis, sive alio quo-* » *cunque jure, ad me pertinent, et tam ea quæ ex hac parte* » *montium habebam, quam illa quæ in ultramontanis partibus* » *ad me pertinere videbantur, etc.* ». La comtesse avoit fait une première donation de ses biens pendant le pontificat de Grégoire VII; mais la charte s'en étant perdue, elle la renouvela en faveur de Pasqual II. Cette charte est imprimée après le poëme de Donizo, *Script. Ital.* T. V, p. 384.

CHAP. III. de Pasqual, dont ils avoient à se plaindre. Henri
1117. fut reçu dans la ville avec une espèce de triomphe, tandis que le pontife fugitif se retiroit au mont Cassin, et ensuite à Bénévent (1).

Pasqual, l'année suivante, n'avoit pas encore pu rentrer à Rome, lorsqu'il mourut dans un
1118. âge très-avancé. Tandis que le plus grand nombre des cardinaux, unis aux évêques, aux sénateurs et aux consuls de Rome, lui donnèrent pour successeur Gélase II, la faction impériale s'efforça de le remplacer par Burdino, archevêque de Bragance, que l'Église considère comme un antipape. Gélase, qui n'étoit pas lié par un serment, comme son prédécesseur, excommunia l'empereur en recevant la tiare; puis il se retira en France, pour se mettre plus complétement à couvert de la vengeance de Henri. Gélase mourut au bout de deux ans, et eut pour successeur Calixte II. C'est avec celui-ci que l'empereur, lassé d'une guerre à laquelle il ne voyoit point de fin, consentit à traiter. Son antipape étoit tombé entre les mains des catholiques, et tous les grands de l'Allemagne le pressoient de donner la paix à l'Église et à l'empire.

1122. L'accord fut conclu à Worms, où Henri, en 1122, avoit assemblé une diète. L'empereur

(1) *Chronic. Monast. Cassinens.* L. IV, c. 60 et 61, p. 528.

céda à l'Église le droit d'investiture, par l'anneau et la crosse, s'engageant en même temps à lui restituer toutes les possessions et les biens régaliens de saint Pierre, que lui ou son père avoient saisis. De son côté, le pape accorda à Henri le privilége d'exiger que, dans son royaume d'Allemagne, toutes les élections des évêques et des abbés se fissent en sa présence, mais sans simonie et sans violence. Le candidat fut astreint à recevoir de l'empereur l'investiture des biens régaliens attachés à son siége, au moyen de la transmission du sceptre. Toutes les excommunications furent levées; et la querelle qui avoit ébranlé toute la chrétienté, fut terminée par un expédient si simple, qu'on s'étonne au premier abord qu'il n'ait pas été trouvé plus tôt, puisqu'en apparence il contentoit tous les partis. Les droits féodaux étoient ainsi séparés de ceux de l'Église, et chacune des deux puissances conservoit les prérogatives les mieux appropriées à sa nature (1). Mais, dans le fait, c'étoit justement une pacification semblable que les deux partis avoient craint jusque alors. Tant l'empereur que le pape cherchoient à confondre les droits spirituels et tem-

CHAP. III. 1122.

(1) *Cardinalis Aragon. in vita Calixti II*, p. 420. — *Baronius Annal. eccles. ann.* 1122, §. 11 et seq. p. 149, T. XII.

CHAP. III. porels, pour demeurer maîtres des uns comme
1122. des autres; il falloit l'épuisement d'une longue guerre, et l'affoiblissement du fanatisme de leurs partisans, pour que, de part et d'autre, ils voulussent accepter des conditions équitables.

CHAPITRE IV.

Les Grecs, les Lombards et les Normands, du septième au douzième siècle, dans l'Italie méridionale. — Républiques de Naples, de Gaète et d'Amalfi.

LES républiques qui nous occuperont dans le reste de cet ouvrage, ont toutes existé dans la partie septentrionale ou dans le centre de l'Italie; toutes se sont détachées lentement et en silence de l'empire d'Occident, à l'ombre duquel elles avoient pris naissance; toutes ont dû le premier établissement de leur liberté aux empereurs allemands, qui cherchèrent ensuite à détruire leur propre ouvrage. Mais pendant la première moitié du moyen âge, des événemens semblables, et seulement plus ignorés, s'étoient passés dans cette partie de l'Italie méridionale qui forme aujourd'hui le royaume de Naples. Les villes de cette contrée, dépendantes alors des souverains de Bysance, avoient de même secoué, sans révolution et sans violence, le joug des empereurs; de même elles avoient trouvé dans la liberté un nouveau principe de force, et des moyens de résistance contre les CHAP. IV.

invasions étrangères; de même elles avoient dû à un régime républicain, un esprit plus actif d'entreprise et de commerce. Il nous reste trop peu de monumens de leur histoire, pour que nous puissions entreprendre de familiariser nos lecteurs avec ces républiques. A peine quelques chroniques grecques et latines nous les font-elles entrevoir comme des ombres; on ne sait comment les atteindre; la nuit qui les entoure nous dérobe leurs formes, et nous laisse en doute sur leurs actions. Cependant il nous importe de nous former quelque idée de leurs institutions, de leurs succès et de leurs revers, puisque l'exemple que ces républiques donnèrent à l'Italie ne fut point perdu pour les villes du nord, et que les négocians de Pise et de Gênes, que nous verrons, dans le chapitre suivant, instituer les premiers des gouvernemens libres dans la Toscane et la Ligurie, puisèrent, peut-être en partie à Naples ou Amalfi, ces sentimens élevés, cette fierté républicaine qu'ils communiquèrent ensuite aux habitans de Milan, de Florence, et des villes du centre de l'Italie.

L'établissement, la puissance, la division et la ruine du grand duché des Lombards de Bénévent, méritent aussi quelque attention de notre part. Ce duché continua de se maintenir avec gloire, après la défaite et la prison de Désidério, roi de Pavie; il conserva aux Lombards les droits d'une nation souveraine, trois siècles après la fin de leur monarchie; il contribua, par ses liaisons avec les Arabes et les Grecs, à introduire dans l'Occident le commerce, les arts et les sciences des Orientaux; enfin ses relations avec Naples, Gaète et Amalfi, lient étroitement son histoire à celle de ces républiques.

Les aventures romanesques, et les conquêtes à peine croyables des Normands, dans les mêmes provinces, forment encore un trait important de l'histoire d'Italie dans le moyen âge; ces événemens appartiennent, à plus d'un titre, au sujet que nous traitons, et comme ayant amené la destruction des républiques de la grande Grèce, et comme ayant fondé la monarchie des Deux-Siciles, dont le sort fut toujours lié à celui des républiques lombardes et toscanes. Nous chercherons donc à faire connoître, dans ce chapitre, l'histoire de l'Italie méridionale pendant cinq siècles, durant lesquels les républiques grecques, les Grecs de Bysance, les Sarrasins, les Lombards et les Normands s'en disputèrent la possession.

Lorsque les Lombards firent la conquête de l'Italie sur Justin II, en 568, les provinces qui demeurèrent aux Grecs, à peine défendues par les empereurs, séparées l'une d'avec l'autre,

CHAP. IV. foibles et découragées, furent presque abandonnées à elles-mêmes. Autharis, le troisième roi des Lombards, depuis Ardoin, fit la conquête de Bénévent; et traversant toute l'Italie méridionale jusqu'à Reggio, il poussa son cheval dans les flots, et frappa de sa lance une colonne élevée dans la mer, en s'écriant que c'étoit la seule limite qu'il reconnût à la monarchie des Lombards (1). Il établit ensuite, à Bénévent, un de ses généraux, nommé Zoton, pour gouverner sa nouvelle conquête. Cette expédition, qu'on rapporte à l'année 589, est l'époque probable de la fondation du duché de Bénévent (2). Ce duché, situé au centre du royaume actuel de Naples, interrompoit la communication entre les provinces que les empereurs possédoient encore. Un officier grec, nommé par ces derniers, résidoit, pour eux, à Ravenne, avec le titre d'exarque; c'est à lui que tous les gouverneurs des villes d'Italie étoient subordonnés. Les cités de la Pentapole et de la Marche d'Ancône lui étoient immédiatement

(1) *Pauli Diaconi de Gestis Langobard.* Lib. III, c. 31, p. 451.

(2) Ce point de chronologie est fort contesté. Quelques écrivains rapportant la nomination de Zoton à l'année 568, ou même à une époque antérieure à l'invasion d'Alboin, ils prétendent que ce duc commandoit des Lombards auxiliaires à la solde de Narsés. Voyez *Camilli Pellegrini dissert. I de ducatu Beneventano. Rer. Ital.* T. V, p. 165.

soumises; c'est lui qui nommoit les ducs de Rome, les maîtres des soldats de Naples, et les gouverneurs de la Calabre et de la Lucanie. Mais le duché de Spolète, qui appartenoit aux Lombards, ouvroit pour eux une communication, souvent interrompue, entre l'Italie septentrionale et le duché de Bénévent, tandis qu'il séparoit Rome de Ravenne. De la même manière, le duché de Bénévent séparoit Rome et Ravenne de la Campanie, de la Pouille, de la Calabre, et de toutes les possessions maritimes des Grecs. Ces dernières étoient disséminées sur les côtes, sans communications l'une avec l'autre, si ce n'est par mer.

Les Grecs étoient maîtres de la mer, et les Lombards dépourvus de marine; mais les Grecs étoient timides et foibles, et les Lombards, belliqueux et entreprenans. Les premiers se tenoient sur la défensive; ils cherchoient à se fortifier chez eux, et l'empire mit son espérance, pour défendre l'exarchat, dans les marais de Ravenne; pour le duché de Rome, dans le crédit des papes et la vieille gloire du nom romain; enfin, pour les villes de la Campanie et de la Calabre, dans leurs murailles, et dans l'esprit de liberté des peuples qui furent appelés à les défendre (1); car les souverains de Con-

(1) Lorsque Bélisaire assiégea Naples, non-seulement cette ville étoit déjà fortifiée, elle étoit déjà gouvernée et défendue

CHAP. IV. stantinople, sans connoître la liberté, la protégèrent chez leurs sujets occidentaux, pour s'épargner la peine de régner sur eux.

C'étoit avec les armées les plus foibles que Bélisaire avoit conquis l'Italie et l'Afrique. Les enfans dégénérés des Romains et des Grecs se refusoient avec effroi au service militaire; les empereurs ne pouvoient réussir à recruter leurs légions, et les conquêtes de Justinien lui furent rapidement enlevées, parce qu'il ne trouvoit point de soldats pour les défendre. Les Grecs, jusqu'au moment où ils perdirent leurs possessions d'Italie, n'y envoyèrent jamais des forces suffisantes. Le peu de troupes dont ils pouvoient disposer, formoit la garnison de Ravenne, et se cachoit derrière les marécages qui entourent cette ville. Leur position étoit heureuse et bien choisie; le roi des Lombards ne pouvoit, sans danger, s'avancer vers le midi de l'Italie, en les laissant derrière lui, surtout comme une nouvelle armée pouvoit débarquer des côtes de l'Illyrie dans le port de Ravenne, et fermer la communication entre l'armée et les états lombards. Les villes de la Campanie et de la Calabre ne restoient donc exposées qu'aux attaques moins redoutables des ducs de Bénévent, tan-

par les citoyens, qui redoutoient surtout qu'on ne mît garnison chez eux. *Procopius de bello Gothico.* Lib. I, c. 8, 9 et 10, p. 14.

dis que leur voisinage de la Grèce leur permettoit d'en recevoir des secours journaliers. CHAP. IV.

Soit que les Lombards bénéventains fussent amollis par le beau climat et les délices de la grande Grèce, soit que les Campaniens, les Apuliens et les Calabrois, recouvrassent, par une vie active, et par l'habitude de fréquentes hostilités, quelques restes de la valeur de leurs ancêtres; après deux ou trois générations, il n'y eut plus une très-grande différence entre le courage et les ressources militaires des peuples soumis à ces deux dominations. Il ne s'agissoit, pour assurer aux Grecs la conservation des villes maritimes, que d'intéresser leurs habitans à leur défense, et de rendre aux citoyens une patrie; ç'auroit pu être l'œuvre de la politique, ce fut probablement celle de la foiblesse ou du hasard. L'empereur se relâcha un peu de ses droits, et dès lors les institutions municipales, qui n'avoient jamais été abolies, et qui étoient toutes républicaines, reprirent leur ancienne force.

La république romaine avoit formé les gouvernemens municipaux et ceux des colonies sur son propre modèle; dans quelques cités seulement, elle avoit conservé des institutions plus anciennes encore, mais toujours également républicaines; les empereurs n'avoient point pris ombrage de cet esprit et de ces formes im-

CHAP. IV. puissantes qui subsistoient obscurément dans les petites villes. Deux siècles après l'asservissement absolu de la Grèce, on trouvoit encore, dans l'île d'Eubée, des assemblées du peuple qui jugeoient et portoient des lois, des démagogues, des agitateurs, et toutes les institutions comme les abus de la plus absolue démocratie (1). Les constitutions municipales auxquelles Rome avoit servi de modèle, se conservèrent plus long-temps encore, parce qu'elles s'accordoient mieux avec les lois générales. Elles durent même survivre à l'empire d'Occident, d'autant plus que l'empereur Majorien, dans la dernière période de l'existence de cet empire, avoit rétabli et raffermi l'administration républicaine des villes et des municipalités (2).

A la fin du sixième siècle, les Grecs possédoient encore quelques villes dans la Lucanie ou Basilicate, l'ancienne Calabre ou terre d'Otrante, et le Brutium ou nouvelle Calabre ultérieure (3). Plus tard, ils conquirent de nou-

(1) De l'an 30 à l'an 60 de notre ère. Dion. Chrysostôme, *Discours sur la vie champêtre.* Ap. Cousin Despréaux, *Hist. de la Grèce*, Liv. LXVI, T. XV, p. 399.

(2) De 457 à 461. *Novelle de Majorien, Code Théodosien ad fin.* T. V, p. 34. — *Gibbon, Decline and fall*, c. 36, T. VI, p. 141.

(3) *Camilli Pellegrini de ducatu Beneventano, dissert. V, VI et VII. Rer. Ital.* T. V, p. 173-187.

veau sur les Lombards la terre de Bari et la Capitanate. Leurs plus fortes villes, dans ces provinces, étoient Otrante, Gallipoli, Rossano (1), Reggio, Girace, Santa-Severina et Crotone (2). Mais ils avoient aussi conservé dans la Campanie ou terre de Labour, deux petites provinces maritimes, resserrées entre une chaîne de montagnes et le rivage, et fortifiées par la nature; c'étoient le duché de Gaète et celui de Naples. Le premier, situé entre le Cécube et le Massique, ces monts qu'Horace a rendus fameux, s'étendoit sur une côte privilégiée, où le voyageur, en venant de Rome, rencontre les premiers orangers, les aloès, les cactus suspendus aux rochers, et toute la végétation africaine (3). La ville de Gaète, bâtie sur une montagne aride et escarpée, qui s'élève au milieu des eaux, et qui n'est unie au continent que par une langue de terre basse, avoit été fortifiée aisément, de manière à la rendre presque imprenable. Les Grecs, appuyés par cette forteresse, défendoient les gorges d'Itri et de Fondi, et la plaine fertile du Garigliano.

(1) *Constant. Porphyrogenet. de Administrat. Imperii* P. II, c. 27, p. 68. — *Bysant. Ed. Ven.* T. XXII.

(2) Idem, *de Thematibus.* L. II, T. X, p. 22.

(3) Terracine, où cette riche végétation se présente pour la première fois, étoit la ville la plus occidentale du duché de Gaète. *Camillo Pellegrini, diss. V*, p. 173.

CHAP. IV. A une journée de distance, le duché de Naples, proprement dit, comprenoit seulement la côte sans cesse travaillée par des feux souterrains, qui s'étend de Cumes à Pompéia, entre le volcan éteint de la Solfatara, et le volcan nouveau du Vésuve, qui la séparent du reste de la terre de Labour. Mais pendant quelques siècles, on considéra tout le promontoire de Sorrento comme faisant partie du duché de Naples. C'est une presqu'île située entre les golfes de Salerne et de Naples; elle est couverte par un amas de montagnes, au travers desquelles aucune route n'est tracée ou n'est praticable. De riches villages, bâtis sur le penchant de ces montagnes, sont suspendus au-dessus de la mer; deux villes, Sorrento et Amalfi, occupent, l'une au couchant, l'autre au levant, le fond de deux bassins étroits, dont les approches sont tellement fermées par des monts escarpés, qu'il est presque impossible d'y parvenir autrement que par mer (1). Ce furent les deux duchés de Gaète et de Naples, qui, plus éloignés de l'empire et de ses officiers, réussirent le plus complétement à se donner un gouvernement républicain. Chacune des villes avoit une municipalité, peut-

(1) Je n'ai trouvé dans le pays aucun guide qui voulût me conduire au travers de ces montagnes; cependant nous verrons dans cette histoire que quelques armées les ont traversées; une entre autres de Roger Ier, roi de Sicile, en 1135.

être formée sur le modèle de la constitution romaine, peut-être conservée depuis le temps des républiques de la grande Grèce. Les magistrats étoient élus par les citoyens, dans une assemblée annuelle, et le peuple pourvoyoit par des taxes qu'il s'imposoit lui-même, aux dépenses qui n'avoient pour but que son propre avantage, tandis que le produit des impôts publics étoit transporté presque en entier à Constantinople. CHAP. IV.

Les villes avoient été soigneusement fortifiées par les empereurs; mais pour que les bourgeois défendissent leurs murailles, il falloit qu'ils formassent une milice. Déjà ils s'étoient assemblés pour des offices civils; ils se donnèrent aussi des liens militaires, ils élurent leurs capitaines, ils se soumirent volontairement aux règles de la discipline, ils sentirent combien ils étoient intéressés à défendre, sous des chefs en qui ils avoient confiance, leurs personnes et leurs propriétés. C'est ainsi qu'ils devinrent vraiment citoyens.

Pendant le septième et le commencement du huitième siècle, l'exarque de Ravenne nomma le premier magistrat ou duc des principales villes maritimes (1). Mais, après que Ravenne

(1) *Constant. Porphyrog. de Administr. Imperii.* P. II, c. 27, p. 68.

CHAP. IV. eut été prise par les Lombards, le gouvernement des villes grecques fut partagé entre le duc ou maître des soldats de Naples, et le patrice de Sicile. Ces deux officiers furent nommés par l'empereur, jusqu'au dixième siècle (1). Plus tard enfin, le maître des soldats de Naples fut élu par les suffrages de ses concitoyens.

Durant les cinq siècles qui renferment toute l'existence des républiques de la Campanie, celles-ci furent presque constamment appelées à combattre les Lombards, maîtres du duché de Bénévent. Mais pendant trois siècles, ces guerres ne nous sont indiquées, par un petit nombre de monumens historiques, que d'une manière sommaire et confuse. Il ne nous reste aucun historien ancien de ces villes grecques; les Lombards bénéventains ont eu quelques écrivains de chroniques, mais seulement dans le dixième siècle, et leurs récits ne commencent qu'avec le règne de Charlemagne. Au reste nous ne devons guère regretter de plus amples détails; la foiblesse des deux peuples ennemis, et la nature du pays qu'ils occupoient, les forçoient à limiter leurs expéditions à quelques attaques contre les châteaux ou les villages situés sur les montagnes; s'ils ne réussissoient pas à s'emparer de ces châteaux par un coup de main, comme ils ne se

(1) *Camillo Pellegrini de ducatu Benev. dissert. V*, p. 175.

sentoient point en état d'en poursuivre le siége, les principaux guerriers saisissoient quelque occasion de faire preuve de bravoure, par un combat singulier, ou une incursion hardie chez les ennemis, puis ils se retiroient en hâte. Les Lombards s'avancèrent à plusieurs reprises, jusque sous les murs de Naples, de Gaète ou d'Amalfi; les Grecs n'entreprenoient point dans ces occasions d'empêcher l'ennemi de pénétrer dans leurs campagnes; mais les villageois s'enfermoient dans leurs châteaux, et les bourgeois se retiroient derrière leurs murailles; et comme, avant l'invention de l'artillerie, les moyens d'attaquer les places n'étoient point proportionnés aux moyens de les défendre, comme la famine seule pouvoit les réduire, ou la lâcheté les faire rendre, toutes les attaques des Lombards furent constamment repoussées.

Il y avoit déjà cent cinquante ans que les duchés de Naples et de Gaète maintenoient leur indépendance au milieu des Lombards bénéventains, lorsque Léon-l'Isaurien, en s'efforçant d'abolir dans ses états le culte des images, aliéna ses sujets d'Italie, et perdit une partie des provinces qu'il possédoit dans cette contrée. Le duc de Naples, Exilaratus, s'efforça de seconder l'empereur dans sa juridiction; mais les Napolitains étoient fortement attachés à leur superstition; ils se révoltèrent; le pape Gré-

CHAP. IV. goire II, ayant accusé leur duc d'être entré dans un complot pour le faire assassiner, ils massacrèrent ce duc, ainsi que son fils; ils renvoyèrent le duc Pierre, nommé à Constantinople pour lui succéder; ils forcèrent le patrice Eutychius à jurer qu'il n'entreprendroit rien contre le pape, et ils s'engagèrent avec les Romains et le roi des Lombards, à défendre le successeur de saint Pierre envers et contre tous (1). Cependant ils ne cessèrent point de reconnoître la suzeraineté des empereurs d'Orient; et comme ceux-ci, à qui la même querelle avoit déjà fait perdre l'exarchat de Ravenne, sentirent qu'il étoit prudent de fermer les yeux sur la continuation du culte des images, les Napolitains ne firent point difficulté d'installer le nouveau duc qui leur fut envoyé de Constantinople; seulement le schisme relâcha toujours plus le lien qui unissoit les villes de la Campanie à l'empire, et l'esprit républicain fit dans ces villes de plus rapides progrès.

La monarchie des Lombards fut détruite en 774, par Charlemagne; Arichis, alors duc de Bénévent, étoit gendre de Désidério, le dernier roi; il ne voulut point reconnoître le nouveau souverain de l'Italie; et le premier entre les seigneurs bénéventains, il se déclara prince

(1) *Anast. Biblioth. de vita Gregorii II*, p. 156, T. III, P. I.

indépendant, se fit couronner par les évêques de sa principauté, et reçut d'eux l'onction sacrée. Il conclut en même temps un traité de paix avec les Napolitains, pour se trouver mieux en état de se défendre contre Pepin, fils de Charlemagne, alors roi d'Italie, qui se préparoit à poursuivre les Lombards dans le duché de Bénévent. Cependant, après une guerre malheureuse, il fut forcé de céder à son tour, de se reconnoître tributaire de l'empire d'Occident, et de livrer son propre fils Grimoald, en ôtage à Charlemagne (1). Depuis que les Lombards étoient opprimés, l'empereur d'Orient les avoit pris sous sa protection, et il avoit accueilli à sa cour Adelgise, fils de leur dernier roi. Le duc de Bénévent, pour se mettre à portée de recevoir aussi des secours de Constantinople, fortifia Salerne, le seul port de mer qu'il eût dans ses états, et fit dans cette ville sa résidence habituelle (2). CHAP. IV.

Grimoald succéda au duc de Bénévent, son père, et Charlemagne lui permit de régner à Bénévent, sous condition que les Lombards, 787.

(1) *Erchempertus monachus Cassinens. Hist. Langob. Beneventi*, c. 2 et 3, p. 237, T. II, *Rer. Ital.*

(2) *Erchemp.* c. 4, p. 238. — *Anonymus Salernitan. apud Cam. Pelleg.* p. 287, T. II, P. I. — Le port de Salerne est proprement à Viétri, à deux milles au couchant de la ville, car la rade même de Salerne est très-mauvaise.

CHAP. IV. ses sujets, raseroient leurs barbes; qu'en tête des actes et sur les monnoies du duché, on inscriroit le nom de Charlemagne; et que les fortifications de Salerne, d'Acérenza et de Conza seroient renversées (1). Ce traité ne fut pas longtemps observé; Grimoald et Pepin, fils de Charlemagne, étoient du même âge; une rivalité de gloire les excitoit aux combats; et Grimoald, réduit aux seules forces de son duché, mais assuré de l'affection de son peuple, sut profiter avec habileté du pays montagneux qu'il avoit à défendre, des fortifications des villes et du climat du midi, meurtrier pour les armées françaises, il repoussa les attaques de l'empereur d'Occident, et ne fut jamais soumis (2).

Un autre Grimoald succéda au premier, et maintint l'indépendance de Bénévent pendant le reste du règne de Charlemagne (3). A la mort

(1) *Erchempertus Monach.* c. 4, p. 238.

(2) *Erchemp.* c. 5, p. 238. — Grimoald, pour toute réponse aux sommations de Pepin, lui envoya ce distique latin:

Liber et ingenuus sum natus utroque parente
Semper e o liber credo tuente Deo.

(3) Ce second Grimoald portoit un surnom allemand, *Store Seitz*, proprement, le *Trouble-siéges*, et ce nom populaire, qui lui avoit été donné au temps où il remplissoit encore l'office de maître des cérémonies, peut-être à la cour de son prédécesseur, nous fait connoître que la langue teutonique étoit encore parlée par les Lombards de Bénévent dans le neuvième siècle. *Anonym. Salernitan. Paralipom.* c. 29, T. II, P. II, p. 195.

de cet empereur, la foiblesse de ses successeurs CHAP. IV.
auroit pu donner aux ducs de Bénévent l'occasion d'étendre leurs états par des conquêtes, mais à cette même époque, ce duché commençoit à être gouverné par des tyrans qui, en perdant l'affection du peuple, perdirent aussi toutes leurs forces. Grimoald II fut tué par ses sujets révoltés, et ceux-ci lui donnèrent pour successeur, en 817, un réfugié de Spolète, nommé Sicon, qui, au temps de la conquête de Charlemagne, avoit demandé un asile au duc de Bénévent, et que Grimoald Ier avoit fait comte d'Acérenza (1).

Ce nouveau prince étoit allié du duc Théo- 818.
dore, qui gouvernoit Naples à cette époque, et c'étoit avec l'aide de celui-ci qu'il s'étoit emparé de l'autorité suprême. Mais le peuple de Naples, mécontent de son premier magistrat, le chassa de la ville, et lui donna pour successeur un de ses compatriotes nommé Étienne (2). Théodore se réfugia auprès de Sicon, dont il implora le
secours, et le prince de Bénévent accourut avec 826-830.
toutes ses forces, pour mettre le siége devant Naples. Les Napolitains, réduits aux milices de leur duché, ne pouvoient opposer à des ennemis infiniment plus nombreux, que leur courage et

(1) *Anonymi Salernit. Paralip.* c. 33, p. 198.

(2) *Johannis Diaconi Chronicon episcop. Neapol. eccles.* T. I, P. II, p. 313.

CHAP. IV. leurs murailles. Ces murailles furent ébranlées par le belier, une large brèche ouvrit la ville aux assiégeans, et les Napolitains, désespérés, sentirent l'impossibilité de se maintenir davantage. La nuit approchoit, et devoit amener à sa suite, le massacre, le pillage, et toutes les horreurs qu'éprouve une ville prise d'assaut. Leur duc, Etienne, avoit une mère et deux fils, dignes d'une république plus heureuse; ils accourent auprès de lui, et supplient le chef de leur famille et de l'état, de se montrer le père de leurs concitoyens, plutôt que le leur, et de les sacrifier au bien public. Une députation est envoyée au prince de Bénévent; on lui représente que la ville est désormais entre ses mains, que s'il l'épargne, elle deviendra le plus beau fleuron de sa couronne; que si, au contraire, il lui livre un dernier assaut à la fin de la journée, il ne pourra réprimer ses soldats, ni sauver Naples du massacre, du pillage et de l'incendie, car les assiégés les provoqueroient par une défense désespérée; on le somme, pour sa gloire même, d'attendre que le soleil éclaire son triomphe; on le supplie d'épargner des malheureux qui ne demandent pour se rendre que le court délai d'une nuit; et, comme gage de leur soumission prochaine, on lui présente au nom du duc Étienne, tout ce qu'il avoit de plus cher, sa mère et ses deux enfans. Sicon accepte ces ôtages et fait sonner la retraite, se réservant d'entrer dans la ville avec le point du jour (1). CHAP. IV.

Cependant Étienne assemble ses guerriers et ses concitoyens. « Je ne suis plus maître des sol- » dats, leur dit-il; j'ai perdu ce titre glorieux, » au moment où j'ai pu consentir à soumettre » votre patrie au joug des Bénéventains. Je l'ai » promis, mais je n'ai pu vous lier par mes » promesses. Vous êtes libres, élisez un nou- » veau chef, et que, plus heureux que moi, » il relève vos murailles, et vous conduise à la » victoire. » Étienne, ayant ainsi parlé, sortit de Naples, dévouant sa tête à la vengeance de l'ennemi. Il fut tué par les soldats de Sicon, devant une église de sainte Stéphanie (2).

Les Napolitains, cependant, saluèrent un de leurs chefs, nommé Bon, du titre de maître des soldats; par ses ordres, les femmes, les enfans, les vieillards, se joignant aux guerriers, travaillèrent avec tant d'ardeur, pendant la nuit, à relever leurs murailles, et à les couvrir d'un fossé, que lorsque Sicon se présenta, le lendemain matin, à la tête de ses troupes, il reconnut qu'il étoit impossible d'enlever la brèche par un assaut.

(1) *Erchempertus monach. Cassin. Hist. Langob. Benevent.* c. 10, p. 239. — *Giannone Istoria civile del regno di Napoli,* L. VI, c. 6, p. 517.

(2) *Johann. Diaconus Chr. Episc. Neap.* p. 313.

CHAP. IV. Les Napolitains, abandonnés des Grecs, avoient, sur ces entrefaites, sollicité les secours de Louis-le-Débonnaire, empereur d'Occident. Ils reçurent de lui quelques renforts, qui les aidèrent à soutenir long-temps encore le siége; et, lorsque Sicon commençoit à se rebuter, ils engagèrent ce prince à leur accorder la paix; pour prix de sa modération ils lui promirent un tribut, et lui livrèrent les reliques de saint Janvier, dont le corps, enlevé à la basilique de Naples, fut transféré en pompe à la cathédrale de Bénévent (1).

Peu d'années après, Sorrento, l'une des principales villes du duché de Naples, fut, à ce qu'assure une légende, délivrée d'un siége non moins formidable, par l'intervention miraculeuse du saint son patron. Mais l'expédient dont l'agent céleste fit usage, n'a pas toute la noblesse et toute la générosité de celui qu'employa le duc patriote. Sicard avoit succédé dans la principauté de Bénévent à son père Sicon; et, soit que les Napolitains ne payassent pas exactement le tribut qui leur étoit imposé, soit que l'humeur inquiète de Sicard lui fît désirer la guerre, ce prince parcourut et dévasta les terres du

(1) *Anonymi Salernitan. fragm. ap. Camill. Pelleg.* p. 290. — *Leo Ostiensis, Chronic. monast. Cassinens.* L. I, cap. 20, p. 294.

duché de Naples ; s'arrêtant ensuite devant Sorrento, il réduisit cette ville aux dernières extrémités. Une nuit, comme il méditoit sur les moyens d'assurer sa conquête, l'ombre de saint Antonin, jadis abbé de Sorrento, apparut devant lui. L'homme de Dieu portoit en ses mains un bâton noueux. Avant de parler, il s'en servit pour frapper de cinq ou six coups les larges épaules du duc de Bénévent ; puis il ajouta d'une voix terrible : « Subis la juste punition » des tourmens que tu causes à mon troupeau, » et soumets-toi, mécréant, au pouvoir du ciel » et de ses saints ». Il levoit de nouveau son bâton, et alloit recommencer son divin ministère, lorsque Sicard, prosterné aux pieds de l'ombre vraiment redoutable, jura qu'il respecteroit désormais les fidèles de saint Antonin. En effet, dès que le jour parut, il se hâta de se retirer avec son armée (1). Quel que soit le degré de croyance qu'on accorde à cette légende, du moins est-il certain que Sicard conclut, en 836, avec l'évêque, le maître des soldats et l'état de Naples, un traité de paix qui nous a été conservé. Cet état, dans le traité, est appelé la république, par opposition aux pays soumis à la

(1) *Acta Sanctorum, apud Bollandistas in vita sancti Antonini abbatis Surrentini ad diem 14 febr. Muratori Annali d'Italia, A.* 837.

CHAP. IV. domination lombarde, qui sont appelés états du prince (1).

Pour obtenir la paix de Sicard, André, maître des soldats de Naples, avoit eu recours à un moyen bien dangereux, qui fut d'un funeste exemple pour toute l'Italie méridionale. Privé de l'appui des empereurs grecs, il avoit eu recours aux barbares, et il avoit appelé les Sarrasins de Sicile à son aide (2). Depuis peu d'années, les Musulmans avoient établi une colonie militaire dans cette île. Un Grec, nommé Euphémius, après avoir enlevé une religieuse dont il étoit amoureux, se voyant poursuivi par le patrice de Sicile, avoit été chercher un asile en Afrique; il avoit fait connoître aux Sarrasins les moyens de s'emparer de la Sicile, et il étoit revenu dans cette île, en 828, avec une armée d'Arabes, qui en avoient entrepris la conquête (3). Les Sarrasins étoient, à cette époque, de beaucoup supérieurs aux Grecs, pour le courage et les talens militaires; ils leur avoient enlevé presque toute l'Asie, l'Égypte et l'Afrique, et, plus tard, l'île de Crète et plusieurs îles de l'Archipel; ils avoient conquis

(1) *Voyez* ce traité *apud Camill. Pellegr.* sous le titre de *Capitulare principis Sicardi.* T. II, p. 256.

(2) *Johannis Diaconi Chron. episc. Neapol.* p. 314.

(3) *Georgii Cedreni Hist. compend.* T. VIII, *Byz. Ven.* p. 403. — *Anonymi Salernit. Paralipom.* c. 45, p. 208.

l'Espagne sur les Visigoths; et l'enthousiasme religieux et militaire, qui commençoit à s'éteindre en Arabie et en Syrie, enflammoit toujours les Musulmans sur les frontières de leur empire, et les poussoit à de nouvelles conquêtes. Dès que les Sarrasins eurent mis le pied en Sicile, ils y acquirent la prépondérance sur les troupes de Michael-le-Bègue, qui régnoit alors à Constantinople, et sur celles de Théophile, son fils et son successeur. En 831, le patrice Théodotus fut tué dans un combat, et les Arabes s'emparèrent de la ville de Messine; l'année suivante ils se rendirent maîtres de Palerme, et ils commencèrent dès lors à infester, par leurs ravages, les côtes de l'Italie. Cependant, aussi long-temps que Sicard vécut, ils ne purent faire aucune conquête dans ces provinces. CHAP. IV.

Sicard nous est représenté comme ayant joint une grande bravoure à beaucoup de vices qui le rendirent odieux à ses sujets. Le premier des princes lombards, il força la ville d'Amalfi à reconnoître sa domination. La guerre entre les deux peuples n'eut d'autre motif que la possession des reliques de sainte Triphomène, patrone d'Amalfi. Sicard, dont la dissolution, la cruauté et les sacriléges n'avoient fait que redoubler le zèle religieux, et qui étoit animé d'un ardent désir de racheter ses péchés et passés et futurs, cherchoit à tout prix à rassem-

CHAP. IV. bler des reliques, pour en orner la cathédrale de Bénévent; il avoit déjà forcé les Napolitains à lui céder celles de saint Janvier; il avoit ensuite enlevé, aux îles de Lipari, celles de saint Barthélemi; et il déclara la guerre à la ville d'Amalfi, pour obtenir celles de sainte Triphomène. La petite république d'Amalfi, qui relevoit encore de Naples, étoit alors divisée par des factions qui l'avoient affoiblie, en sorte qu'elle n'opposa pas une longue résistance aux armes de Sicard. Ce prince, après s'en être rendu maître, non-seulement dépouilla le sanctuaire des châsses qui faisoient l'objet de son ambition, il força de plus tous les habitans à le suivre à Salerne, et, dans le but de les unir pour jamais à son peuple, il leur fit contracter des mariages avec ses sujets, et leur accorda les mêmes droits qu'aux Lombards (1).

Sicard, cependant, avoit aliéné le clergé de ses états par ses sacriléges; la noblesse, d'abord par des intrigues galantes, et ensuite par l'orgueil insupportable de sa femme; le peuple enfin par de sanglantes exécutions. Il avoit confiné dans une prison, à Tarente, son frère
839. Siconolfe, contre lequel il avoit conçu de la jalousie. N'étant plus entouré que d'ennemis se-

(1) *Anonymi Salernit. Paralipom.* cap. 58-60, p. 217. — *Chronici Amalfitani frag. ap. Muratori antiq. Ital. med. ævi.* T. I, c. 3 et 4, p. 208.

crets, il fut assailli dans une partie de chasse près de Bénévent, et massacré par des conjurés; les habitans de cette dernière ville désignèrent, pour lui succéder, Radelchise, son trésorier (1). CHAP. IV.

Dès que la nouvelle de la mort de Sicard eut été apportée à Salerne, les habitans d'Amalfi, qui s'y trouvoient presque seuls, car les Salernitains étoient alors occupés de leurs récoltes, coururent au port, et chargèrent les vaisseaux qu'ils y trouvèrent, des dépouilles des temples et des maisons, pour se dédommager du pillage qu'Amalfi avoit éprouvé peu d'années auparavant; ils retournèrent en triomphe à leur ancienne patrie, et se hâtèrent d'en relever les fortifications. C'est depuis cette époque que les Amalfitains s'affranchirent entièrement de la suzeraineté du maître des soldats de Naples, et qu'ils commencèrent à se gouverner en république indépendante (2).

Les Salernitains cependant ne voulurent point reconnoître pour prince, Radelchise, que les Bénéventains avoient élu; et plutôt que de se soumettre à lui, ils aimèrent mieux se réconcilier avec les habitans d'Amalfi; ils pro-

(1) *Anonymi Salernit. Paralip.* c. 62, p. 219. — *Erchempertus Monachus*, c. 13, p. 240.

(2) *Anonymi Salernitani Paralipomena*, c. 63, p. 220.

CHAP. IV. mirent à ceux-ci la paix et le pardon de la dernière injure, pourvu que les Amalfitains voulussent les aider de leurs vaisseaux, à mettre en liberté l'héritier légitime de la principauté, Siconolfe, frère de Sicard, qu'on savoit être prisonnier à Tarente.

Quelques vaisseaux marchands, montés par des citoyens des deux villes, firent voile en effet de la rade d'Amalfi pour Tarente. Les marchands se répandirent le soir dans les rues de cette dernière ville, en demandant à haute voix, selon l'usage de ces temps-là, qu'on leur donnât l'hospitalité. Quelques-uns d'entre eux furent admis, comme ils l'avoient espéré, par les geôliers de Siconolfe. « Nous avons une chambre » balayée, dirent ceux-ci; logez chez nous, et » si demain vous nous faites un présent, nous » en serons reconnoissans ». C'est presque ainsi qu'aujourd'hui encore les voyageurs sont logés dans les mêmes provinces. Les Salernitains firent acheter du vin et des provisions par leurs hôtes; ils les encouragèrent à faire bonne chère, et lorsque les geôliers furent plongés dans le sommeil de l'ivresse, les Salernitains délivrèrent Siconolfe, et, le faisant embarquer aussitôt, ils le conduisirent à Salerne (1).

L'élection simultanée de ces deux princes,

(1) *Anonymi Salernitani Paralipom.* c. 63 et 64, p. 221.

Radelchise à Bénévent, et Siconolfe à Salerne, fut la cause de longues guerres civiles, du partage, de l'affoiblissement, et au bout de deux siècles, de la ruine de la nation lombarde, dans le midi de l'Italie. Radelchise appela les Sarrasins à son secours, et les cantonna dans le voisinage de Bari, dont ces auxiliaires infidèles s'emparèrent bientôt. Siconolfe se crut autorisé à faire usage des mêmes armes; il fit venir d'Espagne d'autres Sarrasins, de la secte des Aglabites ennemis des Sarrasins d'Afrique. Ce furent probablement les Aglabites de Siconolfe qui s'emparèrent de Tarente, et qui ravagèrent les Calabres (1). CHAP. IV.

Les princes de Salerne et de Bénévent, unissant dans leurs armées ces troupes musulmanes à leurs sujets lombards, se firent une guerre cruelle, durant laquelle les campagnes furent ravagées et les villes pillées par les Arabes, sans que chaque prince osât réprimer la barbarie de ses farouches alliés, et sans que leur aide lui assurât la victoire. Siconolfe engagea Guido-l'Ancien, duc de Spolète, et français d'origine, à venir à son aide avec une armée; et ce seigneur, selon les mœurs de sa nation, dit Erchempert, s'enrichit aux dépens des deux princes, auxquels il vendit tour à tour sa pro-

(1) *Erchemperti Chronic.* c. 17, p. 241.

CHAP. IV. tection (1). Enfin, par l'entremise de Guido, et sous la protection de l'empereur Louis II, un traité de partage du duché de Bénévent, entre les deux compétiteurs, fut arrêté en 851. Tarente, Cosenza, Capoue, Sora, avec leurs dépendances, et la moitié du comté d'Acérenza, c'est-à-dire, toutes les provinces du royaume actuel de Naples, qui sont situées sur la mer Méditerranée, à la réserve de la Calabre ultérieure, et des duchés de Naples et Gaète, furent cédées au prince de Salerne; celui de Bénévent se réserva l'autre moitié de la principauté, qui, à la réserve de la terre d'Otrante, comprenoit tout le reste du royaume de Naples, du côté de l'Adriatique. La limite des deux états fut placée à égale distance entre Bénévent et Salerne, et Bénévent et Capoue. Les deux princes, après ce partage, s'engagèrent à chasser, de concert, les Sarrasins de leurs états (2).

Mais ni l'un ni l'autre n'étoit assez puissant pour réparer le dommage qu'il avoit occasionné. Tous deux moururent peu après le traité de partage; et, les Lombards ayant conservé dans le duché de Bénévent, le droit d'élire

(1) *Erchempertus monach. Cassin.* c. 17, p. 241. — *Anonym. Salernitanus Paralip.* c. 67, p. 223.

(2) *Capitulare Radelchisi princip. Beneventani de divisione princip. apud Camill. Pelleg.* T. II, p. 260.

leurs souverains, comme ils l'avoient exercé dans le royaume de Pavie, les deux principautés ne restèrent point dans la famille de Radelchise ni de Siconolfe, et s'affoiblirent par de nouveaux partages. Landolfe, comte de Capoue, se rendit indépendant; son exemple fut suivi en partie par d'autres comtes; et les princes lombards, réduits à la souveraineté d'une seule ville, et affoiblis par de petites guerres et de petites intrigues, rentrèrent dans une obscurité d'où il seroit difficile et peu avantageux de les tirer. CHAP. IV.

Les républiques grecques ne furent pas exemptes des calamités que la discorde des princes lombards avoit attirées sur l'Italie méridionale. Une colonie militaire de Sarrasins se fortifia sur les bords du fleuve Garigliano, près de son embouchure, dans une plaine fertile, mais qui, désolée encore aujourd'hui, semble nous conserver les traces des ravages des Musulmans. D'autres Sarrasins se rendirent maîtres de Cumes, colonie grecque, autrefois fondée par les Eubéens, alors la plus occidentale des villes du duché de Naples. Le séjour des Sarrasins dans cette cité illustre, où ils s'établirent à plusieurs reprises, a causé sa ruine. Deux siècles plus tard on la détruisit de fond en comble, lorsqu'on réussit à les en chasser. Les Sarrasins se rendirent encore maîtres d'Acro-

CHAP. IV. poli, ou Capo-della-Licosa, et de Misène; ils assiégèrent Gaète en 846, mais les citoyens de Naples, d'Amalfi et de Sorrento se réunirent sous la conduite d'André, maître des soldats ou consul de Naples, et de Césario, son fils, et forcèrent les Africains à lever le siége (1). La flotte de Gaète se réunit ensuite à celles des autres républiques grecques, et toutes ensemble se rendirent à Ostie, pour secourir le pape Léon IV, contre les mêmes ennemis (2).

Les républiques grecques de la Campanie étoient, avec les empereurs grecs, les seuls états chrétiens qui eussent une marine sur la Méditerranée. Leurs flottes, guerrières et marchandes tout ensemble, défendoient le territoire et augmentoient chaque année la richesse de Naples, de Gaète et d'Amalfi. La dernière de ces villes, ayant recouvré sa liberté depuis le règne de Siconolfe à Salerne, croissoit en population et en richesse, et commençoit à s'emparer du commerce de l'Orient. Les Amalfitains prétendoient être issus d'une colonie romaine; ils assuroient que leurs ancêtres, envoyés par le grand Constantin à Bysance, avoient fait naufrage à Raguse, et séjourné long-temps en Illyrie; qu'ils avoient ensuite traversé l'Adriatique, et qu'ils

(1) *Johannis Diaconi Chron. episc. Neap.* p. 315.

(2) *Vita Leonis Papæ IV apud Anastas. biblioth.* p. 237.

s'étoient établis à Melphi, dans la Pouille, où ils avoient séjourné long-temps encore; qu'enfin ils avoient quitté cette province, pour chercher un pays où ils pussent vivre entièrement libres, et qu'alors seulement ils avoient bâti sur le golfe de Salerne une ville à laquelle ils avoient donné le nom de leur dernière habitation (1). Leur petit état étoit composé de quinze ou seize villages et châteaux situés autour de la capitale, sur le penchant des montagnes qui ferment à l'occident le golfe de Salerne. Les uns sont resserrés entre la mer et les rochers, et leurs habitans profitoient de quelque rade ou de quelque port, pour s'adonner à la pêche et au commerce; les autres demeurent suspendus, comme l'aire d'un aigle, à mi-côte des monts dont le pied est baigné par la mer; on ne les voit qu'à moitié au milieu des bois d'oliviers qui couvrent tout ce district. Les branches dorées des orangers qui entourent leurs maisons blanchies, attirent cependant de loin les regards, et indiquent l'habitation de propriétaires riches et industrieux; tandis que, de l'autre côté de ce magnifique golfe, les temples majestueux de Pestum s'élèvent seuls au milieu d'une plaine déserte et désolée, que la liberté n'a plus visitée depuis deux mille ans.

CHAP. IV.

(1) *Anonymi Salernitani Paralipom.* c. 73-75, p. 228. — *Chronici Amalphitani Frag.* c. 1, p. 207, *Antiq. Ital.* T. I.

CHAP. IV. Avant la conquête de Sicard, les Amalfitains recevoient leur gouverneur du duc, consul, ou maître des soldats de Naples. Après qu'ils se furent remis en liberté, en 839, ils se soumirent à un magistrat annuel élu par les suffrages du peuple, qu'ils appelèrent tantôt préfet, tantôt comte, maître des soldats ou duc (1). Sous le gouvernement de ces chefs, la république d'Amalfi couvrit la mer de ses vaisseaux; elle répandit dans tout l'Orient sa monnoie, connue sous le nom de *tari* (2), et elle s'acquit une réputation brillante de sagesse, de courage et de vertu. L'Europe a reçu de ce peuple trois legs bien propres à perpétuer sa mémoire. C'est un citoyen d'Amalfi, Flavio Gisia ou Gioia, qui fut l'inventeur ou l'introducteur en Occident de la boussole; c'est dans Amalfi qu'on retrouva l'exemplaire des Pandectes, qui fit renaître dans tout l'Occident l'étude et la pratique de la jurisprudence de Justinien; ce sont enfin les lois d'Amalfi sur le trafic maritime, qui ont servi de commentaire au droit des gens, et de fondement à la jurisprudence du commerce et des mers.

(1) *Anonym. Salernit. Paralip.* c. 76, p. 230. — *Chronic. Amalphitan.* c. 8, p. 209.

(2) Le tari, qui vaut douze grains, ou un cinquième en sus du carlin, est encore, au moins comme monnoie de compte, usité dans tout le royaume de Naples, depuis le temps de la république d'Amalfi.

Ces lois acquirent, dans la Méditerranée, le même crédit que celles des Rhodiens avoient eu anciennement sur la même mer, et que deux siècles plus tard on accorda sur l'Océan à celles d'Oléron (1). CHAP. IV.

C'est à peu près là tout ce qu'au milieu des ténèbres de l'histoire il nous est possible de recueillir sur l'origine et les progrès des républiques grecques de l'Italie méridionale. Trois siècles plus tard, nous les verrons envahies par les Normands, et rayées du nombre des nations; encore quelques mots, à cette seconde époque, et nous aurons complété l'histoire de leur longue existence. Une mémoire confuse de leur population, de leurs richesses, et de l'étendue de leur commerce, est tout ce qui reste d'elles. Les tombeaux qui renferment les généreux citoyens d'Amalfi, de Naples et de Gaëte, recouvrent, avec leurs ossemens, jusqu'au souvenir de leurs exploits et de leurs vertus. Tout est mort avec eux, et ce noble amour de la liberté qui les enflammoit, et cette patrie à laquelle ils ont fait tant de sacrifices, et ces lois dont ils vouloient assurer l'empire, et ces ducs, ces magistrats, dont ils craignoient les usurpations, et ces ennemis dont ils étoient entourés et qu'ils combattoient sans cesse. Tant de hauts faits

(1) *Freccia de Subfeudatione, apud Giannone istoria civile del regno di Napoli.* L. VII, c. 3.

CHAP. IV. qu'inspira l'amour de la gloire, tant d'appels adressés à une postérité impartiale, tant d'adversités supportées avec courage, dans la ferme confiance que les générations futures vengeroient l'injustice des contemporains; toutes ces espérances ont été trompées, et la race des héros s'est éteinte, sans que l'avenir s'acquittât envers elle de sa dette.

En 866, Louis II, empereur et roi d'Italie, fut appelé dans le duché de Bénévent, par les malheureux Lombards, qui étoient alors persécutés de la manière la plus cruelle par les Sarrasins. Les derniers possédoient, dans toutes les parties de l'Italie, des montagnes dont ils fortifioient les passages, des châteaux, et même des villes. Ils en sortoient pour porter de toutes parts leurs ravages dans les pays chrétiens. Louis II attaqua successivement les diverses forteresses des Arabes; il s'empara de Matéra, Vénosa et Canosa, et entreprit le siége de Bari, la plus forte place que possédassent les Sarrasins sur le golfe Adriatique. Mais comme il reconnut qu'il étoit impossible de la réduire sans le secours d'une flotte, il fit alliance avec Basile, empereur des Grecs, qui, dans le même temps, venoit de délivrer Raguse et les villes d'Illyrie, des incursions des mêmes Sarrasins (1). La ville de Bari

(1) *Const. Porphyr. de Basil. Macedon.* c. 55, T. XVI, p. 132.

fut prise par les forces réunies des deux empereurs ; et de cette manière les Grecs acquirent de nouveau quelque influence sur cette partie de l'Italie. Cette influence s'accrut encore, lorsque Louis II eut aliéné de lui les Lombards qui l'avoient appelé à leur secours. Le prince de Salerne arrêta par surprise l'empereur d'Occident, et le retint quelque temps prisonnier au milieu de son palais. Après cette offense mortelle, dont aucun traité de paix ou aucun serment ne pouvoit lui assurer le pardon, le prince de Salerne se jeta entre les bras de l'empereur grec, et lui prêta serment de fidélité, pour obtenir de lui quelque protection.

La ruine de la famille de Charlemagne, et les règnes orageux du grand Bérenger, de Hugues et de Bérenger II, dans l'Italie septentrionale, donnèrent, pendant près d'un siècle, une pleine liberté aux Grecs de pousser leurs conquêtes dans la province qu'ils nommoient Lombardie, parce qu'elle avoit été soumise plus long-temps qu'aucune autre aux Lombards bénéventains. L'empire d'Orient se relevoit quelquefois de ses pertes, non qu'il acquît une nouvelle vigueur, mais parce qu'il survivoit à la dégénération des peuples ennemis (1). Les Lombards,

(1) C'est de la même manière que les sujets révoltés de la Porte, et ses ennemis, finissent tous par retomber sous son joug,

CHAP. IV. les Francs, les Sarrasins, qui tous avoient exercé leur puissance sur ces provinces, avoient cessé d'être redoutables ; ils avoient voulu jouir de leurs succès passés dans le luxe et la mollesse, et leurs vastes empires s'étoient divisés en petites principautés, incapables d'opposer une vigoureuse résistance, même à un ennemi aussi foible que l'étoient les Grecs. Ces derniers se rendirent maîtres de la plupart des villes et des lieux forts que les Sarrasins avoient possédés dans la Pouille ; et c'est ainsi qu'ils formèrent leur nouveau *Thême* (1) de Lombardie. Cependant les princes lombards, placés sur la frontière des deux empires d'Orient et d'Occident, s'attachoient tour à tour à l'un ou à l'autre, et d'après leurs convenances privées, ils transportoient leur allégeance et leur serment de fidélité, du successeur de Charlemagne à celui de Constantin.

Mais lorsque la couronne d'Italie et celle de l'empire furent transférées à la maison de Saxe, les Othon se montrèrent jaloux de défendre ou

parce qu'elle attend en patience que leur force soit épuisée. De là vient le proverbe turc, que *c'est avec un chariot tiré par des bœufs que le grand-seigneur prend les lièvres à la course.*

(1) C'est le nom que, dans la nouvelle division de l'empire d'Orient, les Grecs donnèrent aux provinces. Il y en avoit dix-sept en Asie, et douze en Europe. *Constantini Porphyrogenitæ de thematibus. Ap. Banduri imper. orientale.* T. I.

de recouvrer les anciennes limites de l'empire d'Occident, de faire reconnoître leur suzeraineté par les princes lombards, et de chasser les Grecs, aussi-bien que les Sarrasins, de toute l'Italie. Othon Ier soutint une longue guerre, dans ces provinces, contre Nicéphore Phocas. Cette guerre se termina, en 970, lorsque Nicéphore fut assassiné : Jean Zimiscès, son successeur, rechercha l'amitié d'Othon, et les deux familles impériales s'unirent par un mariage (1). CHAP. IV.

Othon II renouvela les prétentions de son père à la souveraineté du midi de l'Italie ; il considéra même son mariage avec Théophanie, comme lui donnant un titre de plus ; et il réclama des empereurs d'Orient, pour douaire de sa femme, les provinces de la Lucanie et de la Calabre, et la suzeraineté sur les républiques de Venise, de Naples, de Gaëte et d'Amalfi, qui pour ne point lui obéir faisoient valoir leur fidélité prétendue à l'empire d'Orient.

Constantin et Bazile, empereurs de Constantinople, après avoir vainement essayé de détourner, par des négociations, l'orage qui menaçoit leurs possessions d'Italie, appelèrent à leur aide les Sarrasins de Sicile et d'Afrique ; Othon, d'autre part, entré en Italie, en 980,

(1) Othon II épousa Théophanie, fille de l'empereur Romanus Lécapénus, prédécesseur de Phocas, et sœur de Constantin et Bazile, qui succédèrent à Zimiscès.

CHAP. IV. avec une puissante armée, et fortifié par l'alliance de Pandolfe-Tête-de-fer, qui avoit réuni sous son autorité l'ancien duché de Bénévent, presque entier, Othon, dis-je, s'empara, en 982, de la ville de Tarente, puis il s'avança dans la Calabre ultérieure, jusqu'à la bourgade de Basentello, située près du rivage de la mer. Il y trouva l'armée combinée des Sarrasins et des Grecs, qui l'attendoit. La première attaque des Allemands fut vigoureuse, et mit les orientaux en désordre; mais une colonne de Sarrasins, qui formoit le corps de réserve, fondit sur les vainqueurs, au moment où, dans l'ardeur de la poursuite, ils avoient déjà rompu leurs rangs. Elle en fit un massacre effroyable. Pandolfe-Tête-de-fer, et beaucoup de comtes et de prélats guerriers perdirent la vie dans cette déroute.

L'armée d'Othon étoit détruite, aucun corps ne soutenoit plus l'effort des ennemis, et l'empereur lui-même fuyoit le long du rivage, craignant sans cesse d'être atteint par les Sarrasins, et massacré dans leur première fureur. Une galère grecque avoit jeté l'ancre près de ce même rivage, et l'empereur, qui se voyoit entre deux dangers également pressans, préféra se livrer à des ennemis civilisés, plutôt que de tomber entre les mains d'une horde barbare. Il se fit connoître au commandant de la galère, il se

rendit à lui, et chercha un asile sur son bord. CHAP. IV.
Bientôt il s'aperçut que cet officier subalterne, ébloui par une fortune aussi inattendue, sacrifieroit l'avantage de son pays au sien propre. Othon promit au Grec des monceaux d'or, sous condition qu'il le conduisît à Rossano, où l'impératrice Adélaïde, mère du monarque prisonnier, s'étoit enfermée. La galère fit voile vers cette ville; une négociation secrète s'établit entre le capitaine, Othon et l'impératrice; des mulets, pesamment chargés, s'acheminèrent vers le rivage; des gardes du prince, conduits par Théodore, évêque de Metz, s'approchèrent, dans une barque, pour s'assurer si c'étoit bien lui qui, revêtu de pourpre, se montroit à eux sur le tillac; et tandis que les Grecs étoient distraits par leurs négociations, et que, accoutumés à ce que leurs propres empereurs ne sussent pas marcher sans l'appui des eunuques, ils gardoient leur prisonnier moins soigneusement, Othon s'élança dans la mer, gagna la barque de ses gardes à la nage, fit virer de bord, mit lui-même la main à la rame, et parvint au port avant que la galère eût pu l'atteindre. Le Grec confus vit rentrer dans la ville, avec l'empereur, les mulets qu'on n'en avoit fait sortir que pour lui tendre un piége, et lui-même il fut obligé de se retirer de la rade de

CHAP. IV. Rossano, sans pouvoir se venger de ce qu'on l'avoit trompé (1).

Quoique les Grecs eussent laissé échapper un captif aussi important, leur victoire n'en étoit pas moins complète. Pendant le reste du règne d'Othon II et la minorité de son fils, ils étendirent leurs conquêtes en Italie (2), et les soumirent au gouvernement d'un officier qu'ils établirent à Bari avec le titre de catapan (3). Ils bâtirent aussi la ville de Troies dans la Pouille, et plusieurs châteaux forts qui devoient les couvrir contre de nouvelles attaques. S'ils ne furent point troublés dans ces établissemens, ce n'est pas qu'Othon II fût disposé à les laisser jouir en paix de leurs triomphes. Ce prince avoit convoqué à Vérone une assemblée des états de Lombardie et d'Allemagne; il avoit fait passer des troupes dans l'Italie méridionale, et il s'étoit rendu à Rome pour terminer les préparatifs de l'expédition qu'il médi-

(1) *Ditmarus Restitutus*, *apud Leibnitzium*. T. I, L. III, p. 346. — *Hermanni Contracti Chron.* p. 267. *Script. German. apud Struvium*, T. I. — *Arnulphi Hist. Mediol.* Lib. I, c. 9, T. IV, *Rer. It.* p. 10.

(2) *Lupus Protospata Chron. Barense*. T. V, p. 40.

(3) C'est du nom de cet officier que la province de Capitanate a reçu le sien. On l'appela d'abord Catapanate; ensuite l'usage a rapproché ce nom du mot italien *capitano*. *Leo Ostiens. Chron. Cassinens.* L. II, c. 50, p 371.

toit, non-seulement contre la Calabre, mais même contre la Sicile, lorsqu'une maladie, causée à ce qu'on assure par l'humiliation et le chagrin qu'il venoit d'éprouver, l'emporta à la fleur de son âge. Les républiques de Venise, de Naples, d'Amalfi et de Gaëte, enveloppées dans les projets de vengeance d'Othon contre les empereurs d'Orient, furent sauvées d'une guerre désastreuse par cette mort prématurée. CHAP. IV.

Une des conséquences de la bataille de Basentello, et de la mort de Pandolfe-Tête-de-fer qui y fut tué, fut le partage du duché de Bénévent, qu'il avoit eu l'art de réunir sous sa domination; il se divisa après lui en un grand nombre de petites principautés. Pendant la minorité d'Othon III, les Grecs poursuivirent leurs conquêtes, et les Sarrasins leurs ravages. Quoique ces derniers eussent beaucoup perdu de leur activité, de leur esprit d'entreprise et de leur ancienne valeur, ils étoient encore demeurés supérieurs aux peuples efféminés qui les entouroient, et leurs déprédations contribuèrent à jeter toutes les provinces au midi du Tibre dans un état de foiblesse et d'épuisement, qui seul peut expliquer l'étrange révolution qui devoit bientôt s'y opérer. Vingt ans après la défaite d'Othon à Basentello, quelques aventuriers septentrionaux profitèrent de la foiblesse de ces provinces,

CHAP. IV. pour jeter entre les deux empires les fondemens d'une puissance qui, en moins d'un siècle, s'étendit sur toute l'Italie méridionale, qui subjugua ses anciennes républiques ; et qui attacha chez les Italiens la dénomination distinctive de royaume (1) à cette Grande-Grèce, qui, à deux reprises, avoit été la première patrie de la liberté.

Les Normands ou Danois, après avoir longtemps ravagé les côtes de France, y obtinrent, vers l'an 900, un établissement dans la Neustrie, qui, d'après eux, fut nommée Normandie. Un siècle de transplantation dans ce nouveau séjour, ne leur fit point perdre leur antique passion pour les entreprises étranges et hasardeuses. Ils avoient embrassé la religion chrétienne; mais, de même que les Grecs avoient communiqué à cette religion leurs subtilités scolastiques, de même que les Égyptiens et les Syriens lui avoient donné leur caractère contemplatif et leur morale ascétique, lorsque les peuples du nord professèrent la religion chrétienne, cette religion devint pour eux sombre et sanguinaire, à l'imitation de celle d'Odin; elle réprima les craintes mortelles, elle excita la valeur, et elle promit aux exploits une récompense au-delà de ce monde.

Des peuples courageux et entreprenans, de-

(1) *Il Regno*, par excellence, dans les écrivains italiens, veut toujours dire le royaume de Naples.

venus chrétiens, crurent et se plurent à croire que leur salut étoit attaché à la visite des lieux illustrés autrefois par la présence des fondateurs et des martyrs de la religion. Une curiosité louable, une sensibilité vertueuse, un amour qu'on retrouve inné en l'homme pour tout ce qui lui retrace symboliquement l'antiquité, auroient été des motifs suffisans pour conduire beaucoup de chrétiens à la Terre-Sainte, lors même que la religion n'auroit pas fait de leurs fatigues un moyen de salut; mais le nombre de ces dévots voyageurs fut prodigieusement augmenté, quand l'Église leur promit l'entrée du ciel et la rémission de leurs péchés, en récompense d'un pèlerinage, c'est-à-dire, d'une expédition, hasardeuse il est vrai, mais intéressante, variée et toujours nouvelle. CHAP. IV.

Les Normands surpassèrent tous les occidentaux dans leur ardeur pour les pèlerinages. Ils ne voulurent point, pour se rendre à la Terre-Sainte, se soumettre à la monotonie d'un trop long voyage maritime, d'autant plus qu'ils ne retrouvoient pas sur la Méditerranée les tempêtes impétueuses qui bouleversent les mers du Nord, les tristes et sombres brouillards, les écueils de glaces flottantes, et tous les dangers qu'ils s'étoient plûs à braver dans leur ancienne patrie. Ils traversoient donc par terre toute la France et toute l'Italie, se fiant à leur épée pour se procurer leur subsistance pendant le voyage, lorsque la charité des fidèles n'y pourvoyoit pas suffisamment par des aumônes. Les villes de Naples, d'Amalfi, de Gaète et de Bari, entretenoient un grand commerce avec les côtes de Syrie; sur la route des premières villes, le mont Cassin; sur la route de la dernière, le mont Gargano, où des anges avoient été, disoit-on, illustrés par de fréquens miracles. Les dévots pèlerins vouloient visiter en passant les monastères bâtis sur ces deux montagnes, et presque tous, soit pour aller à la Terre-Sainte, soit pour en revenir, prenoient la route de la Grande-Grèce.

Dans une des premières années du onzième siècle, environ quarante de ces religieux voyageurs, revenus de la Terre-Sainte sur des vaisseaux d'Amalfi, se trouvèrent réunis à Salerne au moment où une petite flotte de Sarrasins venoit insulter cette ville, et en exiger une contribution militaire. Les habitans du midi de l'Italie s'étoient abandonnés aux délices de ce climat enchanté; ils ne prenoient aucun intérêt aux querelles de leurs princes; ils n'étoient pas moins énervés que les Grecs, et ils avoient perdu presque tout courage militaire. Les Salernitains virent avec étonnement quarante chevaliers normands, après avoir demandé des armes et des chevaux à Guaimar III, alors prince de Salerne, se faire ouvrir les portes de la ville, char-

ger avec intrépidité les Sarrasins, et les renverser. CHAP. IV.
Les Salernitains suivirent cependant l'exemple qui leur étoit donné par ces braves guerriers; la campagne fut couverte des cadavres des Musulmans, et ceux qui échappèrent au carnage, furent forcés de se rembarquer à la hâte (1).

Guaimar combla d'honneurs et de présens les vaillans étrangers qui venoient de le délivrer, et de conduire ses sujets à la victoire; pour mettre à profit leur bravoure, il essaya de les fixer à sa cour par les promesses les plus brillantes, et lorsqu'il les vit déterminés à quitter la Campanie, il les supplia du moins d'inviter de sa part des hommes de leur nation, des hommes aussi braves qu'eux, à venir recueillir sur les infidèles les palmes dues à la valeur.

Les Normands, de retour dans leur pays, firent connoître à leurs compatriotes les offres du prince de Salerne; ils exposèrent à leurs yeux des dattes, des oranges, riches fruits des climats heureux du midi (2); ils échauffèrent l'imagination de la jeunesse par le récit de leurs

(1) *Leo Ostiensis*, *Chronic. mon. Cassin.* L. II, c. 37, T. IV, p. 362. — *Anonymus monachus Cassin.* T. V, p. 55.

(2) Les fruits du Midi excitoient les désirs ardens des Septentrionaux. C'étoit en vantant leur saveur que l'on attiroit les Varangiens du fond de la Scandinavie à Constantinople, pour y former la garde des empereurs; et dans la langue islandoise, parlée autrefois par tous les Scandinaves, on dit encore aujourd'hui *figiakasta*, désirer des figues, pour dire, désirer quelque chose avec passion. *Bonstetten.*

CHAP. IV. faciles exploits et de leurs éclatans triomphes. D'après leurs encouragemens, un chevalier nommé Drengot, à qui une querelle avec un de ses rivaux rendoit désagréable le séjour de sa patrie, résolut de tenter la fortune, avec toute sa famille, dans cette terre si favorisée du ciel. Quatre de ses frères, avec leurs fils et leurs petits-fils, se joignirent à lui; quelques autres aventuriers normands se rangèrent sous ses étendards; et lorsque les pèlerins arrivèrent au mont Gargano, terme apparent de leur voyage, ils étoient au nombre de cent. C'est là que Mélo, citoyen de Bari, l'un des plus riches et des plus puissans seigneurs de l'Appulie, vint les trouver. Ce gentilhomme avoit voulu tenter une révolution dans son pays pour délivrer ses concitoyens du joug des Grecs, et de l'autorité vexatoire des catapans; mais ayant échoué, il avoit été obligé de fuir loin de sa patrie. Mélo avoit trouvé chez les princes lombards, et surtout chez Guaimar de Salerne, des dispositions favorables; il avoit obtenu d'eux des subsides, et il se vit en état d'offrir aux Normands qui voudroient prendre parti avec lui, une solde considérable; il y joignit la promesse des plus magnifiques récompenses, s'ils étoient victorieux (1).

(1) *Leo Ostiensis*. L. II, c. 37, p. 363. — *Guilelmi Appuli de rebus Normannor. poema*. L. I, T. V, p. 253.

Ce fut vers l'an 1016, que Drengot, avec ses Normands, commença la guerre contre les Grecs; leurs armes ne furent pas constamment heureuses : Mélo, après trois victoires consécutives, fut enfin battu à Cannes, en 1019 (1), et la plupart de ses Normands furent tués; lui-même il passa en Allemagne, pour implorer l'assistance de l'empereur Henri II, et l'engager à mettre une barrière aux usurpations des Grecs : Mélo mourut au-delà des monts, avant d'avoir vu l'issue de ses sollicitations, qui ne demeurèrent cependant pas infructueuses. Les Normands, qui échappèrent en petit nombre à la déroute de Cannes, quittèrent l'Appulie, et se rendirent auprès des princes de Salerne et de Capoue, au service desquels ils entrèrent. Quelque désastreuse que dût être pour leur petite troupe la perte de leurs compagnons d'armes tués à Cannes, ils la réparèrent en peu de temps, en enrôlant les nouveaux aventuriers qui chaque jour arrivoient en pèlerinage pour se joindre à eux. CHAP. IV.

Ce fut seulement en 1021 que Henri II entra dans la Pouille avec une armée. Après la mort de Mélo, le pape Benoît VIII avoit continué la négociation que ce noble exilé avoit commencée,

(1) *Georgii Cedreni Hist. Compend.* p. 553. — *Guilelmus Appul.* L. I, p. 254.

CHAP. IV. pour diriger les armes des Allemands contre les Grecs. L'expédition de Henri II n'eut d'autre résultat pour lui que la prise de Troies en Pouille (1); car bientôt après, une maladie épidémique se manifesta parmi les troupes allemandes, et les contraignit à se retirer; mais cette expédition eut pour les Normands des conséquences plus importantes. Ils s'étoient tous rangés sous les étendards de l'empereur; après sa retraite, ils se trouvèrent réunis sous les ordres de Rainolfe, frère de Drengot, qui lui avoit survécu; d'après ses conseils, ils quittèrent pour la seconde fois la Pouille, et, s'emparant d'Averse, alors petit château du duché de Naples, entre cette ville et Capoue, ils s'y établirent et s'y fortifièrent comme dans une nouvelle patrie. Il n'y avoit que peu d'années qu'ils étoient maîtres de ce château, lorsque Pandolphe IV, prince de Capoue, trouva moyen de s'emparer par surprise de Naples, ville qui jusqu'alors avoit repoussé toutes les attaques des Lombards. Sergius, maître des soldats et chef de cette république, sortit avec les principaux citoyens d'une ville où il ne voyoit pas sans horreur s'établir une domination étrangère; il se retira dans Averse; et, lorsque avec l'aide des Grecs et celle des citoyens fidèles à

(1) *Leo Ostiensis*. L. II, c. 39, p. 364.

leur patrie, il eut rassemblé assez d'argent pour satisfaire l'avidité des aventuriers normands, il vint à leur tête attaquer la garnison du prince de Capoue; il la battit et rentra dans Naples. Ce fut alors qu'il confirma aux Normands la possession d'Averse et de son territoire; qu'il l'érigea en comté, et qu'il en investit Rainolfe; en sorte que les premiers Normands qui aient eu un établissement en Italie, furent vassaux et feudataires de la république de Naples (1). CHAP. IV.

Ce n'étoit pas cependant la famille de Rainolfe ou la colonie d'Averse, qui étoit destinée à jeter les fondemens du royaume de Naples; cet avantage étoit réservé à une maison plus illustre de la Normandie, celle de Tancrède de Hauteville. Ce seigneur avoit douze fils, dont les aînés, séduits par les succès de leurs compatriotes, arrivèrent en Italie l'an 1035, accompagnés d'une troupe assez nombreuse de soldats habillés en pèlerins (2).

Guaimar le jeune (3), prince de Salerne et de

(1) *Leo Ostiensis*. L. II, c. 58, p. 378. — *Guilelmus Appulus*. Lib. I, p. 255. — *Giannone Istoria civile*. Lib. IX, c. 1, T. II, p. 17.

(2) *Gaufredi Malaterræ hist. Sicula*. L. I, c. 5 et 6, T. V, p. 550.

(3) D'après Camillo Pellegrini, c'étoit Guaimar IV; et le prince de Capoue, dont nous avons parlé ci-devant, étoit Pandolphe IV. Antonio Caraccioli, dans ses *Propylea*, appelle cependant, par erreur, l'un Guaimar III, l'autre Pandolphe II, *T. V*, p. 8.

CHAP. IV. Capoue, accueillit cette seconde colonie de Normands avec une bienveillance égale à celle que son père avoit montrée à la première. Il se hâta de profiter de leurs armes pour étendre sa domination ; il alla mettre avec leur aide le siége devant Sorrento, et ensuite devant Amalfi, et il s'empara de ces deux villes l'une après l'autre (1). Amalfi cependant ne se rendit à lui qu'en vertu d'une capitulation qui réservoit aux citoyens leur liberté et tous leurs priviléges. La petite république ne fut point annexée à la principauté de Salerne; mais Guaimar, en vertu d'une élection du peuple, fut déclaré duc d'Amalfi au mois d'avril 1039. Plus tard les Amalfitains virent leurs priviléges violés par le prince de Salerne ; alors ils conjurèrent contre lui ; et Guaimar, percé de trente-six coups de poignard, périt sur le rivage qui sépare Salerne d'Amalfi (2).

Du service de Guaimar, les Normands passèrent à celui de Michel-le-Paphlagonien, empereur de Constantinople. George Maniacès, patrice grec, faisoit des préparatifs en Calabre pour reconquérir la Sicile sur les Arabes, alors divisés par une guerre civile, et il prit à sa solde les trois fils aînés de Tancrède de Hauteville,

(1) *Leo Ostiensis*. L. II, c. 65, p. 385.

(2) *Henricus Brencmannus de Repub. Amalfitana*, *Dissert. I*, *ad calcem hist. Pandectar.* p. 8. — *Leo Ostiensis*. L. II, c. 85, p. 401.

Guillaume-Bras-de-fer, Drogon, et Unfroi, avec trois cents Normands (1). Cette expédition, loin de réconcilier les Normands avec les Grecs, ne servit qu'à éloigner davantage ces deux nations l'une de l'autre, en appelant les aventuriers à voir de près la lâcheté, la dissimulation et la vénalité de leurs associés. Ils embrassèrent les intérêts d'un Lombard, nommé Ardoin, qui servoit comme eux avec distinction dans l'armée de Maniacès, mais que ce général d'un peuple esclave, chez qui l'honneur n'étoit plus compté pour rien, avoit fait frapper d'un bâton en présence de ses troupes, à l'occasion d'un cheval qu'il vouloit lui ôter. Les Normands dissimulèrent cependant leur indignation jusqu'à ce qu'ils eussent repassé le détroit sur des vaisseaux grecs; alors ils se donnèrent rendez-vous dans la ville d'Averse pour le jour de Noël 1041; ils appelèrent à cette assemblée le lombard Ardoin, qui leur communiquoit sa haine implacable; ils résolurent, d'après ses conseils, d'attaquer l'empire d'Orient, et de conquérir pour eux-mêmes tout ce que les Grecs possédoient encore dans la Pouille et dans la Calabre. Quelque hardie que fût cette entreprise, elle étoit devenue moins téméraire, de- CHAP. IV.

(1) *Leo Ostiensis.* L. II, c. 67, p. 387. — *Cedrenus Compend. hist.* p. 577. — *Anonymus Barensis cum notis Camilli Pelleg.* p. 150.

CHAP. IV. puis qu'une révolution à Constantinople avoit mis sur le trône un ennemi de Maniacès; ce général s'étoit vu forcé à la révolte, en sorte que les provinces grecques se trouvoient presque sans défense. Les Normands se choisirent douze chefs qu'ils nommèrent comtes, et entre lesquels ils partagèrent l'autorité; mais ils donnèrent au lombard Ardoin le commandement suprême de leur petite armée, à laquelle Rainolfe, comte d'Averse, avoit joint trois cents hommes. Ils s'avancèrent jusqu'à Melphi, au centre de la Pouille, et cette ville leur ouvrit ses portes, sans avoir fait de résistance; ils s'emparèrent ensuite de Vénosa, Ascoli et Lavello; ils livrèrent successivement trois grandes batailles aux Grecs, et remportèrent sur eux trois victoires signalées. Ils se fortifièrent par des alliances, et pour récompense des secours qu'ils obtenoient, ils décernèrent l'honneur de les commander à de nouveaux chefs, Aténolfe et Argyre; le premier, frère du prince de Bénévent, leur avoit procuré l'assistance des Lombards; le second, fils de Mélo, le riche citoyen de Bari, les appuyoit de son crédit dans la Pouille, et de celui du parti que son père avoit formé dans les villes grecques. Dans cette guerre, la bravoure la plus signalée, secondée souvent encore par la ruse et l'intrigue, se trouvoit du côté des Normands; les Grecs au contraire étoient lâches, désunis et découragés. En deux campagnes, la Pouille presque entière fut conquise; en 1042, elle fut partagée entre les conquérans. Melphi devint la capitale de leurs états; la propriété de cette ville demeura commune entre Ardoin, et Guillaume-Bras-de-fer, chef des Normands; leurs douze comtes furent mis en possession des douze villes suivantes, Siponte, Ascoli, Vénosa, Lavello, Monopoli, Trani, Cannes, Montépiloso, Trigento, Acérenza, Saint-Archangelo, et Minerbino. C'est ainsi qu'une espèce de république militaire et oligarchique fut établie par eux dans la Pouille (1). CHAP. IV.

Quoique les Normands se fussent donné pour chef Guillaume-Bras-de-fer, ils daignoient rarement recevoir ses ordres; ils ne vivoient que de pillage, et, sans se tenir liés par aucun traité ou par aucun ordre public, ils exerçoient autour d'eux le brigandage à la tête de leurs satellites, plutôt qu'ils ne faisoient la guerre. Les couvens, les églises, et même les lieux saints, qui avoient été l'objet de leurs pèlerinages, n'étoient pas à couvert de leurs déprédations (2). Aussi ces provocations répétées,

(1) *Leo Ostiensis*. L. II, c. 67, p. 389. — *Gaufrido Malaterra hist. Sicula*. L. I, c. 9 et 10, p. 551. — *Guilelmus Appulus*. L. I, p. 257.

(2) Léon d'Ostie raconte que les Normands s'étoient emparés 1043.

CHAP. IV. réunirent-elles enfin tous leurs voisins contre eux.

Ce fut le pape Léon IX qui forma la ligue des deux empires contre les aventuriers normands. Allemand lui-même, il recourut à Henri III, empereur d'Allemagne, comme au protecteur des peuples et de l'Église; il obtint de lui cinq cents gendarmes seulement, qui formèrent le noyau de son armée. Il annonça cependant que la guerre qu'il entreprenoit pour la sûreté des peuples et des églises étoit sacrée;

de plusieurs possessions du monastère du Mont-Cassin, et enfin de deux forteresses, Saint-Victor et Saint-André; chaque jour on recevoit d'eux quelque nouvel outrage, et l'abbé du monastère étoit réduit à un tel désespoir, qu'il ne parloit de rien moins que d'abandonner son couvent, et de s'établir au-delà des monts. Tout à coup le comte lui-même de ces Normands, nommé Rodolphe, ou peut-être Rainolfe, parut au Mont-Cassin, accompagné de plusieurs soldats; on ne doutoit pas qu'il n'eût l'intention de prendre l'abbé ou de le tuer; cependant lui et ses gens laissèrent leurs chevaux et leurs armes, selon les lois de l'Église, à la porte du temple, où ils entrèrent pour prier. Tandis qu'ils étoient à genoux devant le grand autel, les frères servans du monastère se jetèrent sur leurs chevaux et leurs armes, fermèrent les portes de l'église, et sonnèrent les cloches d'alarme. Les habitans de la ville accoururent armés de traits; ils attaquèrent les Normands qui n'avoient plus que leurs épées pour se défendre, et qui imploroient en vain le respect pour les lieux saints qu'ils avoient si souvent profanés. Quinze d'entre eux furent tués, le comte fut pris par les moines et jeté en prison, et toutes les possessions du Mont-Cassin furent recouvrées par la force, ou rendues comme rançon de Rainolfe. *Chronic. monaster. Cassin.* L. II, c. 71, p. 390.

qu'il conduiroit lui-même son armée, et qu'il combattroit avec l'appui du ciel, plutôt que par des moyens humains; les Appuliens, les Campaniens, les habitans de la Marche d'Ancône, et ceux du patrimoine de Saint-Pierre, se rangèrent sous ses enseignes; les Grecs s'unirent aussi à lui, et le saint pontife, avec une armée fort nombreuse, mais sans général, commença son expédition par un pèlerinage au Mont-Cassin, pour obtenir la bénédiction du ciel sur ses armes (1). CHAP. IV.

Les Normands opposèrent à cette pieuse armée des troupes plus aguerries. Guillaume-Bras-de-fer étoit mort; Drogon, qui lui avoit succédé, venoit d'être tué par des révoltés (2); mais Unfroi, le troisième frère, et Robert Guiscard, l'aîné des enfans du second lit de Tancrède de Hauteville, pouvoient être mis au nombre des plus habiles et des plus vaillans guerriers de l'Europe. Robert Guiscard étoit arrivé tout récemment en Appulie, avec un renfort considérable de Normands; Richard, comte d'Averse, de la famille de Drengot, vint avec toutes ses forces se joindre à ses compatriotes, pour partager leurs dangers. Les soldats Normands, bien moins nombreux que

(1) *Leo Ostiensis.* L. II, c. 87, p. 402.

(2) *Gaufredi Malaterræ.* L. I, c. 12 et 13, p. 552.

CHAP. IV. les troupes du pape, étoient d'autre part des hommes qui avoient constamment fait métier de la guerre, et qui, tout dévots qu'ils étoient quelquefois, se montroient peu accessibles aux scrupules (1).

Cependant, avant d'en venir aux mains, les Normands essayèrent de fléchir le pape, et ils lui demandèrent avec instance de leur prescrire les conditions moyennant lesquelles ils pourroient apaiser son courroux. Léon IX, qui se sentoit fort de l'alliance des deux empires, qui se croyoit plus assuré encore des secours du ciel, ne voulut entendre à aucun traité, si les Normands n'évacuoient pour jamais l'Italie. On combattit alors près de Civitella dans la Capitanate, le 18 juin 1053, et la victoire ne fut pas long-temps douteuse; car toute cette populace timide que les prédications des moines avoient rassemblée, et dont le pape croyoit avoir formé une armée, s'enfuit dès le premier choc; les Allemands se défendirent seuls; et, comme leur nombre ne passoit pas cinq, ou, selon d'autres, sept cents gendarmes, ils furent enveloppés par les Normands, et ils périrent presque tous sur le champ de bataille. Le pape, au moment de la déroute, s'enfuit à Civitella; mais les menaces des Normands déterminèrent

(1) *Guilelmus Appulus.* L. II, p. 260.

les habitans à le faire sortir de leurs murs, et à le laisser seul et sans défense hors de leurs portes. CHAP. IV.

Les Normands victorieux s'avancèrent alors vers lui ; comme ils approchoient, ils se jetèrent à genoux et se couvrirent de poussière, implorant son pardon et sa bénédiction. Ils le conduisirent dans leur camp, mais en lui prodiguant sur son passage les marques du respect le plus profond. Au milieu de ces démonstrations de leur humilité religieuse, ils le retinrent quelque temps prisonnier; et Léon IX entre leurs mains, eut le loisir de se convaincre que les fonctions de général d'armée ne conviennent point à un pontife. De même qu'il avoit compté sur les secours du ciel, il crut alors que le ciel lui-même avoit prononcé contre lui, et il fit des avances pour se réconcilier avec les mêmes hommes contre lesquels il avoit prêché une espèce de croisade. Sur leur demande, et pour sortir de leurs mains, il accorda aux Normands l'investiture, au nom de saint Pierre, et comme fief de l'Église, de tout ce qu'ils avoient déjà conquis, et de tout ce qu'ils pourroient conquérir encore dans la Pouille, dans la Calabre et dans la Sicile (1).

C'est ainsi qu'une défaite donna au saint-

(1) *Gaufredi Malaterræ*. L. I, c. 14, p. 553.

CHAP. IV. siége ce qu'il n'auroit jamais pu obtenir par une victoire, et que la foiblesse d'un pontife pieux et étranger à la politique humaine, effectua une conquête, que les plus hardis des prédécesseurs de Léon IX n'auroient osé tenter. Le pape, en inféodant aux Normands les provinces que possédoient les Grecs et les Lombards, s'en attribua implicitement la propriété, quoiqu'il ne pût pas alléguer sur elles le moindre droit, ou même former à leur égard la plus légère prétention. Les Normands demandèrent cependant cette investiture, parce qu'ils croyoient sanctionner ainsi, aux yeux des peuples superstitieux, les droits moins respectables de la force et de la conquête; mais l'Église recueillit le plus grand avantage de ce traité de paix, puisque depuis cette mémorable investiture, et pendant sept siècles, le royaume de Naples est demeuré un fief de saint Pierre, sans autre titre que ce don, arraché par la force à un prêtre qui savoit lui-même n'avoir aucun droit à ce qu'il donnoit.

Les Normands profitèrent de leur victoire, pour étendre leur domination sur toutes les provinces comprises dans l'inféodation du pape. Unfroi soumit toute l'Appulie. Robert Guiscard, avec un petit nombre de compagnons, alla tenter la conquête de la Calabre; il se fortifia dans le château de Saint-Marc, d'où il faisoit des incursions sur le territoire des Grecs, CHAP. IV. plutôt en voleur de grands chemins qu'en conquérant. Tous les villages qui l'avoisinoient étoient abandonnés par leurs habitans, et le maître-d'hôtel de Guiscard venoit quelquefois le soir lui annoncer qu'il n'avoit plus ni provisions pour le lendemain, ni argent pour en acheter; et, qu'eût-il de l'argent, il ne trouveroit personne, à plusieurs lieues à la ronde, qui voulût lui rien vendre. Guiscard sortoit alors de son repaire, et, tantôt avec ses Normands, tantôt avec des Esclavons ou des bandits qui, de toutes parts, se rassembloient autour de lui, il alloit piller des villages plus éloignés (1).

Cependant Unfroi mourut en 1057, et Robert Guiscard quitta sa vie de brigandage, pour venir prendre possession du comté de Pouille. En même temps il appela de Normandie, Roger, le plus jeune de ses frères, qu'il établit en Calabre avec le titre de comte, pour y poursuivre ses conquêtes. Mais, soit avarice ou jalousie, il laissa Roger manquer d'argent, plus encore qu'il n'en avoit manqué lui-même; et ce jeune comte, plus tard le conquérant de la Sicile, et le père de ses rois, n'ayant reçu de son frère qu'un seul cheval pour récompense de ses longs

(1) *Gaufredi Malaterræ*. L. I, c. 16, p. 553.

CHAP. IV. services, revint en Pouille, et se mit à voler des chevaux, et à dévaliser des marchands dans le voisinage de Melfi. Lui-même donna ordre ensuite à son historien Gaufrid Malaterra, de garder le souvenir de ces aventures, pour faire connoître à la postérité, de quel état de misère il s'étoit relevé (1). Roger dévasta aussi les possessions de Guiscard, et il y eut entre les Normands une espèce de guerre civile, si plutôt il ne faut pas considérer les attaques du jeune homme, comme des tentatives d'un chef de voleurs, en guerre avec toute la société.

Guiscard, cependant, après avoir soumis presque toute la Pouille, voulut étendre ses conquêtes sur la Calabre; pour cela, il se réconcilia en 1060 avec son frère, et il lui confia le commandement d'une partie de son armée. De concert, ils attaquèrent Reggio, dont ils s'emparèrent, ainsi que de plusieurs villes de la même province, et Robert Guiscard, trouvant alors le titre de comte au-dessous de lui, prit, de sa propre autorité, celui de duc d'Appulie et de Calabre, qu'il se fit confirmer ensuite par le pape Nicolas II (2).

Quoique les Normands fussent en guerre avec les deux empires, ils poursuivoient leurs con-

(1) *Gaufredi Malaterræ.* L. I, c. 25 et 26, p. 556.

(2) *Gaufredus Malaterra.* L. I, c. 35, p. 558. — *Guilelmus Appulus.* L. II, p. 262.

quêtes, sans avoir le plus souvent à combattre
aucune armée ou aucun général. Henri IV d'Allemagne n'étoit pas encore sorti de sa longue minorité, lorsque les attaques des papes mirent en danger sa couronne; en Grèce, Constantin Ducas, Romanus Diogénès et Michel Ducas, furent l'un après l'autre engagés dans la guerre la plus dangereuse avec les Turcs, et si ce n'est pendant des trèves de peu de durée, ils ne purent en détourner leurs forces, pour secourir leurs provinces d'Occident. Dans l'année 1061 il ne restoit plus aux Grecs en Italie que Bari, Gallipoli, Tarente, Brinde, Otrante, et quelques châteaux. Ce fut le temps où le jeune Roger, qui commandoit pour son frère à Reggio de Calabre, forma le projet de conquérir la Sicile sur les Sarrasins, tandis que Guiscard acheveroit de chasser les Grecs de la Calabre et de l'Appulie.

Les Sarrasins, si redoutables deux siècles auparavant, étoient tombés dans un état de langueur et d'impuissance, qui les exposoit à éprouver les mêmes craintes qu'ils avoient si long-temps répandues chez leurs voisins. L'enthousiasme religieux les avoit rendus soldats, mais leurs conquêtes avoient détruit leur esprit militaire. Élevés dans une religion sensuelle, sans avoir de patrie, quoiqu'ils habitassent les plus beaux pays de l'univers, ils n'avoient consacré les richesses acquises par leur épée qu'à se procurer des plaisirs grossiers, et ils étoient devenus bientôt non moins efféminés que les peuples d'Asie, sur lesquels ils avoient remporté leurs premières victoires. Toute bravoure n'étoit pas éteinte dans les classes inférieures du peuple, et les Normands, qui avoient triomphé presque sans résistance des Sarrasins d'Italie, recrutoient parmi eux d'excellens soldats, qui servirent Guiscard dans toutes ses guerres; mais les chefs des Sarrasins n'avoient plus ni talens ni courage, et leurs gouvernemens étoient pusillanimes. Leur monarchie s'étoit divisée en petites principautés presque indépendantes. Chaque ville de Sicile appartenoit à un petit prince ou émir; la discorde entre deux de ces émirs, Benhuména et Ben Hammed, dont le premier vint à Reggio implorer la protection de Roger, rendit plus facile l'entrée des chrétiens dans l'île (1).

Roger n'avoit d'autres soldats que les chevaliers qui s'engageoient volontairement à le suivre, dans l'espérance de partager ses conquêtes; mais ils étoient toujours en petit nombre, et ne demeuroient pas long-temps avec lui; en sorte

(1) Ismael Alémujad, plus connu sous le nom d'Abulféda, date les troubles de Sicile et la division de l'île en petites principautés, de l'an 426 de l'hégire (1034-1035). *Hist. Saracen. Sicula*, p. 253, T. I, P. II, *Rer. It.*

que Roger, après avoir passé quelques mois dans l'île, étoit ordinairement obligé de se retirer. Il conduisoit rarement moins de cent cinquante, ou plus de trois cents chevaliers dans ses expéditions, et il leur donna un caractère plus romanesque encore qu'aux premières conquêtes des Normands dans l'Appulie (1). CHAP. IV.

La ville de Traina dans le val de Démone, habitée par des chrétiens grecs, ouvrit ses portes à Roger, qui s'y établit avec sa jeune épouse et trois cents chevaliers ; de là il attaquoit les Sarrasins du voisinage. Mais les Grecs eurent bientôt sujet de se plaindre de leurs hôtes ; ils se révoltèrent contre eux, et introduisirent les Sarrasins dans la ville. Alors les chevaliers normands, réfugiés dans un seul quartier tout ouvert, furent appelés à soutenir des combats presque continuels contre des forces infiniment supérieures, et ils ne purent plus sortir de la ville pour se procurer des vivres. Ils éprouvèrent dans cette situation les dernières extrémités de la misère, et quelquefois de la famine. La comtesse et deux ou trois femmes qui l'avoient suivie, étoient restées seules pour apprêter le repas de Roger et de tous ses compagnons d'armes ; car on avoit changé tous les

(1) *Gaufridus Malaterra.* L. II, c. 1-15, p. 560.

CHAP. IV. valets en soldats. Ils étoient aussi tellement dépourvus d'habits, qu'entre le comte et la comtesse ils ne possédoient plus qu'un seul manteau, qu'ils portoient alternativement, selon que l'un ou l'autre devoit paroître en public. Dans un des combats, le comte, resté seul au milieu des ennemis, eut son cheval tué sous lui. Cependant il se fit faire place avec son épée, et, prenant sur ses épaules la selle de ce cheval, afin qu'elle ne demeurât pas en trophée entre les mains des Sarrasins, il se fit jour au travers des ennemis, et retourna lentement à pied vers les siens. Dans cet état de danger, de privations et presque de famine, les Normands se maintinrent quatre mois dans la moitié d'une ville, dont l'autre moitié étoit entre les mains de leurs ennemis. La rigueur de l'hiver produisit enfin leur délivrance. La ville de Traina, bâtie au pied de l'Etna, dans une région très-élevée, fut couverte de neige; les Sarrasins et les Grecs, peu accoutumés à de tels frimas, se relâchèrent dans leurs attaques, et les Normands réussirent une nuit à les surprendre, et à les chasser de la partie de la ville qu'ils habitoient. Dès qu'ils se trouvèrent de nouveau maîtres des fortifications, ils se regardèrent comme en pleine sûreté au milieu d'une île ennemie (1).

(1) *Gaufridus Malaterra.* L. II, c. 29 et 30, p. 566.

Malgré la bravoure chevaleresque des aventuriers normands, leurs conquêtes ne furent point rapides, soit parce que leurs armées étoient très-peu nombreuses, soit parce que les soldats méconnoissoient l'autorité de leurs officiers. Dès que les premiers avoient amassé quelque butin, ils se séparoient de leurs drapeaux, pour aller jouir de leurs richesses; ils ne retournoient au combat que lorsqu'ils étoient redevenus pauvres. Il fallut trente ans au comte Roger, pour achever la conquête de la Sicile; il ne fallut guère moins de temps à Robert Guiscard, pour achever la conquête de l'Appulie. Ce fut en 1080 que celui-ci chassa pour la dernière fois les Grecs de l'Italie, et qu'il réunit à ses états, Tarente, Castanéto, Bari et Trani (1). Mais peu d'années auparavant, les Normands avoient tourné leurs armes contre les princes lombards qui se partageoient les restes du grand-duché de Bénévent, et ils les avoient dépouillés sans éprouver presque de résistance. Richard, comte d'Averse, descendant de Drengot et des premiers Normands, avoit, en 1062, conquis la principauté de Capoue, et dès lors il en portoit le titre (2). La principauté de Bénévent s'éteignit en 1077 par la mort de Landolfe VI, et fut démembrée par Guiscard, qui s'empara du territoire, et

CHAP. IV.

(1) *Chronicon breve Normannicum.* T. V, p. 278.

(2) *Leo Ostiensis.* L. III, c. 16, p. 425.

CHAP. IV. céda la ville au pape ; le saint-siége prétendit avoir acquis en 1052 des droits de suzeraineté sur cette ville, par une concession de l'empereur Henri III (1). Enfin Guiscard attaqua Salerne, la dernière des principautés lombardes ; et, pour réduire plus facilement la capitale, où Gisulfe, le dernier prince, s'étoit enfermé, il fit alliance avec les Amalfitains. Ces républicains se crurent heureux de s'être assuré l'amitié des Normands par quelques concessions ; ils nommèrent Guiscard leur duc, et ils l'assistèrent de leurs flottes ; mais non-seulement ils se réservèrent leur liberté et leur ancienne constitution, ils stipulèrent que jamais les troupes de Guiscard ne seroient introduites dans leur ville ou son territoire, et ils se réservèrent exclusivement la garde de toutes leurs forteresses. Guiscard, au moyen des flottes d'Amalfi, ferma la mer aux Salernitains, tandis qu'il les pressoit vivement du côté de terre. Il les força enfin à capituler en 1077. Gisulfe fut obligé de sortir de la ville et de se retirer dans l'état de Rome, et Salerne fut réunie aux états du duc des Normands (2).

Ainsi fut soumise la dernière des dynasties lombardes, cinq cent neuf ans après l'entrée en

(1) *Stemma princip. Langobard. apud Camill. Pelleg.* T. II, p. 326.

(2) *Gaufredi Malaterræ.* L. III, c. 5, p. 576.

Italie des Lombards, sous la conduite d'Alboin, CHAP. IV.
et trois cent trois ans après la défaite de Désidério, leur dernier roi. Ce fut alors seulement que cette nation, jadis si puissante, fut privée du droit d'avoir ses propres souverains. Le nom de Lombardie est demeuré, chez les Occidentaux, à la partie septentrionale de l'Italie, qui relevoit immédiatement des rois de Pavie; cependant les Grecs, avec plus de raison, ce semble, ont appelé Lombardie le royaume de Naples, que les Lombards bénéventains gouvernèrent pendant plus de cinq siècles en souverains indépendans.

Robert Guiscard avoit chassé les Grecs de l'Appulie et de la Calabre, et les princes lombards de Salerne et de Bénévent; son frère Roger avoit conquis la Sicile, qu'il gouvernoit comme un fief du duché d'Appulie, avec le titre de grand-comte. Après ces longues guerres, Robert se trouva le chef d'un grand état, qu'il avoit conquis avec les forces d'un simple gentilhomme, en composant lui-même, d'aventuriers et de pèlerins, la nation nouvelle qui devoit combattre sous ses ordres. Son ambition ne fut pas satisfaite encore; elle ne s'élevoit à rien moins qu'à la conquête de l'empire d'Orient; et c'est avec ce vaste projet qu'en 1081 il passa la mer Adriatique, s'empara de Corfou et de Botronto, et mit le siége devant Durazzo. Mais nous ne sui-

CHAP. IV. vrons point Robert dans cette expédition, qui appartient à l'histoire du Bas-Empire. Qu'il nous suffise d'observer que, dans l'espace de trois ans, le prince normand eut la gloire de voir fuir devant lui les deux empereurs d'Orient et d'Occident. Au mois d'octobre 1081, il battit l'armée de l'empereur Alexis Comnène, qui étoit venu en personne pour faire lever le siége de Durazzo (1). Rappelé en Italie par une rébellion dans ses états, il voulut ensuite, en 1084, délivrer Grégoire VII, dont il s'étoit déclaré le protecteur, des attaques des Allemands, quoique auparavant il eût été excommunié par lui. C'est alors que Henri IV leva le siége du château Saint-Ange où le pape étoit enfermé, et se retira sans attendre les Normands; tandis que Guiscard, entré dans Rome, brûla la moitié de la ville, et l'abandonna au pillage des Sarrasins qu'il conduisoit avec lui. Ce furent à peu près là les derniers exploits de Robert Guiscard; il mourut à Céphalonie, le 17 juillet 1085, comme il renouveloit ses attaques contre l'empire grec (2).

Les successeurs immédiats de Robert Guiscard ne méritent point qu'on donne autant d'attention à leur histoire. Son fils et son petit-fils conservè-

(1) *Alexias Annæ Comnenis.* L. IV, T. XI, p. 85.

(2) *Guilelmus Appulus.* L. V, p. 276, ad fin.

rent avec peine une monarchie que lui seul avoit su fonder. Des guerres civiles troublèrent le règne de Roger Ier, duc de Pouille. Roger avoit pour frère aîné Boémond, depuis prince d'Antioche, et fameux dans l'histoire des croisades. Ce prince avoit été dépouillé de ses droits héréditaires par le jugement de l'Église et le testament de son père; Guiscard, pour contracter un second mariage, avoit fait divorce avec sa première femme, qui se trouvoit être sa parente éloignée; et Boémond, fils de ce mariage, avoit été déclaré bâtard. Jusqu'au temps où la prédication de la croisade, en ouvrant une carrière nouvelle à son ambition, l'entraîna en Asie avec les armées chrétiennes, il réclama contre le testament injuste qui l'excluoit de l'héritage de son père; et il chercha, par les armes, à faire valoir son droit. Il partit pour l'Asie en 1096, avec son cousin Tancrède. Les Normands, sur ce nouveau théâtre, déployèrent encore une fois la même bravoure et la même avidité, la même politique et la même ambition qui les avoient rendus puissans et redoutables en Neustrie, en Angleterre, en Italie et en Grèce (1). L'absence de Boémond et de ses guerriers rendit

(1) Le souvenir des exploits de Boémond et de Tancrède, ces héros célébrés par Le Tasse, nous a été transmis par leur contemporain Radolphus Cadomensis, qui a écrit leur histoire, moitié en prose, moitié en vers. *Scr. Rer. Ital.* T. V, p. 285.

CHAP. IV. la tranquillité à Roger, duc de Pouille, qui restoit sans rivaux; mais d'autre part elle affoiblit ses états, et mit obstacle à tout projet d'agrandissement ou de conquête (1). Guillaume, fils de Roger, lui succéda en 1111, et régna jusque en 1127, qu'il mourut sans enfans, et que tout l'héritage des fils de Tancrède de Hauteville fut réuni par Roger II, grand-comte de Sicile et fils de Roger Ier. Le règne de Guillaume ne mérite pas plus notre attention que celui de son père; en sorte que nous nous empresserons d'arriver au règne de Roger, qui acheva de consolider la monarchie des Normands, qui lui acquit le titre de royaume, et qui réunit à ses états la principauté de Capoue et les républiques de la Campanie, restées jusque alors indépendantes. Quoique le règne de Roger soit postérieur à la paix de Worms et à la période de temps comprise dans ce premier volume, nous avons cru devoir nous écarter de l'ordre que nous nous étions prescrit, pour ne point interrompre le récit de la fondation de la monarchie des Deux-Siciles, et pour terminer l'histoire des républiques grecques de la Campanie, à laquelle nous n'aurons jamais occasion de revenir.

Roger II, comte et ensuite roi de Sicile, joignit plus de vanité et moins de grandeur d'âme,

(1) Sur le règne de Roger, duc d'Appulie, on peut lire le quatrième et dernier livre de Gaufridus Malaterra, p. 590.

à plusieurs des talens et même des vertus de Robert Guiscard. Il trouva le titre de duc au-dessous de sa dignité; il ambitionna le nom de roi; et, pour l'obtenir, il embrassa, dans un schisme qui partageoit l'Église, le parti de l'antipape Anaclet II, à qui sa protection étoit nécessaire; tandis que tout le reste de la chrétienté reconnoissoit Innocent II pour pape. Anaclet ne pouvoit payer à un prix trop élevé la protection du seul prince qui se fût déclaré pour sa cause, d'un prince voisin de Rome, et assez puissant pour établir son protégé sur le siége pontifical, et l'y maintenir par ses armes. En vertu de la suzeraineté sur les Deux-Siciles, que Léon IX avoit acquise au saint-siége, Anaclet décora son vassal du titre de roi, et plaça lui-même la couronne sur sa tête. En même temps, pour former son nouveau royaume, il joignit de nouvelles provinces auxquelles il n'avoit aucun droit, à l'Appulie, la Calabre et la Sicile: savoir, la principauté de Capoue, qui appartenoit aux Normands d'Averse, et la république de Naples (1). CHAP. IV.

Après son couronnement, Roger s'occupa de récompenser le pontife schismatique auquel il devoit le nom de roi. Avec son armée, il s'avança

(1) *Petrus Diaconus continuatio Chron. Cassinens.* L. IV, c. 97, p. 554. — *Abbas Telesinus.* L. II, c. 1 et seq. p. 622, T. V. — *Falco Beneventanus Chron.* T. V, p. 106.

CHAP. IV. contre Rome, où Innocent II, aidé par les Frangipani, ses parens, s'étoit mis en possession du souverain pontificat; Roger remporta plusieurs avantages sur les milices de l'Église; il établit Anaclet dans Rome, et il contraignit Innocent à s'enfuir à Pise, d'où ce pape se rendit ensuite en France, afin d'implorer des secours contre l'usurpateur.

Roger n'eut pas plus tôt obtenu le nom de roi, qu'il s'occupa de restreindre les priviléges de ses peuples. Les premiers dont il attaqua la liberté furent les Amalfitains. Depuis que ces républicains s'étoient soumis, en 1038, à Guaimar, prince de Salerne, ils avoient presque toujours placé des princes étrangers à la tête de leur état. Les Normands avoient succédé aux Lombards; Robert Guiscard et son fils Roger avoient obtenu, presque par force, la dignité ducale; et, quoique chaque capitulation assurât aux Amalfitains le maintien de leur liberté et de leurs priviléges, ils perdoient cependant, sous un chef étranger, ce sentiment d'une fière indépendance, qui, autrefois, avoit fait leur force. Mais, tandis que la république d'Amalfi chanceloit en Europe, quelques-uns de ses citoyens jetoient en Palestine les fondemens d'un ordre qui devoit hériter de son pouvoir sur les mers, et rester le dépositaire de la gloire chevaleresque de l'Europe.

Des marchands amalfitains, que les intérêts
de leur commerce avoient attirés en Orient, et que la dévotion avoit conduits ensuite à Jérusalem, obtinrent du calife d'Égypte, dès l'année 1020, la permission de construire auprès du saint sépulcre, un hôpital dédié à saint Jean, pour loger les voyageurs de leur nation, et les chrétiens que la dévotion attiroit aux saints lieux. Ils bâtirent en même temps une église dédiée à sainte Marie des Latins, et un couvent pour les femmes, consacré à sainte Marie-Madeleine. Ces trois édifices furent élevés aux frais des habitans d'Amalfi; ils furent dotés par eux, et pendant près d'un siècle ils restèrent exclusivement entre les mains des citoyens de cette république, jusqu'au temps où Godefroi de Bouillon vint assiéger Jérusalem, à la tête des croisés. Gérard de Scala, bourgade dépendante d'Amalfi, étoit à cette époque recteur du couvent des hospitaliers de Saint Jean. Il arma les cénobites en faveur des croisés, et il aida puissamment ces derniers à soumettre la ville. La guerre sacrée changea la nature de cet ordre religieux; les hospitaliers abandonnèrent le soin des malades pour défendre leur nouvelle patrie, et combattre les infidèles; l'ordre que le commerce avoit créé, ne fut plus ouvert qu'à la noblesse militaire; néanmoins les chevaliers de Malte, successeurs des bourgeois

CHAP. IV. d'Amalfi, répandent encore quelque lustre sur la république qui leur donna naissance (1).

Les Amalfitains, comme nous l'avons vu, étoient demeurés, par leur traité avec Robert Guiscard, en possession de l'administration intérieure de leur ville, de leurs magistratures républicaines, et même de la garde de leurs fortifications et des châteaux de leur territoire. Roger, dès qu'il fut couronné comme roi de Sicile, leur demanda de renoncer à tous ces priviléges, qui étoient, disoit-il, contraires aux prérogatives d'un monarque. Les Amalfitains s'y refusèrent; alors, réunissant contre eux les flottes de la Sicile et les armées normandes, Roger attaqua cette petite république avec toutes ses forces; et après avoir emporté l'une après l'autre toutes ses forteresses, par des siéges réguliers, il la contraignit enfin à la soumission (2). Les gentilshommes qui avoient secondé Roger dans la guerre contre Amalfi, furent à leur tour victimes de l'ambition de ce monarque. Lorsque des hommes libres conjurent contre la liberté d'autrui, ils ne doivent pas se flatter de conserver long-temps la leur.

Roger entreprit de faire plier sous le joug les principaux barons de son royaume, qui, n'ayant jusque alors combattu qu'en volontaires,

(1) *Brencmannus de republica Amalfitana, dissert. I*, p. 7.

(2) *Abbas Telesinus.* L. II, c. 7, p. 623.

jouissoient d'une indépendance presque absolue. Le premier des gentilshommes normands étoit Robert, prince de Capoue. Issu de Drengot, le fondateur de la colonie des Normands d'Averse, il n'étoit point uni par la parenté à la famille de Hauteville; il étoit le chef d'un état conquis par ses ancêtres, et demeuré presque indépendant. Cependant le prince de Capoue avoit consenti à faire hommage au roi Roger, quand celui-ci avoit été couronné à Palerme; mais lorsque le roi voulut forcer ses barons à faire la guerre au pape légitime, le prince de Capoue refusa de marcher, et il fit alliance soit avec Sergio, maître des soldats de la république de Naples, soit avec plusieurs barons normands, disposés comme lui à défendre leur liberté civile et religieuse. CHAP. IV.

La guerre des barons contre leur roi n'eut pas une heureuse issue; ils furent vaincus les uns après les autres; la ville de Capoue elle-même fut prise; et, au milieu des états de Roger, qui s'étendoient sur toute l'Italie méridionale, la ville de Naples resta seule indépendante. C'est là que le prince Robert de Capoue se retira; mais, sûr d'y être bientôt poursuivi par les armes du roi Roger, il concerta avec le maître des soldats de la république, les mesures nécessaires pour défendre ce dernier asile de la liberté. 1132.

CHAP. IV. Au nom des Napolitains, Robert se rendit à Pise, république déjà puissante, et qui avoit succédé à l'empire du commerce et des mers, que les villes d'Amalfi et de Naples laissoient échapper. Le prince Robert sollicita pour lui-même, et pour la république de Naples, les secours des Pisans, contre un roi qui cherchoit à détruire, dans le midi de l'Italie, la liberté de leurs anciens alliés, et qui opprimoit l'Église, en la forçant à recevoir un antipape au lieu du pontife légitime (1). Les Pisans avoient embrassé avec chaleur la cause d'Innocent II; ils équipèrent leur flotte, sur laquelle ils embarquèrent environ huit mille hommes de milice pour secourir Naples; mais ils demandèrent qu'en payement des frais de la guerre, les Napolitains leur avançassent trois mille livres pesant d'argent. Ces derniers sacrifièrent, sans hésiter, l'argenterie de leurs églises, à la défense de leur liberté (2).

1135. Cependant, le roi Roger avoit brûlé les faubourgs de Naples et fortifié Averse; il fit ensuite armer en Sicile une flotte pour attaquer la ville du côté de la mer, tandis que la garnison d'Averse, et les postes qu'il avoit établis dans la Campanie, coupoient aux Napolitains toute communication avec la terre. Pour ce service il

(1) *Alexander Abbas Telesinus.* L. III, c. 1-7, p. 634.

(2) *Falco Beneventanus Chron.* p. 118.

avoit mis en réquisition les meilleures milices CHAP. IV.
des Amalfitains, qui se voyoient contraints de 1135.
servir la cause de Roger et des schismatiques. Les galères d'Amalfi se joignirent à la flotte de Sicile; les soldats de la ville étoient cantonnés dans Averse, ou avoient été appelés à Salerne; en sorte qu'Amalfi resta sans défense (1). Les consuls de Pise, Alzopardo et Cane, qui commandoient la flotte de la république, forte de quarante-six voiles, en furent informés; ils tentèrent un coup de main qui leur réussit; la ville d'Amalfi fut prise par eux, et livrée au pillage. C'est dans cette occasion que le fameux exemplaire des Pandectes de Justinien fut enlevé et porté à Pise (2). Mais le roi, qui étoit rentré dans Averse, et qui s'occupoit d'en relever les fortifications, ne tarda pas à être vengé. Il transporta son armée par des chemins que l'on croyoit impraticables, au travers des montagnes, et il surprit les Pisans, comme ils étoient occupés au siége du château de Fratta; il leur tua ou leur fit prisonniers quinze cents hommes, parmi lesquels se trouvoit un de leurs consuls, et il força le reste à se rembarquer précipitamment (3).

(1) *Abbas Telesinus.* L. III, c. 24, p. 638.

(2) *Brencmannus dissertatio II de Amalphi à Pisanis diruta*, c. 24 et seq. *ad calcem histor. Pandectarum.*

(3) *Abbas Telesinus.* Lib. III, c. 25, p. 638. — D'après une

CHAP. IV. 1135. Pendant l'hiver, le prince de Capoue retourna, pour la seconde fois, à Pise; et Sergio lui-même, le maître des soldats de Naples, l'y accompagna. Mais en vain ce respectable magistrat, qui depuis trente-deux ans gouvernoit sa patrie, remontra aux Pisans assemblés en parlement sur la place publique, que la dernière république qui soutînt encore la cause de la liberté, dans le midi de l'Italie, étoit sur le point de succomber; que Roger s'attribuoit déjà le nom de roi, et qu'il ne tarderoit pas, à ce titre, à vouloir asservir tous les Italiens (1); que l'intérêt de la liberté et de la sûreté générale se trouvoit, dans cette occasion, uni à celui de la religion et de l'Église : les Pisans, épuisés par une longue guerre avec les Génois, et par l'échec qu'ils venoient de recevoir à la Fratta, se refusèrent à prendre sur eux seuls le poids d'une guerre à laquelle, dans le fait, ils étoient étrangers (2). Robert voulut épuiser toutes les ressources; il partit pour l'Allemagne,

chronique pisane, une flotte de Roger, forte de soixante voiles, seconda, du côté de la mer, l'attaque imprévue du roi. *Breviarium Pisanæ histor.* T. VI, p. 170.

(1) D'après un fragment de chronique pisane, qui finit à cette époque, il paroît que les Pisans s'étoient déterminés à la guerre, parce que Roger prenoit le nom de roi d'Italie. *Chronica varia Pisana,* T. VI, p. 110.

(2) *Falco Beneventanus Chron.* p. 120. — *Alex. Abbas Telesinus.* L. IV, c. 5 et ultim. p. 642.

et, au nom du pape Innocent, au nom de la république de Naples, et des barons normands opprimés par leur roi, il alla solliciter les secours de l'empereur; tandis que Sergio revint à Naples annoncer à ses concitoyens, que c'étoit de leur seule valeur qu'ils devoient désormais attendre leur délivrance. CHAP. IV. 1135. 1136.

La tentative de Robert auprès de l'empereur Lothaire, eut plus de succès que lui-même peut-être n'auroit osé l'espérer. Le célèbre abbé de Clairvaux, saint Bernard, avoit embrassé la cause d'Innocent II; il s'indignoit de voir Anaclet résider paisiblement à Rome; et comme Roger étoit le seul roi qui protégeât le schisme, saint Bernard écrivit à Lothaire, avec cette vigueur et cette impétuosité qui lui étoient propres, pour l'engager à punir le Sicilien, protecteur d'un pontife schismatique (1). L'empereur céda aux instances du saint, et avant la fin de l'hiver il se mit en route pour l'Italie; mais comme il devoit s'arrêter dans chaque province pour réformer l'administration et recouvrer les droits de l'empire, Robert le devança; il sollicita de nouveau les Pisans; avec leur aide, il équippa cinq vaisseaux, il les chargea de vivres, et il entra en triomphe dans le port de Naples, échap-

(1) *Voyez* la lettre de saint Bernard à Lothaire, *apud Baronium, Annal. eccles. ann.* 1135, §. 19.

CHAP. IV. 1136.

pant à la vigilance des galères de Sicile, qui le bloquoient. Les munitions de la ville étoient épuisées; celles qu'apportoit Robert, et l'annonce d'un prochain secours, relevèrent les forces des citoyens abattus.

L'infatigable Robert, après avoir introduit ses vaisseaux dans le port, retourna auprès de l'empereur Lothaire, pour hâter sa marche. Il le trouva campé près de Crémone; il saisit le moment où ce monarque, entouré de ses généraux, passoit son armée en revue, et se jetant à ses pieds, il se couvrit de poussière; il supplia Lothaire de lui rendre son héritage, et de secourir ses malheureux alliés, qui ne tarderoient pas, s'il les abandonnoit, à être moissonnés pas la famine. En effet, Naples se trouvoit réduite aux dernières extrémités; les femmes, les enfans, les vieillards expiroient sur les places publiques, dans l'agonie de la faim; «Mais», ce sont les paroles d'un auteur contemporain, et qui partageoit lui-même ces souffrances (1), «mais Sergio, le maître des sol-» dats, et les citoyens fidèles qui veilloient à la » liberté de la patrie, et qui maintenoient les » mœurs antiques de leurs pères, préféroient être » emportés par la famine, plutôt que de cour-

(1) Falco de Bénévent étoit exilé de sa patrie, alors rebelle à Innocent II. Il s'étoit réfugié à Naples. *Chron.* p. 120, *A.*

» ber leurs têtes sous le joug détesté des rois ». CHAP. IV.

Heureusement que l'empereur s'avança à temps pour étouffer les murmures et prévenir le découragement. Les messagers de Naples qui avoient accompagné Robert, rentrèrent dans la ville, et déclarèrent, par serment, devant le maître des soldats et l'assemblée du peuple, qu'ils avoient vu l'empereur à Spolète, avec son armée. Peu de jours après, des messagers de Lothaire arrivèrent à leur tour, et annoncèrent que ce monarque étoit parvenu jusqu'aux bords du fleuve de Pescara; enfin l'archevêque de Naples et quelques-uns des principaux citoyens envoyés à Lothaire, rentrèrent dans la ville avec l'assurance de sa prochaine arrivée, et les Napolitains, dans cette espérance, persistèrent à souffrir la famine, et rejetèrent les offres de l'ennemi, qui déjà ne les pressoit plus avec la même ardeur, quoiqu'ils n'eussent plus que trois cents hommes en état de porter les armes (1). 1136.

Ils ne tardèrent pas à être récompensés de leur constance. L'empereur, après avoir détaché trois mille hommes sous le commandement de Henri de Bavière, son gendre, pour accompagner le pape Innocent II, et lui faire recouvrer le duché de Rome et la Campanie (2), 1137.

(1) *Abbas Telesinus.* L. IV, c. 2, p. 642.

(2) *Petrus Diaconus Chron. Cassin.* L. IV, c. 105, p. 561.

CHAP. IV. passa lui-même le fleuve de Pescara, le jour
1137. de Pâques. Bientôt il reçut la soumission de la ville de Termoli, et de tous les seigneurs des Abruzzes; il entra dans la Pouille; il s'empara de Siponte et du Mont-Saint-Ange, et il imprima une telle terreur aux sujets de Roger, que toutes les villes, jusqu'à Bari, s'empressèrent de devancer ses armes, et de se soumettre à lui. De son côté, le pape s'avança par Saint-Germain vers Capoue, où il rétablit le prince Robert; les Normands battus partout où ils s'étoient présentés, fuyoient devant les armées allemandes; et dans le cours d'une seule campagne, Roger perdit toutes les provinces qu'il possédoit en-deçà du Phare.

Les Pisans avoient fait pour la délivrance de Naples un effort supérieur encore à celui de leurs puissans alliés. Ils avoient armé une flotte de cent navires, avec laquelle ils entrèrent victorieusement dans le port, et rétablirent l'abondance (1). Ils tournèrent ensuite leurs armes contre Amalfi, pour se venger de l'échec qu'ils avoient reçu devant cette ville, deux ans auparavant. La cité se soumit à eux avec empressement; mais les châteaux de Scala et de Scalella, qui dépendoient d'elle, ayant fait résistance, furent emportés de force et livrés

(1) *Falconis Beneventani Chron.* p. 122.

au pillage. Ce second échec compléta la ruine CHAP. IV.
de la république d'Amalfi. Dès lors cette ville 1137.
et son duché n'ont cessé de déchoir. A cette époque la cité seule comptoit cinquante mille habitans; Brencmann assure que, lorsqu'il la visita, au commencement du dix-huitième siècle, il ne lui en restoit pas mille (1). Elle en contient de six à huit mille aujourd'hui. Elle avoit eu des comptoirs dans tous les ports de Sicile, d'Égypte, de Syrie et de Grèce; ils furent tous abandonnés, surtout depuis que, vers l'an 1350, les rois de Naples eurent aboli les formes républicaines de son administration intérieure. Cependant deux hommes nés dans Amalfi contribuèrent encore à illustrer cette ville, après qu'elle eut perdu son ancienne puissance: ce furent Flavio Gioia, qui, en 1320, inventa ou perfectionna la boussole, et Mas Agnello, le chef fameux de la sédition de Naples, en 1647. Ce vendeur de poissons, parvenu, sans éducation, à la tête d'un puissant état, se montra supérieur encore au rang élevé où le hasard le plaçoit, et mérita d'être considéré comme le père du peuple dont il sut calmer les fureurs.

La république de Naples ne jouit pas longtemps de son triomphe sur le roi de Sicile: la

(1) *Brencmannus de repub. Amalphit. diss. I, c.* 23.

CHAP. IV. 1137. discorde s'introduisit entre les confédérés, ses libérateurs, à l'occasion de la prise de Salerne. Les Pisans s'indignèrent de ce que l'empereur avoit signé, sans leur consentement, la capitulation de cette ville, que leur flotte, autant du moins que son armée, avoit forcée à se rendre. Innocent, de son côté, prétendit, on ne sait sur quel fondement, que Salerne appartenoit au saint-siége. Cette double division détermina la retraite des confédérés; les Pisans mirent à la voile pour la Toscane, l'empereur s'achemina vers l'Allemagne, et le pape s'établit à Rome. Roger, n'ayant plus alors à combattre que des ennemis qu'il avoit vaincus à plusieurs reprises, rentra dans son royaume deçà le Phare; Salerne lui ouvrit ses portes; il soumit Nocéra, brûla Capoue, et reconquit, aussi rapidement qu'il les avoit perdues, presque toutes les provinces qui lui avoient été enlevées dans la précédente campagne (1).

Innocent II, délaissé par l'empereur, voulut essayer de mettre fin à la guerre et au schisme, par une négociation. Trois cardinaux de son

(1) *Falco Beneventanus Chron.* p. 124. — *Chron. monast. Cassin.* L. IV, c. 126, p. 598. — *Romualdus archiepisc. Salernit. Chron.* p. 189, T. VII, *Rer. It.* Mais il y a évidemment, dans le récit de ce dernier historien, des feuillets arrachés, quoiqu'on l'ait ensuite imprimé comme une narration suivie.

parti disputèrent, devant Roger, contre trois CHAP. IV.
cardinaux du parti d'Anaclet, sur la validité 1137.
de l'élection de l'un et de l'autre. Cette conférence confirma chacun dans son opinion, comme il arrive d'ordinaire; et quand elle fut terminée, chaque pontife fulmina de nouveaux anathèmes contre son rival, qui avoit eu assez de mauvaise foi pour ne pas se rendre à l'évidence. Heureusement pour la paix de l'Église, qu'Anaclet mourut peu après: ses partisans, il est vrai, lui donnèrent un successeur qui prit le nom de Victor III; mais Innocent, au moyen d'une grosse somme d'argent, réussit à obtenir son abdication, et à faire cesser le schisme (1).

L'année suivante Innocent renouvela, dans 1138.
un synode tenu à Rome, l'excommunication déjà lancée contre le roi Roger et tous ses partisans; et, afin de l'appuyer par la force, il s'avança, à la tête d'une petite armée, jusqu'au château de Galluzzo, dont il entreprit le siége. Comme il en suivoit malhabilement les opérations, il fut surpris et enveloppé par les troupes de Roger et de son fils, ses milices furent mises en fuite, et lui-même, fait prisonnier, fut conduit dans le camp du roi de Sicile.

Le sort de Naples fut déterminé par cette catastrophe; Innocent, prisonnier, sacrifia sans

(1) *Petrus Diaconus Chron. monast. Cassin.* L. IV, c. ultim. p. 602.

CHAP. IV. 1138. hésiter ses anciens défenseurs à son ennemi le plus acharné : il accorda au roi Roger l'investiture de Capoue, dont il dépouilla juridiquement son malheureux ami le prince Robert; il accorda également au roi de Sicile, l'*honneur de Naples et de ses dépendances*, c'est-à-dire, la souveraineté sur cette république, qui dans aucun temps n'avoit relevé des papes (1). Les Napolitains, qui avoient perdu leur duc Sergio, dans une des dernières batailles (2), et qui ne savoient plus de qui implorer le secours, se soumirent les derniers au joug de la nécessité. Ils envoyèrent à Bénévent des députés offrir la couronne ducale au roi Roger, et ils se réunirent à la monarchie (3).

Le roi, qui jusqu'alors avoit traité les pays reconquis avec une cruauté impitoyable, fut plus généreux envers les Napolitains. Il confirma ceux de leurs priviléges qui pouvoient s'accorder avec le pouvoir monarchique, et il conserva l'administration municipale de leur ville, qui se maintint encore près d'un siècle sur le même pied (4). Cependant, par la soumission de Naples à Roger, la liberté fut chassée de l'Italie méridionale; et Naples, déchue de la

(1) *Voyez* cette bulle, *apud Baronium*, *ad ann.* 1138.

(2) *Romualdus Salernitanus Chron.* p. 190.

(3) *Falco Benevent.* p. 129.

(4) *Falco Benevent. ad finem*, *cum nota Camill. Pellegr.*

seule prérogative qui puisse donner de la grandeur aux petites nations, devient désormais étrangère à notre histoire. Sa richesse et son commerce diminuèrent, quoique sa population augmentât, lorsque cette ville devint la capitale du royaume. Les lois royales de Roger, l'institution d'une noblesse militaire, l'introduction d'une monnoie falsifiée que le roi des Deux-Siciles mit en circulation, et qui ruina le commerce et l'agriculture, firent verser aux Napolitains des larmes amères sur la perte de leur liberté (1).

(1) Le roi défendit la circulation des *romésines*, monnoie de bon aloi, de Constantinople, ou de la Rome nouvelle ; à leur place, il frappa des ducats tenant moitié cuivre. — *Falco Benevent.* p. 131.

CHAPITRE V.

Origine de Venise; ses révolutions avant le douzième siècle. — Pise et Gênes, nouvelles républiques maritimes ; leur rivalité avec Venise, et leurs premiers progrès.

CHAP. V. ENTRE les républiques qui ont fleuri en Italie, la plus illustre est celle de Venise; c'est presque la seule dont l'histoire soit connue hors de cette contrée; c'est encore celle dont la durée s'est le plus prolongée. Son origine précède de sept siècles l'affranchissement des villes lombardes; sa chute, dont nous avons été témoins, est postérieure de près de trois siècles, à l'assujettissement de Florence, la plus célèbre des républiques du moyen âge.

La république de Venise étoit, il y a peu d'années, l'état le plus ancien de l'Europe. La même nation, toujours indépendante, toujours libre, avoit observé, comme un spectacle, les révolutions de l'univers; elle a vu la longue agonie et la fin de l'empire romain en Occident, la naissance de l'empire françois, lorsque Clovis conquit les Gaules; l'élévation et la chute des Ostrogoths, en Italie; des Visigoths, en Espagne ; des Lombards qui succédèrent aux premiers ; des Sarrasins qui dépossédèrent les seconds. Elle a vu naître l'empire des califes ; elle l'a vu menacer d'envahir la terre, et elle l'a vu se diviser et se détruire. Long-temps alliée des empereurs de Bysance, elle les a tour à tour secourus et opprimés ; elle a enlevé des trophées à leur capitale ; elle a partagé leurs provinces, et elle a joint à ses titres celui de maîtresse d'*un quart et demi* de l'empire romain. Elle a vu tomber cet empire, et les farouches Musulmans s'élever sur ses ruines ; elle a vu la monarchie française s'écrouler ; et, seule inébranlable, cette orgueilleuse république contemploit les royaumes et les nations qui passoient devant elle. Après tous les autres, elle a succombé cependant à son tour ; et le peuple qui lioit le présent au passé, et les deux époques de la civilisation de l'univers, a cessé aussi d'exister.

La nature même du pays qu'habitoient les Vénitiens, fut la cause de leur longue indépendance. Le golfe Adriatique reçoit, dans sa partie supérieure, toutes les eaux qui découlent de la pente méridionale des Alpes, depuis le Pô, qui prend sa source sur le revers des montagnes de Provence, jusqu'à l'Isonzo qui naît dans celles de la Carniole. L'embouchure du plus méridional de ces fleuves est éloignée de trente lieues de

CHAP. V. celle du plus septentrional ; et, dans cet espace, la mer reçoit encore l'Adige, la Brenta, la Piave, la Livenza, le Tagliamento, et un nombre infini de rivières moins considérables. Chacune d'elles entraîne, dans la saison des pluies, des masses énormes de limon et de gravier ; en sorte que la partie du golfe qui les reçoit, comblée peu à peu par leurs dépôts, n'est plus une mer, n'est point encore une terre ; on la nomme lagune : sous ce nom, on comprend un espace de vingt ou trente milles de largeur, à partir du rivage. La lagune, vaste étendue de bas-fonds et de fange, couverte d'un ou deux pieds d'eau, que les bateaux les plus légers peuvent seuls traverser, est coupée par des canaux creusés sans doute par les fleuves qui portent leurs eaux à la mer, mais entretenus ensuite par la main des hommes, pour l'intérêt du commerce. Ces canaux ouvrent des routes aux plus grands navires, et leur offrent des ancrages sûrs ; la mer, qui se brise avec furie contre les *muracci* et les îles longues et étroites qui bordent la lagune, est calme par-delà ces limites ; le vent ne peut plus la bouleverser là où des abîmes ne sont plus cachés sous ses vagues. Mais les canaux tortueux et entrelacés de la lagune forment un labyrinthe impénétrable pour les pilotes qu'une longue étude et une longue expérience n'ont pas instruits de leurs détours. Au milieu des bas-fonds, s'élèvent plusieurs centaines d'îles qui commencent au midi de Chiozza, vers les bouches du Pô et de l'Adige, et qui s'étendent, sans interruption, jusqu'à Grado, par-delà les bouches de l'Isonzo. Les unes ne sont séparées que par des canaux étroits, comme celles sur lesquelles Venise est bâtie; les autres dominent la lagune de place en place, comme des bastions avancés pour défendre l'approche de la terre ferme. D'autres enfin marquent l'enceinte de la lagune, et séparent les bas-fonds de la haute mer. Ces dernières, qu'on nomme l'*Aggéré*, forment une ligne prolongée et parallèle au rivage, mais coupée par un grand nombre de canaux, qui s'ouvrent pour la plupart en face de l'embouchure de chaque fleuve. Ces canaux forment autant de ports ouverts à la marine vénitienne, et ils en portent le nom. Les îles, soit de la lagune, soit de l'*Aggéré*, ne sont pas, en général, susceptibles d'une grande culture, mais elles sont placées d'une manière si avantageuse pour la pêche, pour la fabrication du sel, qui se recueille, presque sans travail, dans certains bas-fonds nommés *estuari*, pour la navigation et le commerce; ceux qui les habitent ont tant de facilité pour communiquer, sur de simples bateaux, avec toutes les villes de la Lombardie, avec tous les ports de l'Istrie, de la Dalmatie et de la Romagne, que cet archipel a dû, de tout CHAP. V.

CHAP. V. temps, être peuplé d'hommes industrieux. Les îles vénitiennes ne sont pas moins sûres que commodes ; également fortifiées contre les insultes des pirates et contre les armées des conquérans, elles ne sauroient être attaquées ni par mer ni par terre, et elles ne peuvent être prises que par la trahison de leurs propres habitans.

Le savant comte Figliasi a prouvé, dans ses mémoires sur les Vénètes (1), que, dès les temps les plus reculés, cette nation, qui occupoit le pays qu'on a nommé depuis états vénitiens de terre ferme, habitoit également les îles répandues sur ces côtes, et que de là étoient venus les noms de *Venetia prima* et *secunda*, dont le premier s'appliquoit au continent, et le second aux îles et aux lagunes. Dès le temps des Pélasges et des Étrusques, les premiers Vénètes, habitant une contrée fertile et délicieuse, s'étoient voués à l'agriculture ; les seconds, placés au milieu des canaux, à l'embouchure des fleuves, et à portée des îles de la Grèce, comme des campagnes fécondes de l'Italie, s'étoient adonnés à la navigation et au commerce. Les uns et les autres se soumirent aux Romains peu avant la seconde guerre Punique ; ce ne fut cependant qu'après la victoire remportée par

(1) *Memorie de' Veneti primi e secondi, del conte Figliasi.* T. VI. *Venezia*, 1796.

Marius sur les Cimbres, qu'on réduisit leur pays en province romaine. CHAP. V.

Sous le gouvernement des empereurs, la première Vénétie mérita plus d'une fois, par ses malheurs, une place dans l'histoire. Riche, fertile, peuplée, elle présentoit aux ambitieux une proie qu'ils se partagèrent souvent durant les guerres civiles. Cette même province fermoit l'Italie du côté par lequel les nations germanique, scythe et esclavonne, pouvoient pénétrer dans l'empire. Lorsque cet empire fut affoibli, toutes les fois que le rempart du Danube étoit forcé, les Barbares ne tardoient pas à fondre sur la Vénétie, et à la désoler par leurs ravages. La province maritime occupée de la pêche, des salines et du commerce, échappoit à la désolation; les Romains ont considéré les peuples qui l'habitoient comme au-dessous de la dignité de l'histoire, et ils les ont laissés dans l'obscurité. Aucun pillage, aucun massacre, aucune dévastation n'attiroient les regards sur eux.

Cette obscurité valoit mieux sans doute que la triste illustration de Padoue et de Vérone. Il vint un temps où les habitans de ces villes jadis opulentes, mais efféminées, mais foibles, mais abandonnées, sans défense, à toutes les invasions, sentirent eux-mêmes combien leur sort étoit cruel, comparé à celui des insulaires, malgré les privations et la vie laborieuse de

CHAP. V. ceux-ci. Les peuples nomades qui envahirent l'empire, portèrent, dans leurs conquêtes, une férocité que notre imagination peut à peine concevoir. Ils ne se contentoient pas de s'approprier par le pillage, tout ce qu'ils pouvoient enlever aux malheureux sujets de Rome ; ils sembloient se proposer de changer les contrées qu'ils envahissoient, en déserts pareils à ceux d'où ils étoient sortis. L'incendie détruisoit les villes et les villages ; le massacre des hommes, des femmes, des enfans, effaçoit les générations.

C'est ainsi qu'Attila exerça ses fureurs sur Aquilée, Concordia, Oderso, Altino et Padoue. Mais la renommée le précédoit, annonçant ses cruautés ; et tous ceux des habitans de la première Vénétie, que leur fortune mettoit en état de fuir, cherchèrent un asile dans la seconde. Hommes, femmes, enfans, vieillards, tout se réfugia dans les îles. Au centre de celles que couvre aujourd'hui la ville de Venise, la bourgade de Rialto accueillit les fugitifs ; ils se répandirent également sur toutes les autres ; et, se cachant sous des cabanes faites à la hâte, ils attendirent que l'orage dévastateur fût passé (1).

(1) *Constantinus Porphyrogenetus de Administr. Imp.* P. II, c. 28, p. 70. *Bys. Veneta.* T. XXII. — *Andreæ Danduli Chronicon.* L. V, c. 5, T. XII, *Rer. It.* p. 75. — *Marin Sanuto*

Lorsqu'Attila se fut retiré dans la Pannonie, tous ceux qui n'avoient apporté dans leur retraite aucun moyen de subsister, se hâtèrent de regagner leurs habitations du continent. Les agriculteurs surtout, rappelés par leurs champs en friche, par l'amour de leur terre natale, et par les besoins de leur famille, retournèrent cultiver leurs campagnes; mais les grands propriétaires, les nobles romains, ceux qui, par leurs richesses, avoient pu se procurer, dans les îles, les commodités de la vie, et qui trouvoient, dans cet asile, la sûreté réunie à l'aisance, se gardèrent bien de quitter leurs nouvelles demeures, pour relever des ruines fumantes, que de nouveaux essaims de barbares recommençoient à menacer. Les revenus de leurs possessions continentales souffroient, il est vrai, de leur absence; mais, à l'exemple de leurs hôtes, les réfugiés essayèrent d'acquérir de nouvelles richesses par le commerce et la navigation. C'est ainsi que nous avons vu, de nos jours, une noblesse ruinée, s'adonner au négoce qu'elle ne pouvoit embrasser autrefois sans déroger. Les désastres mêmes des provinces avoient rendu le commerce plus nécessaire et plus lucratif. Les Vénétes devoient re- CHAP. V.

istoria de duchi di Venezia, p. 405, T. XXII, *Rer. It.* — *Andrea Navagiero storia Veneziana*, p. 926, T. XXIII. — *Storia civile Veneta di Vettor Sandi*. L. I, c. 2, T. I, p. 14.

CHAP. V. doubler d'activité pour fournir aux habitans des villes incendiées les moyens de rétablir leurs habitations, et la subsistance nécessaire pour attendre de nouvelles récoltes. Un plus grand nombre de matelots et d'artisans pouvoit être employé au service du commerce, et l'élite de la population pauvre, mais industrieuse, qui s'étoit réfugiée dans les îles, fut retenue dans cet asile par l'offre de salaires supérieurs, et par la jouissance d'une sûreté qu'on ne trouvoit qu'en ce lieu. Une nouvelle nation se forma donc au milieu des lagunes, par la réunion forcée des premiers Vénètes aux seconds; une nation de nobles, d'ouvriers laborieux et de marins, qui tous devoient vivre, non plus du produit des terres, mais de celui d'une industrie active et croissante. Cette nation c'est la vénitienne.

La petite ville de Rialto paroît avoir reçu de Padoue, dans ses commencemens, les consuls ou les tribuns qui formoient son gouvernement municipal. Mais Padoue étoit incendiée; ses nobles, ses citoyens les plus puissans habitoient la seconde Vénétie, et rien ne devoit les engager à rester dans un assujettissement que la force ne pouvoit maintenir, et qu'aucun avantage ne pouvoit rendre volontaire. La nouvelle république faisoit bien partie de l'empire romain; mais cet empire impuissant ne subsistoit plus que de nom; les barbares en disposoient, quoiqu'ils reçussent encore comme un honneur les titres de ses magistratures. Chaque province, aussi-bien que chaque peuplade étrangère, après s'être cantonnée dans son enceinte, pouvoit, sans opposition, faire valoir son indépendance. Elle en avoit le droit dès qu'elle se sentoit le pouvoir de résister aux agressions des barbares; et, quoique les provinciaux d'origine romaine n'eussent point oublié l'affection et le respect qu'ils devoient au vieux nom de Rome, ils se trouvoient heureux de secouer le joug d'un gouvernement oppressif et tyrannique; de s'affranchir d'impôts excessifs qui n'empêchoient pas la misère du fisc; de se libérer d'un tirage odieux de milices, qui ne portoit point remède à la honteuse impuissance des armées. Les Vénitiens furent donc libres dès la fondation de leur état, lors de l'invasion d'Attila; et les incursions désastreuses des Vandales, des Hérules, des Ostrogoths, leur donnèrent de nouvelles raisons de chérir leur liberté.

Nous avons déjà observé que, jusqu'aux derniers temps de l'empire romain, le gouvernement des municipalités demeura démocratique. L'assemblée du peuple de chaque ville décidoit sur les intérêts communs, et sanctionnoit des lois locales. Cette même assemblée nommoit aussi les magistrats annuels qui remplissoient

CHAP. V. les fonctions de juges. Long-temps avant l'invasion d'Attila, on croit qu'à Rialto ces magistrats portoient déjà le titre de tribuns. La population s'étant augmentée par l'arrivée de plusieurs milliers de fugitifs, chacune des îles principales eut son tribun, nommé par ses propres habitans. Ces tribuns s'assembloient quelquefois pour délibérer en commun sur les intérêts de la Vénétie maritime; mais leur fonction principale étoit celle de juger et d'administrer leur peuple, conformément aux instructions qu'ils recevoient de lui dans les assemblées générales de chaque île (1). C'est ainsi que la nouvelle république, sans avoir besoin d'un législateur, sans révolution, presque sans délibération, se trouva régie par une constitution libre.

Le fantôme d'empire que le patricien Oreste avoit conservé, en élevant Augustule sur le trône, fut détruit par Odoacre comme une pompe inutile et coûteuse. Les liens qui pouvoient unir encore Venise à Rome, tandis que l'empire subsistoit, furent détruits par cette révolution. Cependant, lorsque Théodoric fonda le royaume des Ostrogoths, les Romains commencèrent à supporter avec moins de répugnance le joug d'un barbare vertueux et sage; les Véni-

(1) *Vettor Sandi Storia civile.* L. I, c. 2, p. 27 : et c. 3, p. 44.

tiens vécurent en paix avec lui, et les services qu'ils lui rendirent, peuvent même être considérés comme une marque de dépendance de leur part. La lettre que Cassiodore, secrétaire de Théodoric, adressa aux Vénitiens, au nom du roi d'Italie, est le plus ancien monument de la république (1). Le rhéteur, pour faire briller son éloquence, oublie le sujet de sa lettre, et décrit aux Vénitiens eux-mêmes, auxquels il s'adresse, l'étrange apparence de leur pays, leur industrie, leur activité, leur égalité, leur liberté et leurs bonnes mœurs.

CHAP. V

523.

Après avoir fait connoître la fondation de la république de Venise, il nous reste à choisir dans son histoire, durant la première moitié du moyen âge, les faits importans qui, de loin en loin, contribuèrent à former le caractère national, à modifier la constitution de l'état, ou à augmenter l'influence du nouveau peuple sur le reste de l'Italie. Une histoire suivie et circonstanciée des temps qui précédèrent le douzième siècle, n'entre point dans notre plan; telle est au reste la sécheresse et l'obscurité des historiens, qui ont écrit dans les temps anté-

(1) Cette lettre qui, dans le recueil de Cassiodore, est la vingt-quatrième du livre XII, a été insérée dans la plupart des histoires de Venise; dans celle de l'abbé Laugier, L. I, p. 149; dans la chronique de Dandolo, L. V, c. 10, p. 88; et dans Sandi, avec des remarques, T. I, p. 86, *Storia civile*.

CHAP. V. rieurs à cette époque, que nous sommes forcés de passer rapidement sur les siècles qu'ils nous font si peu connoître.

518-527. Tandis que l'empereur Justin-l'Ancien régnoit en Orient, les Esclavons, suivant la route que les autres nations barbares s'étoient ouverte au travers de l'Empire, envahirent la Dalmatie, et s'y établirent à demeure. Mais ce pays, déjà ravagé à plusieurs reprises, n'offroit plus un butin suffisant à leur avidité; ils profitèrent des nombreux ports de mer de leur nouvelle conquête; et, adoptant les mœurs des anciens Illyriens, dont ils occupoient le pays, ils s'adonnèrent à la piraterie. Les Vénitiens, qui tenoient constamment la mer avec de foibles barques, étoient, de tous les peuples d'Italie, les plus exposés à leurs brigandages; mais une vie active, et l'habitude de braver les dangers de la mer, avoient relevé leur courage. Les mêmes hommes qui avoient fui comme de vils troupeaux devant les conquérans du nord, armèrent leurs bateaux, pour rencontrer, loin de leurs demeures, les mêmes ennemis. Ils les attaquèrent sans crainte; ils les battirent; ils assurèrent la liberté des mers; la rivalité entre ces nations maritimes, et leurs guerres fréquentes, qui ne finirent que par la soumission de toute la Dalmatie à la république, rendirent de l'énergie aux Vénitiens; elles les forcèrent à joindre la bravoure à l'in-

dustrie, et elles furent la principale cause de CHAP. V.
leur grandeur. Cette première guerre, commencée avant le règne de Justinien, est aussi citée comme une des preuves de leur indépendance les plus reculées dans l'antiquité (1).

Quarante ans plus tard, l'invasion de l'Italie, 568.
par les Lombards, procura aux îles vénitiennes un double avantage; non-seulement elle força de nouveaux habitans du continent à chercher un refuge dans ces îles, elle leur procura aussi un clergé indépendant. Le patriarche d'Aquilée vint s'établir à Grado, où il fonda sa nouvelle cathédrale; l'évêque d'Oderso se fixa dans la ville d'Héraclée que bâtirent ses compatriotes; celui d'Altino transporta son église à Torcello, celui de Concordia, à Caorlo, et celui de Padoue, à Malamocco. Comme les Lombards établirent un clergé arien dans toutes les villes du continent dont ils se rendirent maîtres, et comme le schisme entre les églises des deux communions, occasionna une guerre sanglante entre le patriarche d'Aquilée et celui de Grado, les évêques qui s'étoient réfugiés dans les îles ne pensèrent plus à les quitter (2).

La constitution des villes et des îles véni-

(1) *Vettor Sandi storia civile Veneta.* L. I, p. 65. — *Dandulus Chronicon.* L. V, c. 7, p. 84.

(2) *Vettor Sandi.* L. I, c. 3, §. 4, p. 82. — *Chronic. Danduli.* L. V, c. 12; et L. VI, c. 1, p. 95.

CHAP. V. tiennes pouvoit être considérée comme fédérative ; mais les pouvoirs des magistrats et ceux de la nation, les droits de la ligue et ceux des peuples ligués n'étoient pas assez bien définis pour qu'une constitution semblable assurât la tranquillité intérieure de l'état, et sa force au dehors. Les tribuns se livrèrent à leur ambition, les villes à leur discorde et aux jalousies de voisinage, tandis que les Lombards, du côté du continent, et les Esclavons, du côté de la mer, profitoient de ces querelles et de cet état d'anarchie. La république sembloit arrivée au moment de sa ruine; mais un peuple libre et doué d'énergie a des ressources en lui-même : une révolution qui paroît l'épuiser, lui rend souvent ensuite une nouvelle vigueur.

697. Une assemblée générale de tous les membres de l'état fut convoquée, en 697, à Héraclée ; les nobles s'y trouvèrent réunis au clergé et aux citoyens. Là, d'après la proposition du patriarche de Grado, la nation résolut de se donner un chef qui, avec le titre de duc ou doge, fut chargé de diriger les forces communes contre les ennemis du dehors et les factieux de l'intérieur ; et qui, supérieur aux tribuns des îles réunies, pût, d'une main ferme, arrêter leurs discordes, et punir leurs usurpations. Mais ce n'étoit pas de ce siècle d'ignorance qu'on devoit attendre une constitution habilement balancée. Les Vénitiens

vouloient être libres, et ils se réservèrent leurs assemblées générales, dont la souveraineté n'étoit pas contestée; ils vouloient d'autre part être puissans, et ils donnèrent au chef de l'état, tous les attributs d'un monarque. Celui-ci disposoit de toutes les charges, admettoit ou rejetoit les avis de ses conseillers, qu'il choisissoit lui-même, traitoit seul de la paix et de la guerre, et ne connoissoit point enfin les limites de son autorité. Paul-Luc Anafeste d'Héraclée fut le premier homme que la nation décora de cette haute dignité (1).

Les Vénitiens n'eurent pas d'abord à se repentir d'avoir donné une nouvelle forme à leur gouvernement. Anafeste rétablit la tranquillité intérieure; il repoussa les Esclavons, et il força les Lombards à reconnoître l'indépendance de la république, et les limites de son territoire. Son successeur suivit les mêmes erremens; mais le troisième doge, fatigué des entraves qui gênoient quelquefois sa volonté, voulut se rendre maître absolu de l'état, et commença une lutte funeste avec le peuple. Cette lutte, dans laquelle des usurpations injustes étoient repoussées par des insurrections furieuses, coûta la vie à ce

(1) *Dandulus Chron.* L. VII, c. 1, p. 127. — *Marin Sanuto storia de' duchi di Venezia*, p. 443. — *Navagiero storia Venez.* p. 933. — *Vettor Sandi storia civile Veneta.* L. I, c. 4, p. 94. — Laugier, Histoire de Venise. L. II, p. 189.

CHAP. V. doge et à plusieurs de ses successeurs. Pendant que la nation étoit livrée à ces querelles, la domination des Lombards fut renversée en Italie, et remplacée par celle des Carlovingiens (1).

Les Vénitiens n'avoient guère moins d'aversion pour les Francs, qu'ils n'en avoient eu précédemment pour les Huns, les Ostrogoths ou les Lombards. Tous ces peuples septentrionaux avoient également porté la désolation dans les provinces de l'empire, qu'ils avoient envahies. Les Vénitiens se glorifioient d'être issus sans mélange des Romains; ils donnoient à leur république le nom de fille aînée, de seule fille légitime de la république de Rome (2). Isolés et indépendans au milieu de peuples de même origine, mais asservis, ils prodiguoient le nom de *barbares* à ces étrangers qui opprimoient l'Italie. Les Grecs seuls, civilisés comme eux, et conservant, comme eux, du respect et de l'amour pour le nom de Rome, leur paroissoient dignes de leur alliance. Ils s'intéressoient à leurs succès, ils les assistoient de leurs forces; c'est à eux qu'ils demandoient de les protéger dans leurs adver-

(1) *Dandulus Chronicon.* L. VII, c. 3 et seq. p. 134.

(2) Quoique la nation vénitienne se fût formée, non de Romains proprement dits, mais d'Italiens, sa prétention étoit fondée; car elle étoit née pendant que l'empire subsistoit encore, et elle ne s'étoit composée que de citoyens romains d'origine italienne, sans mélange avec leurs ennemis.

sités, et les liens de la bienveillance se confondoient presque à leurs yeux avec ceux du devoir. S'ils ne consentoient pas à être les sujets, ils vouloient du moins être les fidèles de l'empire de Constantinople (1). CHAP. V.

Pepin, fils de Charlemagne et roi d'Italie, projetoit d'étendre son nouveau royaume, aux dépends de Nicéphore, empereur d'Orient; il espéroit lui enlever la Dalmatie et l'Istrie, et il avoit mis dans ses intérêts Obélério, le doge régnant, à qui la cour de France avoit accordé plusieurs grâces. Cependant loin que ce magistrat réussît à entraîner les Vénitiens dans une querelle si contraire à leurs affections, il ne put empêcher leur assemblée générale convoquée à Malamocco, de rejeter les propositions de Pepin, et de faire valoir les engagemens de la nation envers les Grecs. Pepin, irrité, tourna ses armes contre les Vénitiens, et brûla les deux villes d'Héraclée et d'Équilo, dont la première avoit été pendant un temps la capitale de la république. Théodat, quatrième doge, avoit transporté le siége du gouvernement à Mala-

(1) Ce n'est pas dans les écrivains bysantins qu'il faut chercher ces distinctions délicates. Constantin Porphyrogénète fait dire aux Vénitiens, qu'ils ont toujours été et veulent toujours être les esclaves de l'empereur d'Orient. Ὅτι ἡμεῖς δοῦλοι θέλομεν εἶναι τοῦ Ρομαίων βασιλέως. *De Administr. Imp.* P. II, c. 28, p. 70, *ed. Ven.* T. XXII.

CHAP. V. mocco (1). Peu après, Pepin, provoqué de
809. nouveau, fit équiper à Ravenne une flotte considérable, et, la chargeant de troupes de débarquement, il se rendit maître de Chiozza et de Palestrine. Il descendit ensuite dans l'île d'Albiola, qui n'est séparée de Malamocco que par un canal étroit. Dans ce moment critique, Ange Participazio, l'un des principaux citoyens (2), détermina ses compatriotes à abandonner les murs de leur capitale, et à transporter toutes leurs richesses à Rialto, dont la situation est bien plus forte, puisque cette île est vraiment au centre de la lagune. Les vaisseaux de Pepin essayèrent de les y poursuivre; mais les barques légères des Vénitiens, en fuyant devant eux, surent les entraîner sur les basfonds; et lorsque la marée descendante les eut mis dans l'impossibilité de manœuvrer, elles les attaquèrent avec avantage, et en brûlèrent ou en prirent un grand nombre. Pepin, indigné et humilié, réduisit en cendres les villes vénitiennes dont il s'étoit emparé, et se retira à Ravenne. Peu après, la paix fut conclue entre les deux empires, et les Vénitiens y furent compris comme fidèles de celui d'Orient (3).

(1) *Dandulus Chronic*, L. VII, c. 15, p. 153.

(2) Sa maison, dans le dixième ou onzième siècle, a changé de nom, et pris celui de Badoéro; elle subsiste encore.

(3) *Dandulus Chronicon*. Lib. VII, c. 15, P. 23, p. 158. — *Vettor Sandi*. L. II, c. 4, p. 253; et c. 5, p. 259.

Depuis ce temps-là, Rialto devint la capitale du nouvel état; on réunit par des ponts à cette première île, les soixante îlots qui l'entourent, et sur lesquels s'étend aujourd'hui la ville de Venise. Le palais ducal fut élevé sur la place où il subsiste encore aujourd'hui, et le nom de Venise, qui appartenoit en commun à toute la république, fut affecté à sa capitale. Vingt ans plus tard, le corps de saint Marc fut transféré d'Alexandrie dans cette ville. L'on raconte que les marchands qui enlevèrent cette relique à l'église d'Égypte, lui substituèrent adroitement le corps de saint Claude, pour lequel ils avoient moins de vénération. Dès lors saint Marc fut le patron de la république; lui ou son lion devinrent l'empreinte de ses monnoies et l'étendard de ses armes; le nom de saint Marc s'identifia enfin tellement avec celui de l'état, qu'il fait tressaillir encore aujourd'hui les cœurs vénitiens et fait couler les larmes des patriotes, plus que le nom de la république ou le souvenir de ses victoires (1). CHAP. V.

Vers le milieu du neuvième siècle, une querelle entre quelques familles patriciennes divisa toute la république; le peuple se partagea entre les deux factions, et il embrassa avec fureur une animosité qui paroît n'avoir 837-861.

(1) *Chronicon Danduli*. L. VIII, c. 2, p. 170.

CHAP. V. eu d'autre cause qu'une rivalité de gloire. Le soin de la défense extérieure fut sacrifié au zèle insensé des partis, et la mer Adriatique resta exposée aux brigandages des Sarrasins et des Narentins. Les premiers habitoient la Sicile et l'Afrique; les derniers étoient des pirates de la Dalmatie, qui s'étoient réunis dans la ville de Narenta, au fond du golfe de même nom, à peu près vis-à-vis d'Ancône, et qui avoient fait de cette retraite, le centre de leurs déprédations (1). Un siècle plus tard, d'autres pirates s'établirent également dans quelques villes de l'Istrie, et une entreprise hardie, de ces derniers, attira sur eux l'attention et le courroux de la république.

D'après un usage antique, les mariages des nobles et des principaux citoyens se célébroient à Venise, le même jour, et dans la même église. La veille de la Chandeleur, époque à laquelle la république donnoit une dot à douze jeunes filles, étoit le jour consacré à cette fête publique. Dès le matin, des gondoles ornées avec élégance, se rendoient de tous les quartiers de la ville, à l'île d'Olivolo ou de Castello, qui est située à son extrémité, et où le chef du clergé, alors l'évêque, et plus tard le patriarche, faisoit sa résidence. Les fiancés dé-

(1) *Constant. Porphyrogen. de Administr. Imper.* P. II, c. 36, p. 85. — *Chron. Danduli.* L. VIII, c. 3, p. 172.

barquoient, avec leurs fiancées, au son des instrumens, sur la place de Castello; tous leurs parens, tous leurs amis, en habits de fête, leur servoient de cortége; les présens faits à l'épouse, ses joyaux, ses bijoux y étoient portés en pompe; et le peuple, se pressant le long de la rive des Esclavons, et au travers des passages étroits qui débouchent vers le Castello, suivoit sans armes et sans défiance cette procession joyeuse.

Les pirates de l'Istrie, instruits dès long-temps de cette coutume nationale, eurent la hardiesse de dresser aux époux des embûches dans la ville même. Le quartier qui est derrière l'arsenal, et tout près d'Olivolo, n'étoit point habité à cette époque, l'arsenal n'existoit pas encore. Les Istriotes se rendirent de nuit auprès de cette île déserte, et s'y cachèrent avec leurs barques. Le matin, comme les époux venoient d'entrer dans l'église, et que, suivis d'une foule d'hommes, de femmes, d'enfans, ils assistoient au service divin, les barques des corsaires traversent le canal d'Olivolo, avec la rapidité de l'éclair; les soldats armés s'élancent sur la plage, ils pénètrent le sabre à la main dans l'église par toutes ses portes à la fois, et, saisissant au pied de l'autel les épouses éplorées, ils les forcent à monter sur les barques préparées pour leur enlèvement, et ravissent avec

CHAP. V. elles les bijoux que portoient leurs serviteurs; ils disparoissent ensuite avec une égale promptitude, et ramant à coups redoublés, ils s'efforcent de regagner les ports de l'Istrie.

Le doge Pierre Candiano III étoit présent à la cérémonie; il partagea la rage et l'indignation qu'éprouvoient les fiancés, en se voyant enlever leurs épouses; tous ensemble ils s'élancent hors de l'église, et, parcourant les quartiers voisins, ils appellent à grands cris le peuple aux armes et à la vengeance. Les habitans de Santa-Maria-Formosa rassemblent quelques vaisseaux; le doge s'y jette avec les époux offensés, et, un vent favorable gonflant leurs voiles, ils ont le bonheur de rejoindre les Istriotes dans les lagunes de Caorlo. Le massacre fut épouvantable; pas un des ravisseurs n'échappa aux vengeances des amans et des époux irrités; le même jour, les belles Vénitiennes furent reconduites en triomphe à l'église d'où elles avoient été enlevées. Une procession de jeunes filles, et une visite que le doge faisoit chaque année, la veille de la Chandeleur, à la paroisse de Sainte-Marie Formose, solennisèrent jusqu'au temps de la guerre de Chiozza, la mémoire de cet événement (1).

(1) *Marin Sanuto storia de' duchi di Venez.* p. 461. — *Na-*

Le doge ne se contenta pas d'avoir infligé cette première punition; il prit à tâche de purger pour jamais la mer Adriatique des corsaires qui l'infestoient, et, à sa mort, il transmit à ses successeurs, avec le trône ducal, la poursuite de cette importante entreprise. Déjà il avoit forcé les villes de Capo-d'Istria et de Narenta à payer un tribut à la république; mais la conduite tour à tour déréglée et ambitieuse de son fils Pierre Candiano IV, les usurpations insultantes de ce prince, et sa mort, funeste exemple des vengeances du peuple (1), suspendirent, pour de longues années, les expéditions des Vénitiens. Ce ne fut que vers la fin du dixième siècle que cet état, jusque alors agité par de cruelles guerres civiles, rétablit la paix dans son intérieur, et que, sortant de ses lagunes, il jeta dans les provinces d'outre-mer les fondemens de l'empire qu'il y a conservé jusqu'à nos jours.

CHAP. V.

961.

976.

Lorsque Théodose avoit partagé le monde romain, il avoit annexé la côte orientale de l'Adriatique à l'empire de Constantinople; mais ce partage avoit été bientôt annullé par la puissance des barbares. Des conquérans de race esclavonne, après avoir innondé l'Illyrie, y

vagiero storia. Venez. p. 953. — Laugier, Histoire de Venise. L. III, p. 296.

(1) *Chronic. Danduli.* L. VIII, c. 14, p. 206.

CHAP. VI. fondèrent deux royaumes indépendans et ennemis de Bysance, celui de Croatie au nord, et celui de Dalmatie au midi. Les Grecs ne purent conserver sous leur domination qu'un petit nombre de villes fortes situées au bord de la mer; et comme ils n'avoient pas assez de troupes pour mettre des garnisons dans chacune, ils employèrent, pour les défendre, le même expédient dont nous avons vu qu'ils avoient fait usage dans le royaume de Naples; ils rendirent aux bourgeois le droit de porter les armes, et celui d'élire leurs magistrats. Après leur avoir ainsi donné une patrie, et le désir de la défendre, ils se crurent avec raison dispensés de les protéger (1). Les villes maritimes de l'Istrie qui relevoient de l'empire d'Occident, n'étoient guère moins indépendantes; en sorte que la côte illyrienne, d'une extrémité jusqu'à l'autre, étoit parsemée de républiques naissantes, et presque toujours en guerre avec les Barbares.

Parmi ceux-ci, les plus dangereux ennemis des villes maritimes étoient les Narentins. C'étoit

(1) *Constant. Porphyrogen. de Administr. imper.* P. II, c. 29, p. 71 et seq. — C'est l'époque du premier affranchissement de Raguse. *Voyez*, sur l'origine de cette république et ses forces navales, une note curieuse de Banduri, citoyen de cette ville. *Animadversiones in Libr. de Administr. imp.* p. 36, T. XXII, *Bys.*

un peuple de race esclavonne, qui, après s'être emparé d'un port de mer, s'étoit adonné à la piraterie, et qui étendoit ses déprédations sur toute la mer Adriatique. La ville de Narenta étoit aussi forte que son port étoit sûr; placée entre la Dalmatie et la Croatie, elle faisoit avec facilité des recrues dans ces deux royaumes. L'élite des guerriers de la contrée se rendoit sur ses flottes, pour y exercer le métier lucratif de pirate, qui, dans un siècle barbare, n'est point considéré comme déshonorant. Chacune des petites républiques qui souffroient de ces brigandages, se trouvoit séparément trop foible pour les réprimer. Elles crurent convenable de former une ligue pour soumettre les Narentins; et comme elles comptoient surtout sur l'appui de la république de Venise, elle commirent l'imprudence de placer cette république à la tête de leur ligue, et d'acheter son secours et sa protection, par la concession de prérogatives qui bientôt les réduisirent à une dépendance absolue. La négociation fut ouverte avec le doge Pierre Urséolo II; il fut convenu que les magistrats des villes prêteroient foi et hommage à la république, et que leurs troupes marcheroient sous ses étendards contre l'ennemi commun (1). CHAP. V.

(1) *Chron. Danduli.* L. IX, c. 1, p. 223.

CHAP. V. L'an 997, Pierre Urséolo, mit à la voile
997. avec la flotte la plus redoutable que la république eût encore armée. Il se rendit d'abord à Pola, l'une des plus puissantes villes d'Istrie, et il y reçut successivement l'hommage des magistrats de Parenzo, de Trieste, de Justinople ou Capo d'Istrie, de Pirano, Isola, Émone, Rovigno, Humago, enfin de toutes les villes maritimes de l'Istrie. Il unit aussi à son armée les renforts qu'elles lui envoyèrent. Ensuite il se rendit à Zara, la plus ancienne alliée qu'eussent les Vénitiens dans la Dalmatie, et il y reçut également l'hommage des villes de cette contrée, Salone, Sébénigo, Spalatro, Traù, None, Belgrade, Almissa et Raguse; les îles de Coronata, Pago, Osséro, Lissa, Brazza, Arbo, et Cherso, suivirent leur exemple; et à la réserve des deux îles de Corzola et de Lézina, qui, plutôt que de renoncer à leur indépendance, s'allièrent aux Narentins, toute la côte illyrienne reconnut volontairement l'autorité des Vénitiens.

Le doge s'avança ensuite contre ces deux îles, qui fermoient en quelque sorte le golfe de Narenta; et les ayant soumises après une assez vive résistance, il mit à feu et à sang tout le pays des Narentins; il ne leur accorda ensuite la paix qu'à des conditions honteuses, et après les avoir réduits à un tel degré de foiblesse, qu'ils ne purent jamais s'en relever, ou renouveler leurs brigandages (1). CHAP. V.

Quelque avantageuse que fût à la république la soumission de Narenta, l'alliance qui l'avoit procurée lui fut plus profitable encore. C'est une association dangereuse que celle des foibles avec les forts; bientôt et vainqueurs et vaincus furent réduits à la même condition. Les Vénitiens envoyèrent dans les villes alliées des préteurs ou podestats, tirés du corps même de leur noblesse, pour y rendre la justice en leur nom, et ils firent prendre à leur doge le titre de duc de Venise et de Dalmatie.

Vers le temps même où Venise étendoit sa domination sur la côte orientale du golfe Adriatique, et jetoit les fondemens de la haute puissance à laquelle elle devoit bientôt s'élever, deux villes situées sur la mer Tyrrhénienne, Pise et Gênes, commençoient à secouer le joug qui avoit pesé long-temps sur elles, et développoient les premiers germes de cette puissance qui devoit contrebalancer celle des Vénitiens, et rendre les Italiens dignes de l'empire des mers, par une longue et sanglante rivalité.

(1) *Chronic. Danduli.* L. IX, c. 1, p. 227. — *Navagiero storia Veneziana*, p. 957. — *Marin Sanuto vite de' duchi di Venezia*, p. 467. — *Vettor Sandi storia civile Ven.* L. II, c. 9, p. 325.

CHAP. V. Othon II, lorsqu'il méditoit la conquête de la
980. Grande-Grèce, avoit fait demander des secours de vaisseaux à Pise, pour porter la guerre dans les Deux-Siciles, et cette négociation nous révèle, pour la première fois, la grandeur d'une ville qui, avant toutes ses rivales, recouvra sa liberté dans le dixième siècle, et adopta le gouvernement consulaire (1). L'embouchure de l'Arno, moins encombrée peut-être par les sables, qu'elle ne l'est aujourd'hui, formoit pour les vaisseaux légers qu'on employoit alors, un port également assuré contre les tempêtes et contre les attaques des corsaires. Les Pisans s'adonnèrent de bonne heure à la navigation et au commerce. Dans un temps où toutes les îles de la Méditerranée étoient occupées par les Sarrasins, presque toujours ennemis ; dans un temps encore où les Vénitiens et les Amalfitains, jaloux de l'empire des mers, cherchoient à en exclure tous les autres peuples, les expéditions

(1) Un siècle auparavant, nous trouvons un premier indice du commerce et de la population croissante de Pise. L'anonyme de Salerne raconte qu'en 871, lorsque Guaifer, prince de Salerne, se préparoit au siége qu'il soutint contre les Sarrasins, il confia la défense d'une partie des murs de Salerne aux Toscans qui, au nombre de deux mille, se trouvoient dans cette ville. Ces Toscans étoient sans doute des Pisans, puisqu'il se passa longtemps encore avant qu'aucune autre ville toscane fût commerçante, et surtout puisqu'aucune autre n'étoit maritime. *Anonym. Salernit. Paralipom.* T. II, P. II, c. III, p. 256.

maritimes ne demandoient guère moins de courage que d'habileté commerciale ; elles éveilloient la valeur des jeunes Pisans, et leur inspiroient l'amour de l'indépendance. Dès le siècle de Solon, on avoit remarqué qu'aucune classe parmi le peuple ne se composoit d'hommes plus fiers et plus attachés à la liberté que les marins. Cette observation s'est vérifiée dans les villes Anséatiques, comme dans Athènes ; elle explique aussi l'antique prospérité de Pise, et l'origine reculée de son indépendance. Les richesses acquises par le commerce se versèrent bientôt sur les campagnes voisines ; le Delta de l'Arno, cette plaine fertile dont une moitié est déserte aujourd'hui, fut transformée en jardins, et ses marais furent desséchés ; le port pisan et celui de Livourne furent ouverts aux galères, et les nombreux gentilshommes qui habitoient les collines, depuis le val de Niévole jusqu'aux rives de l'Ombrone, demandèrent et obtinrent le droit de cité à Pise, et la protection de la république.

Les sept plus anciennes familles de Pise, qui formèrent quelque temps un ordre séparé dans la noblesse de cette ville, font remonter l'époque de leur établissement en Toscane, au temps de l'expédition d'Othon-le-Roux. Sept barons de l'empereur passent pour avoir été les pères de ces sept familles ; leurs noms étoient Visconti, Godimari, Orlandi, Verchionési, Gualandi,

CHAP. V. Sismondi et Lanfranchi (1). Les trois derniers étoient fils d'un même père, nommé par quelques-uns Lanfranco Duodi, et gentilhomme de Cologne; d'où vient que Marangoni, l'historien de Pise, ne les comptant que pour une seule famille, en ajoute deux autres, Ripafratta et Gaétani (2). Ces gentilshommes paroissent avoir été envoyés à Pise, en 982, pour obtenir de cette ville qu'elle fît passer ses galères en Calabre, afin d'y seconder la nouvelle expédition que l'empereur méditoit contre cette province. Pendant qu'ils s'occupoient de remplir leur mission,

(1) Tous les auteurs pisans ne s'accordent pas parfaitement sur les noms de ces sept familles; quelques-uns font entrer aussi dans leur liste ceux de Bénetti et Sardi. *Ranieri Sardo trattato dell' origine delle famiglie Pisane.* — *Libro della cancellaria communitativa di Pisa, continente gli stemmi e distinzioni di diverse famiglie Pisane*, f. 155, 156, 157. Ces livres, conservés à la chancellerie de Pise, ne sont ni bien anciens, ni bien authentiques. D'autres, avec de nombreux diplômes, dès le onzième siècle, sont conservés dans le bel archive de la maison Roncione, qui se dit aussi issue d'une même souche. En général, toute généalogie européenne qui remonte au-delà du onzième siècle, ne peut échapper à la confusion que devoit créer l'absence de noms de famille et l'obscurité de tous les titres. — *Comment. Constantini Caietani in vitam Gelasii II.* T. III, *Rer. It.* p. 410. — *Bern. Marangoni Script. Etrur.* T. I, p. 316.

(2) Constantin Gaétani n'admet point cette origine de sa famille; il la fait venir au contraire de Gaète, et lui attribue tous les triomphes des ducs de cette république; cependant ceux-ci étant électifs, ne pouvoient appartenir à une seule maison. *Commentar. in vitam Gelasii II.* T. III, *Rer. Ital.* p. 410.

la mort d'Othon la rendit superflue. Enchantés du beau ciel et de la fertilité de l'Étrurie, ils résolurent alors de s'y fixer, et obtinrent de la ville les droits de citoyens, tandis que son évêque leur inféoda quelques châteaux ou manoirs. Les noms de famille n'étoient point encore en usage dans le dixième et le onzième siècle ; mais la pratique constante de donner au petit-fils le nom de son grand-père, y suppléoit, et servoit à distinguer les races ; ce nom d'affection qui revenoit à chaque seconde génération, devint, dans le siècle suivant, le nom de la famille. De cette manière, les sept barons d'Othon II transmirent leur nom à sept familles pisanes, qui demeurèrent long-temps à la tête de la faction noble et gibeline. Elles furent souvent persécutées, souvent exilées ; mais elles n'en restèrent pas moins attachées à leur patrie et à sa liberté, jusqu'à l'époque fatale de l'asservissement de Pise (1).

En même temps que la ville de Pise mettoit

(1) Comme cette tradition de l'origine des sept familles pisanes n'est pas appuyée sur le témoignage d'historiens contemporains, il est très-possible qu'elle ait été inventée par les généalogistes, pour complaire à la vanité de quelques nobles. Il est certain seulement que l'histoire nous présente, dans les cinquante ans qui suivent cette époque, les noms de tous ces gentilshommes, et qu'une foule de chartes authentiques nous attestent, dès le onzième siècle, leur existence et leur pouvoir. Voyez *Muratori Antiquit. Ital. med. ævi. dissert. LXIV*. T. III, p. 1104-1161.

CHAP. V. à profit le terroir fertile que dépose l'Arno, et les riches plaines qui l'entourent, celle de Gênes se livroit au commerce et à la marine avec une égale ardeur; Gênes, bâtie sur des montagnes arides, entre des rochers que ne couvre aucune verdure, et une mer que les poissons semblent fuir, n'avoit reçu de la nature qu'une seule faveur, un port aussi sûr qu'il est vaste. Les mêmes arts accumuloient chez elle les mêmes richesses, et elle retiroit du moins de ses montagnes sauvages, le bénéfice d'être séparée du siége de l'empire et de ses oppresseurs. Cette ville étoit demeurée entre les mains des Grecs, long-temps encore après la première invasion des Lombards; même après avoir été conquise, elle conserva peu de liens avec la monarchie; dans son isolement elle fut surprise et pillée par les Sarrasins, en 936. Mais, à la fin du dixième siècle, sa population et son caractère belliqueux la mettoient à l'abri du retour d'un pareil malheur (1).

De ces deux républiques, Pise fut long-temps la plus florissante et celle qui nourrissoit la plus nombreuse population. Ses exploits n'étoient pas renfermés dans les étroites limites de la Toscane; les Sarrasins, l'Espagne, l'Afrique et la Grèce,

(1) *Ubertus Folieta Genuensium histor.* L. I, p. 255. *Apud Grœvium script. Ital.* T. I.

apprirent à respecter en elle la bravoure ita- CHAP. V.
lienne, et l'énergie d'une nation naissante.

Les Pisans étoient liés par des relations de
commerce avec les Grecs de la Calabre; ils
avoient établi des comptoirs dans les principaux
de leurs ports. Les sujets de Constantinople,
énervés par une longue servitude, n'étoient
point en état de défendre leurs fortunes et leurs
vies, contre les agressions des Musulmans.
Une colonie de Maures s'étoit établie au milieu
d'eux; elle insultoit leurs villes et dévastoit
leurs campagnes, sans rencontrer de résistance.
Les marchands et les voyageurs pisans ne pu-
rent voir les outrages auxquels leurs amis et le
nom chrétien restoient exposés, sans désirer
d'y mettre un terme. Rentrés dans leur patrie,
ils excitèrent leurs concitoyens à prendre les
armes contre les infidèles; leur enthousiasme
se communiqua aux diverses classes du peuple,
tous les jeunes gens montèrent sur les vais-
seaux, et une flotte nombreuse fit voile vers
les mers de Calabre, pour y combattre les
Sarrasins.

Cependant, presque en vue des rivages de
Pise, un roi maure, nommé Muset par les La-
tins, Musa par les Arabes, s'étoit emparé de la
Sardaigne, et y avoit fondé une colonie de cor- 1005.
saires. Il fut bientôt averti que tous les plus
vaillans citoyens de Pise s'étoient engagés dans

CHAP. V. cette expédition chevaleresque, et qu'ils avoient laissé leur ville presque sans défense. Une nuit ses galères pénétrèrent dans l'embouchure de l'Arno, et remontèrent le fleuve jusqu'au milieu de la ville. Les habitans, éveillés par des cris horribles, apprirent en même temps le débarquement des Musulmans dans le faubourg à gauche de l'Arno et l'incendie de leurs maisons: tout le peuple prit la fuite et se dispersa dans les campagnes; une femme seule de la famille Sismondi, nommée Chinzica, au lieu d'accompagner les fuyards, se précipita vers le palais des consuls, encore que le pont et la route qui, le long de l'Arno, unissoit le faubourg à la ville, fussent infestés par les Sarrasins. Elle annonça aux magistrats le danger de la patrie, et fit sonner le tocsin du palais. Les cloches de la ville répondirent aussitôt à ce signal d'alarme; les citoyens s'encouragèrent à la vengeance; les Sarrasins déconcertés n'osèrent attendre le choc des milices républicaines; ils regagnèrent leurs vaisseaux, et s'échappèrent en tremblant des bouches de l'Arno. On consacra une statue à Chinzica dans le faubourg incendié, qui, rebâti ensuite, a reçu d'elle son nom (1).

(1) *Tronci Annali Pisani, ad ann.* 1005. — *Bernardo Marangoni Chronica di Pisa*, p. 318. — Muratori révoque en doute cet événement, parce que le nom de Chinzica étant arabe,

Cependant la flotte envoyée en Calabre, avoit remporté sur les Sarrasins de grands avantages; elle les avoit forcés à se réunir à Reggio, pour défendre cette ville dont ils s'étoient emparés, et elle les avoit battus une dernière fois dans son voisinage, avant de quitter les mers de Sicile (1). CHAP. V.

Les guerriers qui montoient la flotte, rentrés dans le port de Pise, furent instruits de la tentative des corsaires de Sardaigne. Ils brûloient du désir de s'en venger; cependant la discorde

selon lui, il est plus probable qu'on l'aura donné au quartier des Arabes, qu'à une femme chrétienne. Mais Muratori se trompe; le mot de *Chinzica* est allemand et non arabe. Un lieu nommé Chinzica, près de Fulda, est mentionné dans un grand nombre de chartes de cette abbaye. *Antiq. Fuldens.* L. I, p. 499, 507, 508, etc. T. III, *Rer. Germ. Struvii.* Et Chinzica Sismondi avoit sans doute apporté en naissant une de ces marques ou envies, Kennzeichen, qui avoit motivé son nom. Les noms des sept grandes familles de Pise ont tous de même une étymologie allemande.

Au reste, quant à la statue qui porte encore aujourd'hui le nom de Chinzica, et qui est à demi incrustée dans un mur, dans le quartier à la gauche de l'Arno, où les Sismondi avoient leurs maisons, elle est évidemment d'un siècle fort antérieur. Les Pisans, au onzième siècle, étoient probablement réduits, comme les Romains au temps de Constantin, à n'élever leurs monumens qu'avec les dépouilles d'autres monumens plus anciens. L'arc-de-triomphe de Constantin au *Campo Vaccino* porte de honteux témoignages de cette spoliation de ses devanciers.

(1) *Annal. Antiq. Pisanor.* T. VI, *Rer. Ital.* p. 108 et p. 168.

CHAP. V. entre leur patrie et la ville voisine de Lucques, ou d'autres causes qui nous sont inconnues, retardèrent l'expédition qu'ils méditoient, jusqu'à ce qu'une nouvelle insulte des Maures, qui, partis d'Espagne, débarquèrent, en 1012, sur leurs côtes, les força de prendre des mesures pour punir leur insolence (1). Le pape Benoît VIII leur envoya un légat, pour les exciter à la guerre; ce fut lui probablement qui proposa une alliance entre Pise et Gênes, et qui réunit les armes de ces deux républiques rivales, contre leur ennemi commun. Muset vit avec effroi la flotte la plus puissante qui depuis plusieurs siècles eût parcouru la mer
1017. Tyrrhénienne, s'avancer vers les côtes de la Sardaigne. Il ne put réussir à empêcher le débarquement des troupes qu'elle portoit; bientot les chrétiens restés dans l'île se réunirent aux Pisans; et les Musulmans, attaqués de toutes parts, battus sur tous les points, furent obligés d'abandonner leur conquête, et de faire usage, pour leur fuite, des vaisseaux qu'ils avoient construits pour le brigandage.

Mais la discorde s'introduisit entre les vainqueurs, à l'occasion du partage des dépouilles. Au commencement de la guerre, les Génois, qui ne s'attendoient pas sans doute à des succès si

(1) *Annal. Pisan.* T. VI, *Rer. Ital.* p. 108 et 168. — *Bernard. Marangoni*, p. 316.

brillans, avoient demandé tout le butin pour leur part, sous la condition que les Pisans garderoient pour eux la terre dépouillée qu'ils auroient conquise. Avec quelque rigueur cependant qu'ils s'emparassent de tout ce qui pouvoit être enlevé aux Sarrasins, ils s'aperçurent avec douleur que leur lot étoit loin de valoir autant que le beau royaume qu'ils alloient céder à leurs rivaux (1). Ils voulurent se dédire de leurs propres conditions, et les Pisans furent forcés de recourir aux armes, pour faire exécuter leur traité, et chasser de la Sardaigne ceux qui les avoient aidés à y entrer. Il est probable que cette brouillerie n'éclata qu'en 1021, lorsque Muset eut vu succomber ses dernières forteresses, et que les secours qu'il avoit lui-même ramenés d'Afrique eurent été de nouveau défaits (2).

Muset cependant ne renonça point à l'espérance de rentrer en Sardaigne; chaque printemps il venoit avec une flotte nouvelle insulter les garnisons de la république ou tenter de les surprendre. Les Pisans, après avoir longtemps combattu ses escadres devant les côtes de l'île, résolurent de mettre fin à une guerre

(1) *Benvenuti Imolensis Comment. ad Dantis comœd. antiq. Ital. med. æv.* T. I, p. 1089.

(2) *Bernard. Marangoni Chron. di Pisa*, p. 320. — *Ubertus Folieta Genuens. hist.* L. I, p. 236.

CHAP. V. qui duroit depuis dix-huit ans, et d'attaquer les Sarrasins dans leur propre pays. Ils parcoururent les rivages de l'Afrique, ils menacèrent Carthage, et prirent Bona, l'ancienne Hippone de saint Augustin. Muset fut forcé de demander la paix, et, ce qui lui coûtoit plus encore, de l'observer pendant de longues années. Sur la fin de sa vie, cependant, il voulut tenter de nouveau la fortune, dans un âge où le commun des hommes ne cherche d'ordinaire que le repos. Il
1050. passa en Espagne, pour demander des secours aux Maures qui habitoient cette contrée; et de là, faisant voile vers la Sardaigne avec une flotte puissante, il surprit les garnisons pisanes qui y étoient restées, les tailla en pièces, et, à la réserve de Cagliari, il s'empara de nouveau de l'île entière (1).

Quelque constance que la république eût manifestée dans cette guerre contre les Maures, elle parut enfin sur le point de perdre courage. Le peuple, épuisé par des expéditions longues et coûteuses, épouvanté par le massacre de la florissante jeunesse qui composoit les garnisons sardes, sembloit succomber à l'abattement; mais la noblesse, qui se croyoit plus spécialement chargée de la garde de l'honneur pisan, ranima l'ardeur des guerriers. Pour rentrer en posses-

(1) *Bernardo Marangoni Chron.* p. 324.

sion de la Sardaigne, il falloit une nouvelle conquête, la république s'y prépara. Tous les gentilshommes ses feudataires, lui fournirent des vaisseaux et des soldats. Les chroniques font surtout mention des Ghérardesca, des Sismondi, des Sardi, et des Caiétans. La république de Gênes, le marquis Malespina de Lunigiane, le comte Bernard Centilio de Mutica en Espagne, offrirent des secours, et les deux derniers voulurent marcher en personne à cette guerre sacrée. La flotte combinée étoit commandée par Gualduccio, plébéien pisan dont les talens militaires étoient reconnus. Cet amiral sut effectuer le débarquement de ses troupes en présence de l'armée ennemie, près de la ville de Cagliari, qui étoit restée fidèle aux Pisans, et que les Musulmans assiégeoient. Le combat s'engagea presque aussitôt, et sur le rivage même. Muset, quoique âgé de plus de quatre-vingts ans, fit des prodiges de valeur; mais les Maures, en butte tout à la fois aux attaques des Pisans, aux traits lancés de la flotte et aux sorties des habitans de Cagliari, prirent la fuite en désordre. Muset, atteint de deux blessures, tomba de cheval et fut fait prisonnier; on le conduisit à Pise, où il mourut dans les fers; et l'île entière rentra sous la domination des chrétiens. Gualduccio, avec l'autorité de la république, en partagea les districts entre les confédérés. Les

CHAP. V. Ghérardesca reçurent en fief, pour leur part, les environs de Cagliari; les Sismondi, Oléastro; les Sardi, Arboréa; les Caiétans, Oriséto; les Génois, Algarie; le comte de Mutica, Sassari, et les Malespina, les montagnes. Le reste de l'île fut conservé, ainsi que Cagliari, sous la domination immédiate de la république pisane (1).

Durant le onzième siècle, la république de Venise ne partagea point la gloire dont celle de Pise se couvroit, par ses expéditions contre les infidèles : en proie à des dissensions intestines, elle tournoit toute son énergie contre elle-même. Deux factions se combattoient avec acharnement dans son sein; on les désignoit par les noms de Morosini et de Caloprini, soit que ces noms appartinssent en effet à deux des premières familles de la république, ou que ces deux familles eussent adopté pour elles-mêmes le surnom dérisoire que se donnoient les deux partis (2). Une querelle privée leur avoit mis

(1) *Annal. Laurent. Bonincontri Miniatensis, frag. apud Murat. Scr. Rer. Ital.* T. III, P. I, p. 401. Ce fragment est rapporté dans les notes à la vie de Gélase II. Les annales de Lorenzo Bonincontri, l'un des ancêtres de la famille Buonaparte de San-Miniato, ne sont imprimées qu'en partie, et seulement pour ce qui suit l'année 1360. *Rer. It.* T. XXI. *Præf. Muratorii ad Bonincontrum.*

(2) Ces noms sont grecs, Μωροξεινοι et καλοπρηνης, avec la prononciation des Grecs modernes, se liroit Moroxini et Ca-

les armes à la main; mais, parmi des gens impétueux, vaillans, et qui croyoient que les foibles et les lâches seuls confioient aux tribunaux le soin de défendre leur honneur, le ressentiment de deux individus devenoit bientôt la querelle de deux familles, puis une guerre civile dans l'état. La première offense étoit confondue dans la foule de celles qui l'avoient suivie, et l'on naissoit, l'on vivoit ennemis, à cause du nom seul que l'on portoit. Avant la fin du onzième siècle, ces discordes furent apaisées (1), et dès le commencement du douzième, Venise se joignit aux deux autres villes maritimes, à Pise et à Gênes, pour seconder le passage des croisés dans la Terre-Sainte, et conquérir dans le pays des infidèles, la gloire, la richesse et le pouvoir. Mais dans ces expéditions lointaines, ces trois républiques se retrouvèrent en concurrence; la rivalité de gloire leur fit oublier la communauté d'intérêts, et les armes de leurs soldats rougirent plus d'une fois de sang italien les mers et les rivages d'Asie.

loprinis. Ce sont les *hôtes* ou les *compagnons des sots, et les gens qui se prosternent bien.* Peut-être ces surnoms sont-ils équivalens à ceux de flatteurs et de dupes, que se donnoient les deux partis; peut-être sont-ils plus anciens que leur discorde, et dès cette époque étoient-ils changés en noms de familles.

(1) *Andreæ Danduli Chron.* L. IX, c. 2 et suiv. p. 238.

CHAP. V. A cette époque obscure, où l'histoire des républiques ne se compose que de quelques faits isolés, consignés par hasard dans des relations étrangères ou fort postérieures, celle de Gênes a un grand avantage sur toutes les autres. On nous a conservé une chronique de cette république, composée par Caffaro, un de ses premiers magistrats. Cette chronique étoit présentée chaque année aux consuls en plein conseil, et, après que le sénat de la république en avoit approuvé le contenu, elle étoit consignée dans les archives publiques. Elle commence avec l'année 1101, époque à laquelle Caffaro servoit sur la flotte, et elle s'étend jusqu'à l'an 1164, qu'il mourut, âgé de quatre-vingt-six ans. Après lui, elle a été continuée jusqu'à l'an 1294; par divers historiens publics. Leur récit à tous est évidemment partial, et destiné à plaire aux magistrats et au peuple, pour l'honneur desquels il étoit écrit; mais on peut aisément faire abstraction de ce que les auteurs ont accordé au désir de flatter les Génois; et cette histoire, malgré sa partialité, n'en est pas moins le monument le plus curieux et le plus instructif du siècle.

Ce qu'elle nous apprend sur la forme qu'avoit alors le gouvernement de Gênes et sur ses révolutions, est le premier objet digne de notre attention. Les magistrats suprêmes portoient à Gênes, comme dans les autres villes d'Italie, le titre de consuls. Pendant les premières années du douzième siècle, ils étoient alternativement au nombre de quatre ou de six, et demeuroient en place trois ou quatre ans. L'an 1122, l'on réduisit à une seule année la durée du consulat, et l'an 1130, l'on divisa les attributions de ces magistrats pour en faire deux offices distincts. On appela dès lors *consuls de la commune*, les quatre ou six chefs de la république, qui, nommés annuellement par le peuple, étoient chargés du pouvoir exécutif, et spécialement du maintien de la police, de l'exécution des ordonnances criminelles, de la correspondance avec les puissances étrangéres, du commandement des forces de terre ou de mer, et même des expéditions lointaines. Ces consuls, à leur sortie de charge, rendoient compte au peuple, dans une assemblée générale, de l'emploi des deniers de l'état (1).

D'autres magistrats, en nombre tantôt égal, tantôt fort supérieur, furent créés la même année, sous le titre de *consuls des plaidoyers*, pour être les juges suprêmes de la république. La division du peuple en sept compagnies, et celle de la ville en sept quartiers, servoit tout à la fois à classer les électeurs et à limiter la

(1) *Caffaro Annales Genuenses. Script. Rer. Ital.* T. VI, p. 284.

CHAP. V. jurisdiction des juges, car chaque consul étoit élu par la compagnie qu'il devoit juger (1). Dans la suite on forma deux tribunaux, l'un pour la ville et l'autre pour le bourg, et il fut statué en 1179, que le défendeur pourroit ramener le demandeur à celui des deux tribunaux qu'il préféreroit (2). Ces consuls des plaidoyers, de même que ceux de la communauté, étoient annuels.

Dans de certaines occasions, et sur la demande du peuple, la république nommoit des *correcteurs des lois*. Ces commissaires, au nombre de douze ou quinze, étoient dépositaires du pouvoir législatif (3). Les Italiens, loin de faire de ce pouvoir un attribut du peuple, avoient considéré le talent de la législation, comme une conséquence de la jurisprudence; ils en avoient absolument abandonné l'exercice aux jurisconsultes, et ils s'étoient soumis aveuglément aux décisions fondées sur les maximes de l'école, et l'autorité de Justinien. L'étude du droit en général, étoit séparée des fonctions administratives, en sorte que les légistes n'avoient pas un intérêt de corps à abuser de la confiance du peuple, ou à l'asservir; mais la législation romaine et impériale leur avoit donné

(1) *Caffarò Ann.* p. 258.

(2) *Ottobonus Scriba Annal. Genuens.* L. III, p. 355.

(3) *Ibid.*

un caractère servile; aussi dans tout le cours des disputes entre les républiques et l'Empire, se montrèrent-ils fauteurs du despotisme et ennemis de la liberté. CHAP. V.

Il existoit dans la république un conseil ou sénat qui devoit assister les consuls; mais ce corps n'avoit sans doute que des pouvoirs bien limités; car à peine est-il fait mention de lui deux ou trois fois dans l'histoire (1). Le peuple, de son côté, assemblé en *parlement*, et sur la place publique, prenoit part à l'administration de l'état, soit en recevant les comptes des magistrats, soit en délibérant sur les intérêts communs, dans les occasions importantes (2).

Cette constitution étoit simple, mais suffisante pour assurer la liberté du peuple, pour l'intéresser vivement aux affaires publiques, et pour lui faire chérir sa patrie, en raison de la part qu'elle lui donnoit à son gouvernement. L'élection des magistrats, le compte qu'ils rendoient de leur gestion, les délibérations de la place publique, rappeloient chaque jour à tous les citoyens, que les affaires de l'état étoient aussi leurs affaires; que leur intérêt privé étoit l'intérêt de la communauté. Cependant l'ordre public avoit dans les mœurs et l'habitude plutôt

(1) *Caffaro ad init. Hist.* — *Obertus cancellarius.* L. II, *Ann. Gen.* p. 342.

(2) *Caffaro*, L. I, p. 284. — *Ottobon. Scriba.* L. II, p. 364.

CHAP. V. que dans les lois, une sauvegarde contre l'anarchie et la turbulence démocratique, c'étoit le rang des magistrats. Les consuls étoient tous ou presque tous gentilshommes. Comme cet ordre s'étoit déclaré le protecteur du peuple contre les empereurs et les grands, le peuple reconnoissant lui avoit confié tous ses droits; aussi les listes du consulat présentent-elles des noms illustres dès cette époque, des Spinola, des Doria, des Ruffo, des Fornaro, des Négri, des Serra, des Picamiglio, etc. Heureuse la république où le peuple a un droit illimité d'élection, et où cependant les nobles méritent de fixer seuls ses suffrages!

L'histoire de Gênes ne doit point être séparée de celle de Pise; ces deux républiques, dont les mœurs, la puissance et le gouvernement étoient presque semblables, commencèrent de bonne heure à se montrer rivales, et ne cessèrent leurs combats que lorsque Pise eut succombé, après une lutte de plusieurs siècles. Mais aux yeux de la postérité, Pise, laissée dans l'obscurité par l'histoire, ne soutient point cette lutte avec autant d'avantage que ses guerriers le firent les armes à la main. Durant la période dont nous parlons, les seuls monumens de cette ville qui nous aient été conservés, sont une déclamation sur ses triomphes, un poëme à moitié barbare sur la guerre de Majorque, et deux chroniques sèches et tronquées (1); c'est donc de ses ennemis mêmes qu'il faut emprunter le récit de ses victoires ou de ses défaites. Les historiens de Venise sont plus pauvres encore; le plus ancien de ceux qui nous ont été conservés, est le doge André Dandolo, qui écrivoit au milieu du quatorzième siècle, et auquel on ne peut prêter qu'une foi douteuse pour les faits fort antérieurs à l'époque où il vécut (2).

Les trois républiques prirent une part également active aux expéditions des chrétiens dans la Terre-Sainte. Tandis que pour les autres nations la guerre sacrée n'étoit qu'une épisode au milieu de leur histoire, pour les républiques maritimes elle devint la première et la plus importante de leurs affaires. Venise donna l'exemple du zèle, et elle y étoit appelée par sa position. Les Turcs avoient envahi, en Asie, les contrées et les cités où la république exerçoit le commerce le plus lucratif; cette nation barbare menaçoit de pousser plus loin ses con-

(1) *Chronica varia Pisana.* T. VI, *Rer. It.*

(2) *Chronic. Danduli.* T. XII, *Rer. Ital.* — Sandi, l'auteur de l'histoire civile de Venise, a eu entre les mains plusieurs chroniques manuscrites, mais il leur accorde lui-même peu de confiance. Les archives de la chancellerie, où il a consulté une foule d'anciens monumens, méritent une foi plus entière.

CHAP. V. quêtes, et d'asservir les Grecs et les Sarrasins; alors il ne seroit plus resté aux Vénitiens aucun marché libre dans tout l'Orient. Bien plus, ils devoient se préparer à défendre leurs propres foyers; déjà les Sarrasins avoient infesté la mer Adriatique, les Turcs pouvoient y paroître à leur tour, et l'Italie méridionale avoit vu dès le dixième siècle, des drapeaux musulmans, qui parurent sur la côte Illyrienne, seulement quelques siècles plus tard. Les Vénitiens transportèrent donc avec empressement, mais non cependant sans salaire, les croisés aux rivages de l'Asie; ils se chargèrent du soin de les approvisionner; et, unissant le commerce à l'art militaire, ils rapportèrent à Venise les plus riches cargaisons, sur les mêmes flottes avec lesquelles ils faisoient trembler les infidèles.

1099. Les historiens de la république assurent que la première de ces flottes, qui accompagna la première croisade, étoit composée de deux cents vaisseaux; elle étoit commandée par le fils du nouveau doge, Vital Michiéli. Avant que de parvenir à sa destination, elle livra, sur les côtes de Rhodes, une sanglante bataille à la flotte pisane. Ces deux peuples, aveuglés par leur jalousie, oublièrent qu'ils étoient chrétiens, Italiens et croisés ensemble, pour n'écouter que leur animosité. Les Vénitiens s'emparèrent ensuite de Smyrne, qu'ils livrèrent au pillage, et ils facilitèrent à l'armée de terre la prise de Jaffa ou Joppé (1). CHAP. V.

Au mois d'août de l'année suivante, les Génois envoyèrent en Orient vingt-huit galères et six vaisseaux, avec des troupes de débarquement, commandées par l'un des consuls de la république. L'historien Caffaro étoit lui-même de cette expédition. Vers le même temps, les Pisans firent partir une flotte de cent vingt vaisseaux, commandée par leur archevêque Daimbert, qui fut depuis patriarche de Jérusalem. Ces deux flottes passèrent l'hiver à Laodicée, et maintinrent les provinces maritimes dans l'obéissance des Latins, au moment où la mort du bon roi Godefroi de Bouillon mettoit en danger son nouveau royaume. 1100.

Le printemps suivant, les Génois, unis aux Pisans et aux autres croisés, entreprirent le siége de Césarée. Les républicains, transportant dans les camps les usages et la liberté de leur patrie, avant de livrer l'assaut aux murs de Césarée, assemblèrent un parlement, et les citoyens se consultèrent sur les coups qu'ils devroient porter lorsqu'ils redeviendroient soldats. Daimbert parla le premier au peuple, et comme prophète et comme guerrier; il exhorta ses concitoyens à recevoir le lendemain matin la communion sainte, et lorsqu'ils seroient munis 1101.

(1) *Andreæ Danduli Chron.* L. IX, c. 10, p. 256.

CHAP. V. de ce gage de la protection céleste, à s'avancer au pied des murs, et à les attaquer avec les seules échelles des galères, sans perdre leur temps à préparer des machines de siége; leur promettant, au nom du ciel, que Dieu livreroit le jour même la ville entre leurs mains. Caput Malio, le consul génois, prit ensuite la parole, et seconda, par son éloquence guerrière, les exhortations prophétiques du prélat pisan. Le peuple répondit à leurs discours par des acclamations enthousiastes. Le lendemain il monta à l'assaut avec courage, en appliquant aux murs les échelles navales; le consul génois, l'épée à la main, gagna le premier le sommet du rempart, et s'y maintint seul pendant quelque temps contre les efforts de ses ennemis; enfin ses compagnons d'armes le joignirent, les Musulmans furent renversés, et la ville fut prise et livrée au pillage. Le butin, selon l'usage antique des armées romaines, fut partagé par les consuls; un quinzième fut mis à part pour les matelots restés à la garde des galères; une autre portion fut réservée aux magistrats et aux officiers; et le simple soldat reçut pour sa part quarante-huit sols d'argent (environ cent soixante-dix francs) et deux livres de poivre (1). Après cette victoire signalée, les flottes répu-

(1) Césarée étoit alors l'un des entrepôts des épiceries et du commerce de l'Inde.

blicaines remirent à la voile, pour retourner dans les ports de leur patrie (1). CHAP. V.

Si les villes maritimes d'Italie rendirent de grands services aux croisés, elles leur demandèrent en retour des priviléges non moins considérables dans les nouvelles conquêtes. D'après un diplôme qui fut accordé, en 1130, aux Vénitiens, par Baudoin II, roi de Jérusalem, on leur assura dans chacune des villes du royaume latin un quartier indépendant, où devoient se trouver une église, une place, un bain, un four et un moulin. Les officiers du revenu public ne pouvoient y pénétrer, ni gêner en aucune manière leur commerce (2). Les Vénitiens, dans leur quartier, restoient soumis aux lois de leur patrie, aux magistrats qu'ils élisoient eux-mêmes, et ils formoient, au centre du royaume de Jérusalem, de petites colonies républicaines, alliées avec lui pour sa défense contre les ennemis communs, mais indépendantes de ses lois.

Les Pisans, dont le secours avoit été plus

(1) *Caffaro Ann. Genuens.* p. 248-253. — *Gesta Triumphalia per Pisanos facta*, p. 100. — *Chron. Pisan.* p. 168, T. VI, *Rer. Ital.*

(2) *Diploma ap. Muratori Antiq. Ital.* T. II, p. 919. Ce diplôme confirme des priviléges antérieurs, déjà accordés aux Vénitiens par Baudouin Ier, et par la régence du royaume, durant la captivité de Baudouin II.

CHAP. V. efficace, et peut-être plus désintéressé que celui des Vénitiens, obtinrent plus tôt qu'eux, de tous les princes latins d'Orient, des priviléges de même genre. Dès l'an 1108, le généreux Tancrède, le héros du Tasse, qui venoit de succéder à la principauté d'Antioche, accorda aux Pisans un quartier dans les deux villes d'Antioche et de Laodicée, et l'usage des ports de ses états, à l'égal de ses propres sujets. Des chartes postérieures d'Amaury, en 1169; de Baudoin IV, en 1182, tous deux rois de Jérusalem; de Boémond III, prince d'Antioche, en 1170; de Raymond, comte de Tripoli, en 1187, confirmèrent et augmentèrent ces priviléges (1).

Cependant, les relations multipliées des Vénitiens avec les croisés du royaume de Jérusalem, firent bientôt naître de la mésintelligence entre eux et les Grecs. Les croisés avoient porté en Orient le mépris qu'ont presque toujours les barbares pour les peuples policés. Ils bravoient les mœurs publiques, ils violoient les lois, ils offensoient la religion des Grecs par leur superstition et leur fanatisme; et dès que l'autorité publique entreprenoit de réprimer leurs excès, ils en appeloient à leur épée, et versoient le sang des chrétiens qu'ils préten-

(1) Ces diplômes sont tous conservés par Muratori, T. II, p. 905 et suiv. *Antiq. Ital. med. ævi.*

doient secourir. Les Comnène, qui avoient les CHAP. V.
premiers sollicité l'appui des Occidentaux, et qu'on voulut rendre responsables de toutes les exactions des officiers subalternes, de toutes les fraudes des marchands leurs sujets, même des intempéries des saisons, furent de bonne heure obligés de se mettre en garde contre les Latins, et quelquefois de les combattre. Les Vénitiens, qui jusque alors, par leur conduite respectueuse, avoient laissé indécis s'ils étoient les alliés ou les vassaux de l'empire de Bysance, s'enorgueillirent de leurs succès; et, prenant à tâche d'imiter les croisés, leurs nouveaux alliés, ils renoncèrent tout à coup à leur ancien système de déférence et de respect. Jean Comnène, surnommé Calojean, l'un des plus vaillans guerriers et des plus vertueux empereurs qui soient montés sur le trône de Bysance, 1124.
donna l'ordre d'arrêter les vaisseaux vénitiens dans tous les ports de ses états, jusqu'à ce que la république eût satisfait aux plaintes qu'excitoit la conduite de ses citoyens. Le doge Dominique Michiéli commandoit alors une flotte qui venoit de soumettre Tyr de la manière la plus glorieuse; il la conduisit aussitôt devant Rhodes, et après avoir pris cette ville d'assaut, il la livra au pillage. Il passa ensuite à Scio, 1125.
dont il s'empara également, et où il fit hiverner sa flotte. Au printemps suivant il saccagea les

CHAP. V. îles de Samos, de Mytilène et d'Andros, avec non moins de cruauté (1). Ces succès étoient faciles et peu glorieux : les Grecs, depuis l'affoiblissement des Sarrasins, n'avoient plus rien eu à craindre du côté de la mer, aussi avoient-ils négligé la fortification de leurs îles, et en avoient-ils retiré les garnisons et les hommes en état de porter les armes pour les opposer aux Turcs sur le continent. La république de Venise a recueilli bien des lauriers sur le territoire de l'empire grec, mais elle doit, plus qu'aucun des peuples croisés, se reprocher d'avoir occasionné sa chute. La nation grecque, il est vrai, corrompue par le long despotisme auquel elle avoit été soumise, avoit perdu depuis long-temps cette énergie, ce principe vital qui conserve les états, et qui lie les hommes à la destinée de leur patrie. Cependant une heureuse chance avoit porté sur le trône de Constantinople une famille valeureuse ; le goût des lettres étoit encouragé par les Comnène, aussibien que celui des armes ; quelques notions d'honneur chevaleresque s'étoient répandues dans la nation ; il paroissoit même que les Grecs commençoient à puiser dans l'étude des anciens l'amour de la patrie et celui de la liberté ; et, s'il est possible qu'une nation soit régénérée

(1) *Andreæ Danduli Chron.* L. IX, c. 12, p. 267.

par ses maîtres, la nation grecque sembloit être sur la voie de cette heureuse révolution; laissée à elle-même, ou modérément secourue, elle auroit enfin triomphé des Turcs, dont le fanatisme guerrier ne devoit pas être durable. Les Latins, également dangereux comme amis et comme ennemis, ruinèrent les Grecs à leur passage; ils pillèrent leurs villes, dont ils massacrèrent les habitans; ils abattirent leurs murs et leurs forteresses; ils s'emparèrent de leur capitale; et, lorsque enfin ils quittèrent l'Orient en ennemis, ils laissèrent l'empire dans un tel état d'épuisement, que les Musulmans purent soumettre sans peine ce qui restoit de chrétiens orientaux. CHAP. V.

Cette première guerre des Vénitiens contre les Grecs ne fut pas de longue durée. Le doge Michiéli, en rentrant dans l'Adriatique, enleva aux Hongrois les villes de Spalatro et de Traù, qu'ils avoient conquises dans la Dalmatie; puis il revint à Venise, où il ne tarda pas à mourir (1). La guerre qu'il avoit portée dans la Grèce fut oubliée; et lorsque, vingt ans plus tard, Manuel Comnène fut attaqué par Roger, roi de Sicile, il recourut aux Vénitiens, et obtint d'eux qu'ils fissent en sa faveur une puissante diversion sur les terres de ses ennemis.

(1) *Dandulus Chronic.* Lib. IX, c. 12, p. 272.

CHAP. V. Tandis que les Vénitiens resserroient leurs liaisons avec les croisés du royaume de Jérusalem, qui avoient sans cesse besoin des secours des occidentaux, le zèle des Pisans contre les infidèles leur fit entreprendre de délivrer la mer Tyrrhénienne des brigandages des Musulmans. Un roi de Majorque, nommé Nazarédech, exerçoit la piraterie sur toutes les côtes de France et d'Italie, où il répandoit la terreur. On assuroit que vingt mille chrétiens étoient retenus captifs dans ses prisons. Le jour de Pâques de
1113. l'an 1113, comme les habitans des campagnes voisines se réunissoient en foule à Pise, pour y recevoir la bénédiction épiscopale, l'archevêque Pierre leur présenta la croix à la porte du temple, et avec une mâle éloquence, il les exhorta, au nom du Dieu des chrétiens, à délivrer leurs frères qui gémissoient dans les prisons des infidèles, et qui chaque jour étoient exposés à renier leur foi. Quelques vieillards, qui, dans leur première jeunesse, avoient pris part à l'expédition de Sardaigne, et aux victoires sur les Sarrasins de Bona et d'Alméria, répondirent les premiers à la voix de leur prélat, et, répétant le récit cent fois entendu de leurs exploits, ils exhortèrent la génération naissante à maintenir la gloire de Pise, et à se couvrir de lauriers qui fissent oublier ceux qu'eux-mêmes avoient cueillis. L'enthousiasme

dont ils étoient pleins, se communiqua rapidement; tous les jeunes gens prirent la croix; douze des principaux citoyens furent désignés, par les suffrages du peuple, pour être les chefs de l'expédition, et pour en assurer le succès par des préparatifs de guerre et des alliances (1). CHAP. V.

Le commencement de l'été fut consacré à construire la flotte et les machines de guerre qu'elle devoit porter. Cependant, Rome d'une part, et Lucques de l'autre, envoyèrent quelques secours, et un nonce du pape Pasqual, se rendit à Pise, pour bénir l'expédition. La flotte mit à la voile au commencement du mois d'août, le jour même de Saint-Sixte, tandis que l'on célébroit l'anniversaire d'une victoire que les Pisans avoient remportée sur les Africains dans le siècle précédent. Les croisés se rendirent d'abord en Sardaigne, soit pour s'y procurer des informations, soit pour recevoir les secours des gentilshommes pisans qui avoient des fiefs dans cette île. Après quinze jours de repos, ils se dirigèrent vers les îles Baléares; mais, dans un temps où les navigateurs n'étoient point guidés par la boussole, et où les cartes étoient très-imparfaites, la navigation

(1) *Laurentii Vernensis Rerum a Pisanis in Majorica gestar. Poema.* T. VI, *Rer. Ital.* p. 111. — *Bernard. Marangoni Chron. di Pisa*, p. 340.

CHAP. V. la plus courte n'étoit ni sans danger, ni sans difficulté. Les croisés, après avoir éprouvé une tempête, découvrirent une terre qu'ils attaquèrent aussitôt, ne doutant pas que ce ne fût l'île de Majorque. Ils se jetèrent sur les habitans des côtes, ils les mirent en fuite, et leur enlevèrent quelques prisonniers. Bientôt cependant ils apprirent de ces derniers, qu'ils avoient abordé sur les rivages de Catalogne, et que les paysans dont ils dévastoient les campagnes étoient des chrétiens. Alors, jetant leurs armes, ils s'assirent sur le bord de la mer, et s'abandonnèrent au découragement, comme si les îles Baléares étoient introuvables pour eux (1). Néanmoins leur séjour en Catalogne, où ils furent retenus long-temps par les vents, ne demeura pas sans utilité. Ils engagèrent dans la guerre sacrée, Raimond, comte de Barcelone; Guillaume, comte de Montpellier; Emery, comte de Narbonne, et plusieurs autres seigneurs français et espagnols. Forcés ensuite, par la mauvaise saison, à remettre l'expédition jusqu'à l'année suivante, ils se retirèrent, satisfaits d'avoir aguerri leurs soldats et augmenté le nombre de leurs confédérés (2).

1114. Au mois d'avril de l'an 1114, la flotte croisée

(1) *Laurentius Vernens. Poema.* L. I, p. 115.

(2) *Laurent. Vernens.* L. II, p. 118.

aborda enfin à Iviça, et, après un combat sanglant, elle se rendit maîtresse de cette île. Elle passa ensuite à Majorque; les Pisans entreprirent le siége de la ville du même nom, qui se défendit pendant une année. Elle fut prise seulement vers les fêtes de Pâques de l'an 1115, malgré la résistance courageuse du roi sarrasin, et celle des nombreux alliés qu'il avoit intéressés à sa défense. Ce roi fut tué; son successeur fait prisonnier, fut conduit à Pise, et des sommes immenses, dépouilles de l'île soumise, furent portées en triomphe dans la même ville (1). CHAP. V. 1115.

Les Pisans étoient à peine de retour de leur expédition contre les îles Baléares, lorsque le pape Gélase II, persécuté par Henri V, et abandonnant Rome pour se réfugier en France, réclama leur protection, et séjourna quelque temps dans leur ville. Ce pape étoit issu d'une maison illustre de Pise, celle des Caïétan; et, soit reconnoissance pour les services des Pisans, soit amour pour sa patrie, il déclara les évêchés de Corse suffragans de l'église métropolitaine de Pise. Le prélat pisan portoit bien le titre d'archevêque depuis l'année 1092, mais il paroît qu'à cette époque il n'y avoit encore aucun évêché qui relevât de lui. La nouvelle 1118.

(1) *Laurent. Vernens.* L. IV et seq. p. 129.

CHAP. V. dignité conférée au métropolitain, devint un sujet de fête pour tout le peuple. Les consuls et les sénateurs conduisirent en pompe leur pasteur dans l'île de Corse, pour recevoir le serment d'obéissance et de fidélité des évêques, et pour consacrer leurs églises. Les rivaux de la république, et surtout les Génois, conçurent de cet événement une jalousie proportionnée à l'importance que les Pisans y avoient attachée (1).

1119. L'année suivante cette jalousie fit éclater la guerre entre les deux républiques. S'il faut en croire Caffaro, les Génois attaquèrent le port pisan avec quatre-vingts galères et quatre grands navires chargés de machines de guerre. Cette flotte portoit vingt-deux mille hommes de troupes de débarquement, dont cinq mille étoient armés de cuirasses et de casques de fer (2). Les Pisans ne parlent point de cet armement, qui paroîtra prodigieux, si l'on considère qu'il fut mis en mer par une seule ville. L'une et l'autre nation s'attribua l'avantage de la première campagne; et pendant les quatorze années que continua la guerre, les succès furent balancés de manière à augmenter sans cesse l'émulation des deux peuples, et à ne satis-

(1) *Gesta Triumphalia Pisan.* T. VI, p. 105. — *Bernard. Marangoni Chron. di Pisa*, p. 362.

(2) *Caffari Annales Genuens.* L. I, p. 254.

faire jamais leur espoir. Beaucoup de vaisseaux furent pris de part et d'autre, brûlés ou coulés à fond ; beaucoup de villages et de châteaux situés sur les côtes furent pillés et incendiés ; beaucoup de braves citoyens périrent dans des combats sans cesse renaissans ; et cependant, loin que la population diminuât ou que le trésor public s'épuisât, jamais le commerce des deux nations n'avoit eu plus d'étendue, et leur marine plus d'activité. CHAP. V.

Enfin, en 1133, le pape Innocent II, qui s'étoit réfugié à Pise, s'interposa pour rétablir la paix entre les deux républiques, qui toutes deux lui avoient envoyé des secours contre l'antipape Anaclet. Comme la nouvelle dignité accordée à l'archevêque de Pise avoit été la cause de la jalousie des Génois, le pape éleva leur évêque au même rang ; l'église de Gênes fut soustraite au métropolitain de Milan, et érigée en archevêché ; deux nouveaux évêchés dans les deux côtes nommées Rivières lui furent subordonnés ; ceux de la Sardaigne furent soumis à l'église de Pise, et ceux de l'île de Corse furent partagés entre les deux prélats (1).

Durant cette longue guerre, et peut-être déjà auparavant, les feudataires de la république pisane en Sardaigne avoient tout-à-fait

(1) *Baronius Annal. eccles. ad ann.* 1132, §. 6. — *Ubertus Folieta hist. Genuens.* L. I, p. 249.

CHAP. V. secoué son joug, et s'étoient érigés en petits souverains. Quelques-uns d'entre eux, et particulièrement les seigneurs de Cagliari, Sassari, Logodoro et Arboréa, prirent quelquefois meme, peu après, le titre de rois; d'autres, tels que les Visconti de Gallura, et les Sismondi d'Oléastro, sans rechercher de nouvelles dignités, n'en aspirèrent pas moins à l'indépendance (1). Ces derniers, à peu près vers ce temps-là, contractèrent alliance avec la république de Gênes, et obtinrent d'elle le droit de cité. Une branche de la famille Sismondi, mettant en oubli les devoirs de citoyens et les liens sacrés qui l'attachoient à Pise, s'établit dans la ville ennemie de Gênes. De cette branche sortirent Sismondi *muscula*, consul des plaidoyers, en 1146 (2), et Corso Sismondi, consul de la communauté, et ambassadeur des Génois auprès de Frédéric, en 1164 (3). Mais à la même époque, une autre branche de la même famille étoit restée fidèle à son ancienne patrie; elle contribua même,

(1) C'est alors sans doute qu'ils prirent pour armes celles de leurs fiefs, au lieu de celles de la famille; les Visconti abaissèrent les leurs (parti de gueule et argent) sous le coq de sable de Gallura, et les Sismondi partirent les leurs (argent, trois fasces de gueule) d'Oleastro, gueules, six olives d'argent croisetées.

(2) *Caffaro Annales Genuens.* L. I, p. 261.

(3) *Obertus cancellarius Ann. Genuens.* L. II, p. 292.

par une acquisition importante, à fermer le territoire pisan aux étrangers, et à délivrer les ports de la république d'une rivalité dangereuse. La Corse étoit gouvernée au nom de l'empire, par un marquis nommé Albert, qui s'y étoit rendu indépendant; ce même Albert possédoit un tiers du château de Livourne, dont le port n'avoit pas encore été agrandi et fortifié par les travaux des architectes; mais dès lors il avoit la plus haute importance, soit à cause du voisinage du port pisan, soit à cause de sa situation au milieu du territoire de la république, entre la capitale et les vallées sujettes de la Maremme. L'année 1146, ce fief fut transmis, avec toutes ses redevances et appartenances, par le marquis Albert, aux deux frères Sismondi, selon la charte que conserve encore l'archive de Pise, et que Muratori a fait imprimer (1).

Le territoire de Pise s'étendoit de Lérici à Piombino, le long de la mer; toute cette contrée ne dépendoit pas immédiament de la république; mais les petites villes et les châteaux situés sur les deux rivages, Lérici, Viareggio, Massa, Piombino et Grossélo, s'étoient mis sous la protection d'une cité plus puissante. Ces petites communautés libres, mais foibles, avoient

(1) *Antiq. Ital. med. ævi.* T. III, *Dissert. LXIV*. p. 1161.

CHAP. V. consenti à faire marcher leurs milices sous les étendards de Pise, et à se soumettre aux décisions de ses consuls, au lieu de recourir aux armes, lorsqu'elles auroient entre elles quelques différends. De la même manière, les Génois avoient soumis à l'autorité de leur république, non-seulement la Polsévéra, et les vallées qui entourent leur cité, mais encore toutes les petites villes des deux Rivières, Lavagna, Ventimiglia, Savona, Albenga (1). Les uns et les autres tenoient ces bourgades à peu près dans la même dépendance à laquelle le peuple romain avoit réduit ses alliés du Latium.

Les trois républiques maritimes se trouvoient donc, avant le milieu du douzième siècle, à la tête de trois petites confédérations, formées pour les Vénitiens, des villes libres de l'Illyrie; pour les Pisans, de celles des Maremmes; et pour les Génois, de celles des Rivières. Toutes trois s'étoient assuré une telle prépondérance sur des alliés qu'elles s'étoient acquis presque par la force, qu'elles les considéroient déjà comme leurs sujets. Cependant les restes d'une constitution libre dans les petites villes, secondèrent l'énergie des grandes cités, et contribuèrent à étendre leur puissance et à rendre durables leurs succès.

(1) *Caffaro Annal. Genuens.* L. I, p. 259.

De ces trois confédérations, celle qu'avoient formée les Pisans prospéroit moins que les autres; ils n'avoient pu étendre leur protection et leurs alliances que du côté de la Maremme (1), province fertile, mais malsaine, qui, par l'influence de la liberté, avoit été rendue à la culture, mais qui ne pouvoit jamais parvenir à une population très-nombreuse, ou fournir à la république des soldats robustes et des marins expérimentés. De deux autres côtés et dans l'intérieur des terres, l'état pisan étoit resserré par celui de Lucques et celui de Florence, et ces deux villes étoient assez puissantes pour mettre obstacle à tout projet d'agrandissement. Lucques fut la première des deux à donner de la consistance à son gouvernement, et à réduire sous sa dépendance les vallées voisines; aussi dès le onzième siècle, cette ville avoit-elle été en guerre avec Pise. Florence au contraire étoit à cette époque alliée des Pisans, et Giovanni Villani, historien des Florentins, prétend même que ses compatriotes vinrent garder Pise, tandis que les Pisans étoient CHAP. V.

(1) Le nom de Maremme, contracté du latin *maritima*, se donne à toute la partie de la Toscane située le long de la mer, depuis le pied des Alpes liguriennes jusqu'au Serchio, et depuis la Cécina jusqu'à l'état de l'Église. Tout ce pays est très-malsain, mais il n'est pas tout marécageux; il contient au contraire beaucoup de collines, souvent dépourvues d'eau.

CHAP. V. occupés à une expédition maritime. Il ajoute que les Florentins établirent leur camp à deux milles de cette ville, pour la protéger contre les Lucquois, et qu'en même temps ils défendirent sous peine de mort, à leurs propres soldats d'y entrer, de peur que les vieillards et les femmes, restés seuls à la garde des murs, n'eussent le plus léger sujet de se plaindre de la bonne foi de leurs alliés (1).

Ce fut après la pacification de Pise et de Gênes, en 1133, que les Pisans, pour complaire au pape Innocent et à l'empereur Lothaire, envoyèrent leur flotte dans le royaume de Naples, contre le roi Roger et l'antipape Anaclet. Nous avons déjà rendu compte, dans le précédent chapitre, de cette expédition glorieuse, signalée par la découverte des Pandectes et la ruine d'Amalfi.

(1) *Giov. Villani stor. Fior.* Lib. IV, c. 30, T. XIII, p. 123.

CHAPITRE VI.

Affranchissement de toutes les villes italiennes avant le douzième siècle.

Nous avons conduit l'histoire de l'Empire et celle de l'Église jusqu'au commencement du douzième siècle ; nous avons repris ensuite, et séparément, l'histoire des républiques qui ont existé avant cette époque, et nous avons fait connoître, autant du moins que le permet l'obscurité de ces premiers siècles, les révolutions de Rome, de Naples, d'Amalfi, de Venise, de Pise et de Gênes. Mais au douzième siècle, toutes les villes d'Italie furent libres; dès le prochain chapitre, nous les verrons toutes animées d'une même vie, également accoutumées à déployer toutes les vertus républicaines, également dignes de l'indépendance à laquelle elles étoient toutes parvenues. Les révolutions de l'Italie, dont nous avons tracé une esquisse, et les développemens qu'elles avoient donnés au caractère national, nous ont préparés à voir s'opérer l'affranchissement des cités ; mais cette dernière révolution se dérobe en quelque sorte à nos regards. La naissance du gouvernement CHAP. VI.

CHAP. VI. républicain, et ses progrès, auroient sans doute présenté un spectacle piquant, instructif, varié, si le temps ne nous en eût pas enlevé les détails; mais nous pouvons à peine soulever le voile qui couvrira toujours cette première époque de l'histoire des villes libres. L'Italie septentrionale n'a eu presque aucun historien dans le dixième et le onzième siècle. Pour faire connoître les démélés des Henri avec le saint-siége, nous avons été obligés de recourir aux narrations des Allemands, beaucoup plus complètes et plus détaillées, à cette époque, que celles des Italiens. Si des événemens d'une si haute importance, et qui devoient, dans le temps, exciter un si vif intérêt, n'ont pas trouvé des écrivains qui nous en conservassent la mémoire, il n'est pas étrange que l'établissement et les progrès de municipalités obscures, qui cherchoient à soustraire à tous les yeux l'indépendance qu'elles acquéroient, n'aient été consignés dans aucune histoire. Les bourgeois ne recouvroient leur liberté, qu'en s'appropriant lentement les prérogatives des princes; ils combattoient les abus avec les mêmes armes avec lesquelles les abus avoient été introduits; ils usurpoient la liberté comme on a vu souvent les seigneurs usurper la tyrannie; et tandis qu'ils cherchoient à dérober la connoissance de leurs succès aux princes intéressés à leur servitude, ils l'ont en même temps dérobée à la postérité. De nouveaux priviléges étoient introduits en silence, toujours à l'aide du temps; et avant qu'ils fussent contestés, on étoit toujours en droit d'invoquer à leur appui l'usage constant de plusieurs générations.

Quand les villes eurent acquis plus d'importance, elles commencèrent à désirer aussi plus de célébrité, et elles eurent des historiens qui s'efforcèrent de répandre quelque lumière sur leur première origine, quelquefois même ils essayèrent de l'anoblir, en accréditant des traditions fabuleuses. Les écrits de ces historiens sont d'autant plus arides, qu'eux-mêmes ont vécu dans un temps plus reculé; et les chroniques du douzième et du treizième siècle, qui au défaut d'écrivains contemporains mériteroient le plus de confiance, lorsqu'elles reprennent l'histoire dès le dixième siècle, se contentent d'indiquer à chaque année la mort d'un évêque ou d'un saint, la construction d'un temple, ou l'irruption d'un peuple barbare. Une phrase leur suffit pour chaque événement, et cette phrase est insignifiante, tout comme le fait isolé est par lui-même peu important.

A l'aide des historiens étrangers, et surtout des monumens tirés des archives des couvens ou des familles, les érudits du dernier siècle

CHAP. VI. sont parvenus cependant en général à écrire l'histoire de leur ville pendant le dixième et le onzième siècle, d'une manière qui satisfait la curiosité de leurs compatriotes, et surtout la vanité de leurs nobles; ils ont fourni à ces derniers des preuves, si ce n'est des exploits de leurs ancêtres, du moins de leur existence; mais une pareille histoire, hors des murs de chaque ville, ne présente presque aucun intérêt. De plus, elle est en quelque sorte intermittente, si une pareille expression peut être permise; les événemens qui nous sont connus avec quelque détail, et qui indiquent le progrès des forces ou de l'esprit d'indépendance d'un petit peuple, ne se présentent que de loin en loin, et ils sont séparés par de longs intervalles, pendant lesquels nous ne trouvons rien qui mérite de fixer notre attention. Renonçant donc à des détails qu'il faut abandonner aux historiens de chaque ville, nous nous contenterons d'indiquer par des traits généraux ce qui appartient à toutes les cités de la Lombardie, de la Vénétie et de la Toscane; savoir les premiers rudimens d'une constitution républicaine dans l'établissement de leurs municipalités, la première acquisition du droit de guerre et de paix, la première impulsion donnée à leur industrie et à leur commerce, leurs premiers démêlés avec la noblesse, et la première admission dans les républiques nouvelles de cet ordre étranger, qui communiqua une partie de son lustre à la bourgeoisie, à laquelle il s'associoit, et qui procura aux villes plus de considération dans les assemblées de l'empire. CHAP. VI.

Le premier droit dont l'acquisition achemina les cités à devenir indépendantes, fut, comme nous l'avons dit ailleurs, celui de s'entourer de murailles, pour se défendre contre les brigandages des Hongrois et des Sarrasins, dans le neuvième et le commencement du dixième siècle. Les Germains et les Scythes avoient une extrême aversion pour les villes fermées; l'enceinte de leurs murs leur paroissoit une prison. Dans tous les pays qu'ils avoient conquis, ils avoient rasé les fortifications des cités, qui devoient se trouver heureuses lorsqu'ils n'incendioient pas aussi les maisons, et ne massacroient ou ne dispersoient pas les habitans. Ainsi toutes les fortifications des villes furent détruites dans le royaume des Lombards, et il ne fut point permis d'en élever de nouvelles, sans le consentement exprès du roi, auquel appartenoit le soin de la défense du royaume.

De là vint sans doute que, dans des temps postérieurs, les villes, ouvertes et ruinées par les incursions des barbares, furent obligées de recourir à leur monarque, pour obtenir la permission de se défendre. Ce fut toujours en vertu

CHAP. VI. d'une charte des rois ou des empereurs, qu'elles relevèrent leurs murailles; et ces chartes, accordées d'abord avec réserve, se multiplièrent dans le neuvième et le dixième siècle, de manière qu'il n'y eut bientôt plus, non-seulement de ville, mais presque de monastère, de village ou de château, qui n'eût acquis, par un diplôme impérial, le droit de se fortifier (1).

Les villes commencèrent à recouvrer le sentiment de leur importance, lorsqu'elles purent se défendre par elles-mêmes. Dès qu'elles formèrent des corps politiques, ce devint la principale étude de chacun de leurs bourgeois d'augmenter les priviléges de ces corps. Cependant, jusqu'au règne d'Othon-le-Grand, malgré l'avantage qu'elles retiroient déjà de leurs fortifications, les villes, abandonnées par la noblesse, qui auroit pu jeter du lustre sur elles, furent appauvries par les contributions fréquentes que leur imposoient les barbares, et plus appauvries encore par les désordres de l'anarchie ou d'un mauvais gouvernement. Aucun citoyen ne pouvoit s'y distinguer, par les lettres qu'on avoit absolument négligées; par la naissance, qui, chez les bourgeois, n'avoit point encore d'illustration; par la fortune, que les nobles seuls

(1) Plusieurs diplômes contenant ce privilége sont imprimés dans les Antiquités de Muratori; deux entre autres de Bérenger Ier, en 911 et 912. T. II, p. 467 et 469.

possédoient; par le commerce, qui étoit presque nul; par les talens militaires, enfin, et la bravoure que des citadins n'avoient aucune occasion d'exercer; aussi les villes sont-elles, à cette époque, enveloppées d'une obscurité profonde.

Ce fut, comme nous l'avons dit, pendant le règne d'Othon Ier, et avec sa protection, que la plupart des villes se donnèrent un gouvernement municipal, fondé sur la confiance et l'élection du peuple. Elles avoient eu de tout temps des magistrats populaires, appelés schultheiss par les lois des Lombards, et échevins par celles des Francs; c'étoient eux qui formoient le conseil du comte de la ville, et qui représentoient la bourgeoisie; mais lorsque Othon Ier permit aux habitans des villes d'avoir une administration plus libre, ils rejetèrent ces institutions septentrionales, et cherchèrent à se constituer sur le modèle de la république romaine ou de ses colonies, autant du moins que le permettoit leur connoissance imparfaite de l'histoire (1).

A la tête de leur administration, toutes les villes placèrent d'abord deux consuls annuels, élus par les suffrages du peuple. Leur première

(1) *Muratori Antiq. Ital. Dissert. XLV et XLVI.* T. IV. — *Cherubino Ghirardacci storia di Bologna.* Lib. II, p. 37. *Bologna*, 1596, 2 vol. p. fol. — *Carolus Sigonius de Regno Ital.* L. VII.

CHAP. VI. et leur plus importante fonction devoit être celle de dispenser la justice à leurs concitoyens; car la division des pouvoirs et l'indépendance de l'ordre judiciaire, auxquelles les progrès des lumières ont fait attacher une haute importance dans les grands états, n'ont jamais été ou connues ou suffisamment appréciées par les petites républiques. Juger est la fonction la plus importante du gouvernement d'un petit peuple. Celui-ci a peu de lois, et les change rarement; peu de revenus publics, peu de dépenses, et peu d'emplois à distribuer. Son premier besoin, en reconnoissant des chefs, n'a pas été de leur confier un pouvoir législatif ou exécutif qu'il exerce par lui-même; mais de leur faire réprimer les désordres, punir les crimes, et terminer les différends des citoyens.

Les fonctions de général étoient toujours unies, dans le moyen âge, à celles de juge. Ceux qui troubloient l'état au dehors par leurs agressions, ou au dedans par leurs crimes, étoient considérés comme également ennemis de la société; le même chef étoit chargé de diriger la force publique contre les uns et contre les autres. De même que les ducs et ensuite les comtes de chaque ville avoient été ses généraux et ses juges, les consuls annuels qui leur succédèrent, réunirent aussi ces deux fonctions. Lorsque le roi ou l'empereur convoquoient l'*host*, et que les milices de chaque ville recevoient ordre de suivre leur monarque dans une expédition, ou bien lorsque, d'après le droit féodal, la ville vengeoit une offense particulière par une guerre privée, les consuls marchoient à la tête de leurs concitoyens, et les commandoient dans les camps.

Une autre fonction des consuls, c'étoit de convoquer et de présider les conseils de la république. Ordinairement il y en avoit deux dans chaque ville, outre le conseil général ou de tout le peuple. L'un étoit peu nombreux, et plus immédiatement destiné à seconder les consuls dans les fonctions que l'on croyoit trop importantes pour les confier à des magistrats. On appeloit ce corps le conseil de *credenza*, c'est-à-dire, conseil de confiance, ou conseil secret. Il étoit chargé de l'administration des finances de la ville, de la surveillance sur les consuls, et de toutes les relations extérieures de l'état. Un autre corps, composé de cent conseillers ou davantage, étoit désigné, dans différentes villes, par les noms de sénat, de grand conseil, de conseil spécial, ou de conseil du peuple. C'étoit dans le sénat que l'on préparoit les arrêtés, qui devoient être soumis ensuite aux délibérations du peuple, dont l'assemblée générale, convoquée au son de la grosse cloche, se faisoit sur la place publique, et étoit nommée

CHAP. VI. le parlement. L'assemblée du peuple étoit souveraine, et les magistrats la consultoient dans les occasions les plus importantes; mais, presque dans toutes les villes, la loi ne permettoit pas qu'on portât une délibération à l'assemblée du peuple, avant que le conseil de crédenza et le sénat eussent donné leur assentiment au projet proposé (1).

Les villes étoient divisées en quatre ou en six quartiers, qui prenoient ordinairement leur nom de la porte la plus prochaine, parce que les habitans du quartier étoient plus particulièrement chargés de la défense de cette porte, et de la muraille attenante. Cette division étoit en même temps civile et militaire. Plusieurs villes, au bout de peu d'années, augmentèrent le nombre de leurs consuls, afin que chaque quartier en put élire un; alors il devoit être choisi parmi les citoyens habitant ce quartier. L'élection du conseil de crédenza et du sénat étoit répartie de la même manière entre les quartiers; en sorte qu'il y avoit dans la constitution des villes un mélange du système représentatif.

Les quartiers formoient aussi des corps militaires, avec des étendards différens. Chaque quartier choisissoit parmi ses plus riches ci-

(1) *Antiquit. Italicæ.* T. IV. *Dissert. XLV et XLVI.*

toyens, et lorsque les nobles eurent commencé
à se faire affilier aux républiques, chaque quartier choisissoit, parmi ses nobles, une ou deux compagnies de cavaliers armés de pied en cap. Le même quartier formoit ensuite deux autres corps d'élite, dont chacun étoit le double plus nombreux que le précédent; c'étoient les arbalétriers et l'infanterie pesante. Cette dernière étoit armée du *pavois*, espèce de bouclier, de la *cervellière* ou coiffe de fer, et de la lance. Les autres citoyens, également divisés par compagnies, et n'ayant pour armes que leurs épées, étoient obligés de se rendre sur la place d'armes de leur quartier, toutes les fois que le tocsin sonnoit. Aucun homme, depuis l'âge de dix-huit ans, jusqu'à celui de soixante-dix, n'étoit dispensé de ce devoir. Les consuls commandoient les armées, et sous leurs ordres ils avoient le capitaine du quartier, son gonfalonier ou porte-étendard, et le capitaine de chaque compagnie. D'ailleurs, on ne connoissoit point cette foule d'officiers et de sous-officiers, que la discipline moderne a introduite. L'ordre étoit de combattre; la seule règle, de ne pas s'écarter du gonfalon, qu'on avoit toujours en vue. Chaque soldat, pour le reste de sa conduite, étoit abandonné à sa propre impulsion; tandis que, de nos jours, il fait partie d'une machine compliquée, dont les mouvemens sont dirigés par

CHAP. VI. une intelligence supérieure, et que chaque individu, réduit à n'agir que comme un rouage de cette grande machine, ignore le but de son action (1).

Comme les villes avoient été érigées en corporations, pour les mettre en état de se défendre, la même charte qui leur avoit permis de se fortifier, leur avoit permis aussi d'organiser leurs milices. Mais ce ne fut pas seulement pour les guerres publiques de l'empire qu'elles firent usage de cet établissement militaire, elles réclamèrent pour elles-mêmes le droit dont les comtes, les marquis, les prélats, et même les seigneurs de château étoient en possession, le droit de venger par leurs propres armes leurs propres injures. Dans le système féodal, les tribunaux ne terminoient les différends que par une espèce d'arbitrage. Lorsque l'offense étoit reconnue, ils déterminoient quelle étoit la compensation légale, moyennant laquelle les deux parties devoient renoncer à leur haine, à leur *faida;* mais ils ne les forçoient pas même à donner ou à recevoir cette compensation. Lorsque le droit étoit douteux, ils invitoient à terminer la querelle par un duel, parce que le jugement de Dieu s'y manifesteroit aussi bien que dans une guerre soutenue par les forces des

(1) *Antiquit. Ital. med. ævi. Dissert. XXVI.* T. II.

deux parties, et que l'effusion de sang seroit moins longue, et le dommage moins général. Mais toute la législation étoit fondée sur le droit de défense naturelle, et sur celui de se faire justice à soi-même; chaque membre de l'empire étoit autorisé à récuser un juge partial, et à en appeler à son bon droit et à son épée (1). Les premières guerres que les villes soutinrent, ou les unes contre les autres, ou contre les marquis et les comtes qui vouloient les opprimer, ne furent donc point considérées comme des actes de rébellion, mais comme des actes légitimes de justice ou de défense naturelle, des actes conformes au droit des autres membres de l'empire.

La rivalité entre des villes égales en puissance, et jalouses de leur grandeur ou de leur population respective, envenima ces guerres privées, et leur donna un caractère plus national et moins juridique. Les deux métropoles de la Lombardie furent les premières cités qui s'abandonnèrent à cette haine de voisinage. Les rois du moyen âge n'avoient pas de capitale proprement dite; ils résidoient ordinairement dans leurs châteaux, ou bien ils visitoient tour à tour toutes les villes de leurs états. Cependant Pavie et Milan se disputoient la primauté entre les

(1) *Voyez* Montesquieu, Esprit des Lois, entre autres Liv. XXVIII.

CHAP. VI. cités italiennes. Pavie avoit été la résidence favorite des plus illustres rois lombards ; c'est là qu'étoit bâti le plus beau de leurs palais. Pavie, également éloignée des Alpes suisses et liguriennes, et maîtresse du passage du Tésin, commandoit les deux plaines qui s'étendent à la droite et à la gauche du Pô. Maîtresse également de la navigation de ce fleuve, ses barques pouvoient le descendre jusqu'à l'Adriatique, où il termine sa course, ou remonter les rivières qui s'y jettent, jusqu'aux lacs dont il reçoit les eaux. Pavie, au milieu des terres de la Lombardie, étoit comme la clef de tous ses fleuves ; son territoire, formé de leurs plus riches dépôts, et arrosé de leurs ondes, ne le cédoit à aucun autre en fertilité (1). Profitant de tous ces avantages, Pavie s'étoit accrue en étendue et en population ; elle n'égaloit pas cependant Milan en richesse ou en puissance ; soit que l'exemple et le long séjour d'une cour eussent corrompu son énergie, soit que l'air épais qu'on y respire, et les brouillards qui la couvrent presque sans cesse, rendissent les habitans moins propres à la carrière de l'ambition et des succès.

Milan, ancienne capitale des Insubres, et de

(1) *Anonymi Ticinensis de laudibus Papiæ commentarius. Rer. It.* T. X, p. 1. — *Bernardi Sacci Patritii Papiensis, hist. Ticinensis.* L. II; *apud Græevium.* T. III, p. 603.

toute la Gaule cisalpine, avoit été la résidence CHAP. VI.
de quelques-uns des derniers empereurs romains d'Occident ; c'étoit le premier et le plus ancien archevêché de toute la Lombardie. L'air de cette ville est salubre, la campagne qui l'entoure est fertile ; cependant, comme dans sa position aucun avantage exclusif ne paroît devoir lui assurer une supériorité sur toutes les autres cités de la Lombardie, telle que celle dont elle a toujours joui, il faut que sa grandeur et sa population se fussent conservées au travers des siècles barbares, dès les temps de l'empire d'Occident, et comme un héritage des Romains. Les Milanois, au commencement du onzième siècle, plus riches, plus puissans et plus belliqueux que les Pavesans, ne pouvoient permettre que ceux-ci regardassent leur ville comme la première du royaume. C'est à l'occasion de la double élection de Henri II et d'Ardoin, pour occuper le trône laissé vacant par la mort d'Othon III, que ces deux capitales s'abandonnèrent pour la première fois à leur jalousie, et attirèrent, par leur rivalité, les premiers regards de l'histoire.

Après que les guerres entre ces deux villes eurent exercé pendant assez long-temps leurs milices, et qu'elles eurent réveillé dans leurs citoyens, avec l'amour de la patrie, le sentiment de leur indépendance, et la confiance

CHAP. VI. dans leurs propres forces, les Milanois, excités par leur archevêque, et croyant soutenir avec leurs droits nationaux la cause de l'Église, osèrent lutter contre un ennemi plus puissant. Nous avons parlé, dans un précédent chapitre, de leur guerre avec l'empereur Conrad-le-Salique. Ce fut pendant cette guerre que leur archevêque Éribert compléta leur système militaire, par une invention que toutes les villes d'Italie adoptèrent presque immédiatement. Il mit à la tête de leurs armées, à l'imitation de l'arche d'alliance des tribus d'Israël, un étendard d'un genre particulier, qu'il nomma le *carroccio*.

Le carroccio étoit un char porté sur quatre roues, et traîné par quatre paires de bœufs. Il étoit peint en rouge; les bœufs qui le traînoient étoient couverts jusqu'aux pieds de tapis rouges; une antenne également peinte en rouge, s'élevoit du milieu du char à une très-grande hauteur; elle étoit terminée par un globe doré. Au-dessous, entre deux voiles blancs, flottoit l'étendard de la commune; plus bas encore, et vers le milieu de l'antenne, un Christ, placé sur la croix, les bras étendus, sembloit bénir l'armée. Une espèce de plate-forme étoit réservée sur le devant du char, à quelques-uns des plus vaillans soldats destinés à le défendre; derrière, une autre plate-forme étoit occupée par les musiciens avec leurs trompettes. Les saints offices étoient célébrés sur le carroccio avant qu'il sortît de la ville, et souvent un chapelain lui étoit attaché, et l'accompagnoit sur le champ de bataille. La perte du carroccio étoit considérée comme la plus grande ignominie à laquelle une cité pût être exposée ; aussi tout ce que chaque ville avoit de valeureux soldats, tout le nerf de l'armée étoit-il choisi pour former la garde du char sacré, et tous les coups décisifs se portoient-ils autour de lui (1).

Il falloit rendre l'infanterie des villes redoutable, et relever son importance, en l'opposant à la cavalerie des gentilshommes ; il falloit lui donner de l'aplomb, de la pesanteur, et de la confiance en elle-même ; l'introduction du carroccio dans les armées fut un coup de maître pour atteindre ce but. On ne devoit point attendre de rapidité dans les évolutions d'une troupe dont les mouvemens étoient subordonnés à ceux d'un char pesant, traîné par des bœufs ; la retraite devoit être lente et mesurée ; la fuite, à moins d'être honteuse, devenoit impossible ; les manœuvres de la ca-

(1) *Arnulphus Mediol.* L. II, c. 16, p. 18, T. IV. — *Ricordano Malaspina hist. Fior.* cap. 164, T. VIII, p. 987. — *Burchardus Epistola de excidio urbis Mediolanens.* T. VI, *Rer. It.* p. 917. — On en peut voir un bon dessin dans *Ludovicus Cavitellius Ann. Cremonenses.* T. III, *Grævii*, p. 1289.

valerie se trouvoient subordonnées à celles de l'infanterie; les milices s'accoutumoient à recevoir la charge de la première sans s'ébranler; mais leur choc à elles-mêmes devoit être d'autant plus formidable, qu'il étoit plus uniforme, et mieux dirigé vers un seul point. Il n'est pas hors de propos de remarquer que les bœufs ont, en Italie, une allure bien plus légère et bien plus prompte qu'en France; en sorte que leur marche s'accorde mieux avec celle de l'infanterie.

L'époque de l'invention du carroccio est aussi celle de la première brouillerie éclatante entre les nobles et le peuple. Ce fut encore, et nous l'avons raconté ailleurs, l'archevêque Eribert qui l'excita, en abusant de son droit de suzeraineté sur les gentilshommes qui relevoient de la mense archiépiscopale de Milan. La jalousie que le peuple manifesta dans cette occasion contre les nobles, nous indique assez que dès lors les villes n'étoient plus peuplées seulement d'artisans timides et pauvres, mais que les plébéiens avoient ce sentiment de fierté et d'indépendance que leur inspiroit l'accroissement de leur richesse et de leur instruction. Les citoyens sentoient que les nobles ne possédoient plus à eux seuls toute la fortune de l'état; qu'ils ne pouvoient plus, à leur gré, accorder ou refuser la subsistance aux classes inférieures

de la nation, que leur éducation ne les rendoit CHAP. VI.
pas plus propres que les bourgeois au gouvernement des peuples, et que les changemens opérés dans l'état, par l'introduction du commerce, par l'éducation plus soignée des bourgeois, et par l'ignorance des gentilshommes, avoient ramené les deux classes à une égalité de droits.

Chez les peuples les plus opprimés et les plus barbares, le commerce ne peut jamais être entièrement étouffé; l'homme cherchera toujours à pourvoir à ses besoins par des échanges, et ceux qui se chargeront de faciliter ces échanges, y trouveront toujours leur avantage. Mais comme jusqu'au dixième siècle les républiques de Venise, de Naples et d'Amalfi jouissoient seules d'un gouvernement libre, protecteur et vivifiant, elles avoient les premières développé cet esprit d'entreprise qui multiplie les échanges, et elles faisoient seules tout le commerce de leurs voisins. Les Vénitiens étoient les courtiers des deux empires : accueillis avec faveur par les Grecs, ils portoient aux occidentaux les produits des manufactures qui florissoient à Constantinople et dans la Morée, comme aussi les marchandises des Indes, qu'ils alloient acheter indifféremment, soit chez les Grecs, soit chez les Musulmans. Ils remontoient ensuite, avec leurs bateaux légers, les

CHAP. VI. fleuves de l'Italie; ils vendoient aux villes bâties le long de leurs rives, des tapis et des étoffes de l'Asie, ou des épiceries de l'Inde, et surtout du sel de leurs salines, qu'ils étoient en possession de fournir exclusivement à tous les Lombards. Ils recevoient en retour des blés, des cuirs, des laines, et toutes les productions brutes de la terre; chez eux ils cultivoient aussi les arts mécaniques, et la première fonderie de cloches fut établie dans leur ville. Ils introduisirent ensuite l'usage des cloches, aussi-bien dans la Grèce que dans l'Occident, lorsqu'ils en firent des présens aux empereurs de Constantinople, et aux monarques d'Europe (1). Liutprand l'historien, qui fut envoyé par Othon-le-Grand en ambassade auprès de l'empereur Nicéphore Phocas à Constantinople, ne vit, dans le luxe de cette capitale du monde, rien qui l'étonnât ou qui fût nouveau pour lui; les magasins de Venise, à ce qu'il dit aux Grecs eux-mêmes, lui avoient déjà fait connoître toutes ces richesses (2).

La nature du commerce des Vénitiens dans le dixième siècle, et sa prospérité même, indiquent le peu d'industrie des autres villes,

(1) *Voyez* le comte Marsigli, *Ricerche storico critiche sull' opportunità della Laguna Veneta pel commercio; sull' arti e sulla marina di questo Stato.* 1 vol. in-8°. 1803.

(2) *Liutprandus de Legatione*, p. 487.

et leur pauvreté. Ce commerce n'enrichissoit ses agens que par l'espèce de monopole qu'ils exerçoient contre leurs chalands; il n'étoit point fondé sur la multiplication des productions et des besoins; il étoit pauvre au contraire, et limité à un petit nombre d'objets. Les profits seuls en étoient considérables. Ce commerce encore étoit inégal; les Vénitiens fournissoient tous les produits des manufactures, toutes les marchandises de luxe, et ils ne recevoient en retour que des matières brutes ou de l'argent. La balance du commerce, selon le système de ceux qui prétendent aujourd'hui le favoriser en l'accablant d'entraves, étoit donc toute en faveur des Vénitiens, et toujours contraire aux Lombards. Mais le commerce, chez ceux-ci, étoit absolument libre; et telle fut l'influence de la liberté, tels furent pour les Lombards les avantages de cette balance prétendue défavorable, qu'en moins d'un siècle ils accumulèrent des capitaux, et rivalisèrent avec l'industrie de leurs correspondans; que leurs villes se remplirent d'ateliers, de manufactures, et que le commerce le plus prospère, triomphant des désavantages d'une situation méditerranée, vint animer tous leurs marchés. CHAP. VI.

La langue italienne naquit ou se développa en même temps que le commerce des villes,

CHAP. VI. c'est-à-dire, dans le douzième siècle seulement, et son adoption complète contribua aussi à rapprocher les distances qui séparoient les diverses classes de la société.

Il est assez étrange qu'il ne nous reste pas un seul monument du langage que parloit le peuple en Italie jusqu'à la fin du dixième siècle. Le savant Muratori a fouillé avec une patience infatigable, toutes les anciennes archives, tous les dépôts d'anciens papiers de famille ou de communauté, sans qu'il lui ait été possible de découvrir un seul écrit dans ce langage qu'on appeloit *vulgaire*, par opposition au latin, réservé pour les savans, au *roman* qu'on parloit dans les Gaules, et au *tudesque* qu'employoient les peuples venus du Nord. Cependant, il semble que la langue *vulgaire* auroit dû être non-seulement celle de la conversation, mais encore celle des lettres familières et du commerce. Il paroît que, jusqu'au douzième siècle, les Italiens n'avoient pas soupçonné que leur patois fût susceptible de s'écrire. C'est ainsi qu'encore aujourd'hui on ne trouveroit peut-être aucun acte, aucune lettre, écrits dans le patois limousin, picard, normand, plutôt qu'en français, ou dans les dialectes bolonois et génois, plutôt qu'en italien (1).

(1) *Muratori Antiq. Ital.* T. II, *Diss. XXXII*, p. 989.

Il est probable que, dès le temps de la puissance romaine, les provinciaux avoient une manière vicieuse de s'exprimer en latin, qui pouvoit déjà avoir quelques rapports avec l'italien moderne. Le mélange des nations barbares corrompit davantage encore ce langage provincial, et y indroduisit les articles et les verbes auxiliaires, usités dans le Nord, pour remplacer les déclinaisons et les conjugaisons latines, qui rendoient la grammaire trop compliquée (1). Le *sermon vulgaire*, c'est le nom qu'on lui donnoit, dut être la langue habituelle des campagnards et des citadins. Quoique les nobles ne reçussent pas en général plus d'éducation que leurs inférieurs, cependant comme ils étoient presque tous d'origine allemande, outre cette langue vulgaire qu'ils étoient forcés de parler aussi, ils avoient conservé l'usage de la langue tudesque. Nous avons vu que dans le neuvième siècle, les Lombards bénéventains donnoient encore à leurs princes des surnoms allemands; il paroît, il est vrai, qu'ils perdirent peu après l'usage de leur langue ma-

(1) La plupart des conquérans de l'Italie sont sortis de cette partie de l'Allemagne où l'on parle le plat allemand, dans lequel tous les noms sont indéclinables. La conjugaison des verbes en allemand n'a que deux temps simples, le présent et le passé; tous les autres, dans chaque mode, sont indiqués par des verbes auxiliaires. La grammaire italienne tient un milieu entre cette grammaire teutonique et la latine.

CHAP. VI. ternelle : car les historiens du siècle suivant, qui rapportent ces surnoms, se croient obligés de les expliquer (1). Les empereurs francs et allemands renouvellèrent en Italie l'usage de la langue tudesque; les Francs la parloient tous, comme il est facile de s'en convaincre par la lecture des lois salique, ripuaire et bavaroise, ou même des capitulaires de Charlemagne, où tous les mots qui ne sont pas latins sont dérivés de l'allemand. Ainsi deux langues, l'une pour la noblesse, l'autre pour le peuple, sembloient séparer ces deux ordres, et, en leur rappelant une origine différente, renouveler entre eux la haine ou la jalousie.

On demandoit bien aussi que les gentilshommes, les ecclésiastiques, et surtout les gens de loi, entendissent le latin; mais la manière dont ils l'écrivoient, donne une idée peu avantageuse du style de leur conversation, si jamais ils vouloient y employer cette langue. Il nous reste une foule de chartes stipulées dans ce latin prétendu. L'on y voit tout ensemble avec combien peu de scrupule les notaires admet-

(1) *Storesaits*, le surnom de Grimoald II, est traduit dans l'anonyme de Salerne par cette phrase: *qui ante obtutum Principum et regum, milites hinc inde sedendo præordinat*, Paralipom. T. II, P. II, c. 29, p. 195; et un journal allemand m'en a donné l'explication que je n'avois pas su découvrir: Störer Sitzen, le *dérangeur des chaises*, étoit probablement un maître des cérémonies.

toient dans leurs actes les barbarismes les plus grossiers, et combien, malgré cette licence, ils avoient de peine à exprimer leur pensée. L'on souffre, en les lisant, une double fatigue, on se lasse de s'occuper de choses aussi fastidieuses, on se lasse plus encore de la fatigue qu'ont éprouvée les hommes qui les ont écrites (1).

Pendant le règne de la maison de Saxe, un nouveau mélange de gentilshommes allemands parmi la noblesse italienne, remit en vigueur, pour la troisième fois, l'usage de la langue

(1) Voici une charte de l'année 782, qui donnera une idée du latin des siècles les plus barbares ; c'est une donation de l'église de San-Damaso de Lucques, faite à une abbesse de la même ville, fille d'un roi des Anglo-Saxons. *Antiquit. Ital. Dissert. I.* p. 19.

« *In Dei nomine, regnante Domno nostro Carulo Rex Francorum, et Langobardorum, et Domno nostro Pipino idem* » *Rex filio ejus, Anno Regni eorum nono et secundo, mense* » *Augusto per indictione quinta. Promitto et manus meam* » *facio, ego Magniprand Clericus, filio quondam Magniperti,* » *tivi Adeltruda Saxa, Dei Ancilla, filia Adelwaldi, qui fuit* » *Rex Saxonorum, Oltramarini, de Ecclesia Monasterii Sancti-* » *Dalmati, vel casis et omnia res, et hominibus ibidem pertinentibus, ubi te per alia cartula confirmavi, excepto Magnulo, quem liverum dimisi, ut si quacumque homo (excepto* » *de qualivet publico) de ipsa et Clericis, et casi et hominibus* » *eidem Ecclesie perninente, et vel successores tuo, quem tu* » *ibidem ordinaveris, foris expellere potuerit, extra omnem* » *meum conludio, per jura legem et justitia (excepto ut dixi* » *de quolivet publico) ut ego redda vobis solidos septinientos* » *Lucani et Pisani, quas mihi dedisti. . . . .* » etc. etc.

CHAP. VI. teutonique, qui étoit celle de la cour et du gouvernement ; mais cette langue, si difficile pour des organes italiens, avoit peine à se maintenir ; dès la seconde ou la troisième génération elle étoit négligée ; les enfans apprenoient naturellement à parler comme le peuple ; dans les écoles, les ecclésiastiques ne leur enseignoient que le latin, et il ne paroît pas même qu'un orgueil national s'attachât à conserver dans les familles la langue tudesque. Les Allemands ont senti fort tard le prix de leur propre langue. Cependant, plus les bourgeois acquéroient d'importance, plus les villes augmentoient en population et en richesses, et plus la langue *vulgaire*, qu'elles avoient adoptée, acquéroit de supériorité sur le latin ou l'allemand, plus aussi cette langue vulgaire étoit près de devenir la langue nationale. Dans le douzième siècle elle devint complétement dominante ; elle commença dès lors à se former, à se polir, à prendre des règles générales, et dans le treizième siècle nous la verrons enfin adoptée et embellie par les historiens et les poètes.

Ce fut cependant tandis que les Italiens, partagés entre trois langues, n'en possédoient encore aucune, et au milieu de l'ignorance du dixième siècle, que Liutprand composa une histoire de son temps, qu'encore aujourd'hui on ne lit pas sans intérêt et sans plaisir. Son ouvrage est presque le seul monument littéraire de l'Italie septentrionale, dans le dixième siècle. On fouille péniblement dans les chroniques de ses contemporains, pour y chercher des faits historiques; on sent de l'attrait pour Liutprand, et on n'abandonne son livre qu'à regret. Il ne faut pas, il est vrai, entreprendre cette lecture après celle des écrivains de l'âge d'Auguste; on seroit alors étonné de la dureté germanique de son style; mais quand on le compare à son siècle, on est frappé de sa concision et de son énergie, de la profondeur de quelques-unes de ses pensées, et surtout de l'agréable variété qu'il a su mettre dans ses récits. Il manque d'ordre, il est souvent partial, mais il amuse; son érudition n'est point méprisable, il cite à propos les bons auteurs de Rome; il étale, (avec une ostentation quelquefois ridicule il est vrai) sa connoissance de la langue grecque; on voit que la langue allemande lui est également familière; enfin, toutes les fois que son sujet l'anime, il passe de la prose à la poésie, et ses vers ne sont pas sans quelque agrément.

Liutprand étoit chanoine de Pavie, et secrétaire de Bérenger II, par qui il fut, en 946, envoyé en ambassade à Constantinople, auprès de l'empereur Constantin Porphyrogénète. A son retour, mécontent de Bérenger, il le quitta

CHAP. VI. pour passer en Allemagne, à la cour d'Othon-le-Grand. Lorsque Othon fit la conquête de l'Italie, Liutprand y revint avec lui ; il obtint de l'empereur l'évêché de Crémone, et fut chargé par lui d'ambassades à Rome et à Constantinople. Il a laissé une relation piquante de sa mission dans cette dernière ville, auprès de l'empereur Nicéphore Phocas (1). Quelques anecdotes trop libres, que Liutprand a insérées dans ses écrits, ne donnent pas une idée très-favorable du ton qui régnoit parmi les grands, et de ce que l'on appeloit alors la bonne compagnie, surtout si l'on se rappelle et le rang à la cour, et les fonctions ecclésiastiques de cet historien.

Quelques écrivains de l'Italie méridionale, pendant le dixième et le onzième siècle, méritent aussi d'être distingués. L'anonyme de Salerne, Gaufrid Malaterra, Alexandre de Télèse, et Falco de Bénévent, se font tous lire avec intérêt. Les historiens du royaume actuel de Naples ont conservé pendant plusieurs siècles une supériorité marquée sur ceux du reste de l'Italie. Cette supériorité se fait sentir aussi, lorsqu'on compare le poëme de Guillaume l'Apulien, sur les conquêtes des Normands, avec les autres poëmes historiques, dont cet âge abonde

(1) *Rer. Ital. script.* T. II, p. 479.

plus qu'aucun autre (1). Les poëmes historiques CHAP. VI. d'un siècle barbare, sont, de tous les monumens où l'on est obligé de chercher des faits, les plus rebutans et les plus fastidieux. L'écrivain, incapable de mettre aucune vraie poésie dans ses écrits, semble n'avoir pris à tâche de ranger ses mots dans un ordre symétrique, que pour ôter toute harmonie à son style, et toute liberté à ses pensées. Jamais il ne dit ce qu'il veut dire, jamais il ne satisfait par ce qu'il dit; et comme il semble avoir pris à tâche d'exclure les nombres et les noms propres de ses vers, ou d'exprimer les uns et les autres d'une manière classique, il ne parle que par énigmes, et il donne autant de fatigue pour le comprendre, que de dépit du peu qu'il vous apprend après qu'on l'a compris.

Tous les premiers historiens de l'Italie étoient ou des prélats ou des moines. Ce ne fut que dans le onzième siècle, que quelques laïques commencèrent aussi à écrire l'histoire, lorsque les

(1) Les principaux poëmes historiques du dixième au douzième siècle, sont : *Donizo, vita comitissæ Mathild.* T. V, p. 335. — *Magister Moses, de laudibus Bergomi.* T. V, p. 521. — *Laurentius Verniensis, Rer. Pisan.* T. VI, p. 111. — *Panegyricus Berengarii Aug. apud Leibnitz.* T. I. — *Guilelmus Apulus de gestis Normann.* T. V, p. 245. — *Cumanus de excidio Novocomi.* T. V, p. 399. — *Guntherus in Ligurino. Edit. Basileæ*, 1569. — *Benzo Albensis, Panegyricus Henrici IV; apud Mencken. Scr. Germ.* T. I.

CHAP. VI. progrès de l'aisance dans les cités eurent donné du loisir pour s'appliquer aux études, et lorsque l'influence que les citoyens avoient acquise sur l'état, leur fit prendre plus d'intérêt aux affaires publiques. Les deux premiers historiens des villes sont Arnolphe et Landolphe-l'Ancien, de Milan, qui, tous deux, ont vécu dans le milieu du onzième siècle, pendant le temps des disputes sur le mariage des prêtres. Ils ne méritent, ni par leur exactitude, ni par l'intérêt de leur narration, une mention fort honorable ; mais la nature même de leur histoire est un symptôme de l'importance croissante des villes, et leur récit embrasse les temps des premières brouilleries entre la noblesse et le peuple : brouilleries qui modifièrent la constitution des nouvelles républiques.

Nous avons déjà parlé, dans notre second chapitre, de la querelle des gentilshommes ou vavasseurs, avec l'archevêque Éribert et les bourgeois de Milan, et nous avons dit que cette querelle fut terminée en 1039, à la mort de Conrad, par l'adoption des nouvelles lois que cet empereur avoit portées sur les fiefs. Les cités de Lombardie retirèrent plusieurs avantages de cette pacification ; car un grand nombre de gentilshommes, et surtout les moins puissans, demandèrent, à cette époque, et obtinrent la bourgeoisie des villes les plus voisines ; ils se mirent, eux et leurs fiefs, sous la protection de ces nouvelles communautés, qui, mieux qu'aucun autre membre de l'état, savoient faire respecter leurs amis. Les gentilshommes, par cette adoption, recouvrèrent une patrie, que le royaume de Lombardie, dans son état de dissolution, ne pouvoit plus leur offrir; et les villes, de leur côté, acquirent des citoyens distingués, en qui la valeur paroissoit héréditaire, et qui, par l'éclat de leur naissance et leur avidité de gloire, jetèrent du lustre sur les bourgeois devenus leurs égaux.

C'est une chose digne d'attention que la conduite des nouvelles républiques envers les comtes ruraux et les gentilshommes qui les entouroient. Plusieurs de ceux-ci n'avoient point voulu faire alliance avec elles, ou recevoir d'elles le droit de cité. Les possessions des villes étoient resserrées entre ces petites souverainetés; et comme leur population s'accroissoit, si elles n'avoient pas joui d'un commerce libre avec la campagne et les vassaux des comtes ruraux, elles auroient été bientôt exposées à la famine. Il falloit donc qu'elles se gardassent d'indisposer les seigneurs par trop de hauteur, ou par des prétentions exagérées, car s'ils s'étoient ligués contre elles, ils les auroient exposées aux plus grands dangers; d'autant plus que, par leur position, ils pouvoient attendre,

CHAP. VI. et traîner la guerre en longueur. De leur château, comme d'un repaire, ils fondoient sur les voyageurs et les marchands pour les dépouiller; ou bien ils dévastoient le diocèse de la ville jusqu'à ses portes, tandis que les bourgeois, quoique bien supérieurs en forces, étoient rappelés par leurs besoins à leurs occupations journalières, et ne pouvoient déployer long-temps de suite toute leur puissance. L'art des siéges n'étoit point encore assez perfectionné pour qu'ils pussent forcer les gentilshommes dans leurs châteaux; et les seigneurs, enfermés dans les tours qu'ils avoient bâties sur des rochers escarpés, entourés seulement de leur famille, et d'un petit nombre d'écuyers à leur solde, défioient toute la rage des armées les plus redoutables.

Les républiques cherchèrent donc à se concilier l'affection des comtes ruraux, en les admettant aux droits de bourgeoisie, et les revêtant des premiers emplois de l'état. Cependant, toutes les fois que les seigneurs abusoient de leurs avantages, et que quelque bourgeois avoit à se plaindre de leurs exactions, la république épousoit avec chaleur la cause de chacun de ses membres, et ne posoit pas les armes, que le gentilhomme qui l'avoit offensée ne fût humilié.

Le peuple de Milan étoit divisé en six tribus, dont chacune prenoit son nom d'une des portes de la ville. Depuis que les nobles avoient été admis au partage des droits de cité, ils s'étoient mis en possession exclusive de l'office de capitaines des portes, de consuls, et de chefs de milices. Ceux mêmes qui n'étoient revêtus d'aucun emploi, se crurent assurés de la protection des magistrats qui appartenoient tous à leur ordre; aussi ils traitèrent avec une arrogance insultante les artisans et les classes inférieures du peuple. En 1041, un gentilhomme osa, en plein jour, dans les rues, frapper de sa canne un plébéien; la cause de ce citoyen obscur devint aussitôt celle de tout le peuple. Un autre noble nommé Lanzone, embrassant par ambition la défense du peuple, s'offrit pour chef aux citoyens irrités; et ceux qui vouloient humilier la noblesse, s'enorgueillirent d'avoir un noble à leur tête: tant le préjugé favorable à la naissance a de force sur l'esprit humain. Lanzone fut déclaré chef du conseil de confiance; de nouveaux consuls furent tirés du corps des plébéiens; les milices sous leurs ordres attaquèrent successivement les tours et les forteresses que les gentilshommes avoient élevées dans l'enceinte de la ville, lieux forts d'où ils bravoient le pouvoir des tribunaux; plusieurs de ces forteresses soutinrent un siége régulier, avant d'être rasées; plusieurs combats sanglans

CHAP. VI. furent livrés dans les rues pour les défendre ; mais les nobles, trop inférieurs en forces pour n'être pas toujours battus, furent enfin réduits à sortir tous ensemble de la ville, avec leurs familles; et à livrer au peuple leurs tours et leurs maisons fortifiées, qui furent démolies le même jour (1).

Les nobles, entourés des campagnards leurs vassaux, retrouvèrent hors des murs l'avantage du nombre. Ils entreprirent le blocus de la ville, qu'ils prolongèrent pendant plusieurs années. Lanzone, qui dirigeoit toujours la défense du peuple, prit enfin le parti de passer en Allemagne, pour obtenir la protection de Henri III. Ce monarque, qui ne voyoit pas sans inquiétude les villes affermir leur indépendance, saisit avec avidité cette occasion de rétablir son autorité sur Milan. Il offrit à Lanzone quatre mille chevaux, et demanda même avec instance qu'on se hâtât de les recevoir dans la ville. Lanzone, de retour à Milan, annonça ce secours au peuple, pour relever son courage abattu par la famine; mais il sentit cependant que la vengeance d'une faction alloit livrer sa patrie à la servitude ; il eut des conférences avec les chefs de la noblesse ; il leur fit voir les malheurs qu'ils alloient attirer sur leurs

(1) *Arnulphus hist. Mediolan.* L. II, c. 18, T. IV, p. 19.

têtes, et les amena enfin à signer une paix qui leur laissoit une part dans le gouvernement de la ville, sans en exclure le peuple (1).

Depuis cette guerre jusqu'à celle de Como, qui fera l'objet de notre prochain chapitre, il se présente comme un gouffre à franchir dans l'histoire des républiques lombardes, et de toutes les villes du nord de l'Italie. C'est un espace de soixante et dix ans, pendant lequel cette contrée fut la scène des révolutions les plus étranges, et des guerres les plus acharnées, mais pendant lequel aussi tous les écrivains contemporains se taisent sur les progrès des villes et sur la marche de la liberté. La guerre des investitures, et les vicissitudes de la fortune des empereurs et des papes sont décrites avec d'amples détails, mais par des auteurs presque tous allemands. Ces grands événemens fixoient seuls leur attention; les villes, à cette époque, n'ont aucun historien, et les antiquaires ont été réduits à recueillir avec empressement le stérile et fatigant récit de Landolphe le jeune, ou de saint Paul (2). Cet écrivain milanois étoit contemporain, il est vrai; mais au lieu de faire l'histoire de sa patrie, il nous a donné seulement celle des

(1) *Landulphus senior, hist. Mediolan.* L. II, c. 26, p. 86.

(2) *Landulphus junior, sive de Sancto Paulo, hist. Mediolanens.* T. V, *Rer. Ital.*

CHAP. VI. vexations auxquelles il fut exposé dans la jouissance d'un misérable bénéfice; de ses disputes avec les hérétiques nicolaïtes, et des intrigues fastidieuses du clergé de Milan. Nos lecteurs nous sauront gré sans doute d'abandonner ce guide désagréable, et de les transporter enfin au douzième siècle, à un temps où les auteurs contemporains commençant à être moins stériles, nous pourrons nous-mêmes écrire l'histoire, au lieu d'être réduits à la résumer en la parcourant.

Mais, avant d'entrer dans une autre carrière, arrêtons-nous pour examiner l'espace que nous avons déjà parcouru. La révolution qui créoit des nations nouvelles et des hommes nouveaux, étoit accomplie. Ainsi que la terre, échauffée, après le déluge, par les rayons ardens du soleil, s'agitoit jusque dans ses entrailles par un principe inconnu, et que la matière sembloit se hâter pour marcher à la vie (1); ainsi, un feu céleste avoit animé les âmes italiennes; un mouvement noble et vivifiant s'étoit communiqué à la nation entière, et la masse inerte du

(1) *Cætera diversis tellus animalia formis*
Sponte suâ peperit, postquam vetus humor ab igne
Percaluit solis, cænumque udæque paludes
Intumuere æstu, fœcundaque semina rerum
Vivaci nutrita solo, seu matris in alvo
Creverunt, faciemque aliquam cepere morando.

OVIDII Metamorph. L. I, v. 416.

peuple sortoit de son ancienne apathie, et s'avançoit dans la carrière de la gloire et de la liberté. Perdus au milieu d'une foule de faits trop imparfaitement connus, nous avons peut-être laissé échapper dans les détails, cet esprit de force et d'indépendance qui animoit l'ensemble, lorsque chaque marquis et chaque prélat, s'érigeant en juge de son prince, pesoit, au tribunal de sa conscience, les droits de l'empire et ceux de l'Église, et se déterminoit, d'après sa seule volonté, à favoriser ou les pontifes ou les empereurs; lorsque chaque gentilhomme, chaque chevalier, méprisant une existence dépendante, demandoit à ses forteresses, à ses vassaux, ou à son propre courage, une sûreté qu'il ne vouloit pas devoir à des supérieurs ou à des lois; lorsque chaque ville, se confiant à ses seules forces, au dévouement réciproque, à la fraternité des concitoyens, se suffisoit à elle-même, et défioit le reste de l'univers. Une main invisible, une main libérale sembloit avoir semé en même temps dans tous les cœurs le sentiment de la dignité de l'homme et de son indépendance naturelle : l'Italie n'avoit pas reçu seule ces germes sacrés, ils avoient été répandus sur l'Europe entière; les principes libéraux s'avançoient lentement, mais avec un mouvement uniforme, du midi au nord. L'Italie et l'Espagne donnèrent l'exemple; bientôt la Suisse et l'Al-

CHAP. VI. lemagne, la France et l'Angleterre le suivirent.

Les premières institutions libérales avoient été apportées du Nord aux Romains dégénérés. Mais le mouvement rétrograde, du midi au nord, dans le développement du système républicain, est aussi un phénomène constant et très-remarquable. En Italie, nous avons vu Naples, Gaète, Amalfi, et même Rome, secouer le joug avant toutes les autres villes; en Espagne, dès le neuvième siècle, les vaillans guerriers qui avoient fondé le royaume de Soprarbia, avoient établi, entre le roi et le peuple, un juge moyen, le premier modèle du justicier des Aragonois (1); et en 1115, Alfonse Ier, le conquérant de Saragosse, avoit accordé aux bourgeois de sa capitale les droits et les libertés des gentilshommes ou infançones (2). Cependant les villes de l'Allemagne et de la Suisse ne commencèrent à connoître la liberté que dans les dernières années du douzième siècle; celles de la France et de l'Angleterre acquirent plus tard encore les droits de communautés.

Deux qualités paroissent requises avant toutes les autres pour rendre les hommes capables de conquérir la liberté: la force individuelle, et la force sociale. Ces deux qualités ont une origine

(1) *Hieronym Blancæ Aragon. Rer. comment.* T. III, *Hisp. illust.* p. 588.

(2) Ibid. *Privilegium regis Alfonsi Bellatoris*, p. 640.

différente, et paroissent naître de principes presque opposés; il a été donné à peu de nations de les réunir dans un heureux équilibre. La force individuelle, cette confiance en ses propres ressources, cette constance pour braver les dangers personnels, ce mépris pour une force étrangère, dès qu'elle est injuste, et cette détermination de prendre pour seule loi sa conscience et ses lumières, sont les qualités et les vertus du sauvage. C'est avec un pareil esprit que les habitans de la Germanie et de la Scandinavie s'établirent dans les pays méridionaux; ils portèrent avec eux leur indépendance; et lorsqu'ils formèrent des nations, ils ne surent jamais se résoudre à leur donner un lien assez fort pour les maintenir unies: leurs principes mêmes devoient naturellement produire ce qu'ils produisirent en effet, la fierté libre de tous les chevaliers, mais en même temps leur désunion, et l'opinion des conquérans, que, pour demeurer libres, il falloit devenir princes.

La force sociale, au contraire, devoit naître dans les villes, et les villes, création des peuples policés, n'existoient que dans le Midi. Les Scandinaves, croyant que les hommes ne pouvoient vivre réunis sans s'exposer à la servitude, avoient pris à tâche de détruire les villes; et celles qui donnèrent, en Italie, l'exemple de cette force sociale, dont les Barbares méconnoissoient l'existence, ou avoient échappé, comme par miracle, à leurs dévastations, ou s'étoient relevées de leurs ruines.

La force sociale réside dans le sacrifice entier de l'individu, à la société dont il fait partie. Cette abnégation de soi-même est fondée, il est vrai, sur une première conviction, que le bien de tous constitue le bien de chacun : mais le calcul seul ne peut jamais conduire un citoyen au dévouement complet qu'exige sa patrie : on auroit beau lui démontrer que, cent fois de suite, l'avantage de sa patrie a été le sien, dès l'instant qu'on lui demande sa ruine personnelle, l'avantage de cette patrie cesse d'influer sur son bonheur. Il y a donc eu, dans l'union sociale, quelque chose de plus noble qu'un contrat entre les intérêts privés; ce sont les vertus, non les égoïsmes qui s'associent. C'est la reconnoissance qui lie à des amis et des frères dont on a reçu des bienfaits; la révérence filiale et religieuse qui lie à la patrie, cet être plus qu'humain, que notre imagination place entre Dieu et les hommes; la tendance de l'âme vers l'immortalité, qui lie notre être aux siècles passés et aux siècles à venir, et qui nous rend dépositaires de la gloire de nos ancêtres, du bonheur de nos descendans.

Les peuples du Nord ne connoissoient que la liberté sans patrie; ceux du Midi avoient une patrie sans liberté. Les uns et les autres restoient étrangers à la plus haute des vertus humaines, au sacrifice de soi-même : les premiers ne devoient ce sacrifice à personne ; les seconds n'avoient point assez de vertus pour le faire. L'héroïsme des Scandinaves, et celui des héros d'Ossian, a ce caractère étrange, qu'il est sans but, et que le guerrier qui va chercher la mort ne se dévoue ni à sa patrie, ni à la mémoire de ses pères, ni à la prospérité de ses enfans (1) : sa gloire est toute personnelle. Dans le Midi, le but des sacrifices fut trouvé avant le courage de les faire ; chaque citoyen sentoit ce qu'il devoit à la ville qui l'avoit vu naître, à la ville où reposoient les cendres de ses ancêtres, et dont les murs protégeroient sa postérité. Ainsi, dans la grande refonte des nations, le Nord et le Midi donnèrent les vertus qui leur étoient propres. Les

(1) L'existence de la république d'Islande, du neuvième au treizième siècle, contredit cette observation sur la naissance de l'esprit social dans les villes seules. Je ne connois point assez l'histoire de la république d'Islande, pour rendre un compte satisfaisant de son existence. On peut comprendre néanmoins que, sous ce ciel de fer, avec un climat si hostile, les individus sont trop foibles pour ne pas s'associer de bonne heure; et que, bien qu'il n'y eût pas de villes en Islande, les sources chaudes du pied de l'Hécla, et les ports les plus propres à la navigation et à la pêche, devoient être des points de réunion où les hommes apprenoient de bonne heure à s'aimer et à se conduire en frères.

CHAP. VI. peuples conquérans apportèrent l'énergie, les peuples conquis, la sociabilité. Les derniers, dans leur profonde corruption, devoient être régénérés avant que d'être admis à donner aucun exemple, à enseigner aucune vertu. Cependant leur affection pour le lieu qui les avoit vu naître, pour le nom qu'ils portoient, pour les bourgeois d'une même ville, dont les pères avoient été associés à leurs pères, dont les enfans seroient associés à leurs enfans, cette affection étoit un vieil héritage de Rome; ils n'avoient besoin que de redevenir libres, pour en sentir de nouveau la valeur. Au milieu des calamités qui affligeoient les peuples de l'Italie, tous les événemens, vus d'une certaine distance, semblèrent tendre vers un seul but, et préparer la période de gloire et de liberté qui devoit s'ouvrir pour les Italiens, dans le douzième siècle.

La conquête des Lombards, en morcelant l'Italie, et en formant d'une seule province plusieurs nations nouvelles, rapprocha la patrie du citoyen; le Romain s'unit au Romain, le Grec au Grec, et plusieurs états indépendans, de Naples jusqu'à Venise, datèrent leur liberté de cette époque.

Les conquêtes de Charlemagne, et le regne de ses successeurs, retardèrent la civilisation; mais, en détruisant la monarchie lombarde, et en augmentant la désorganisation, les Carlovingiens rendirent plus nécessaire une organisation nouvelle, et firent partager aux villes lombardes, les avantages que de bonnes institutions municipales assuroient depuis longtemps à Naples, Amalfi et Venise. CHAP. VI.

Les ravages des Hongrois et des Sarrasins, et la désolation qu'ils portèrent dans toutes les provinces, nécessitèrent la formation des milices, la construction des murailles, et rendirent de nouveau le peuple dépositaire de la force nationale.

Avant que la monarchie détruite fît place aux gouvernemens municipaux, l'anarchie étoit générale. Le grand Othon vint d'Allemagne, pour être le législateur d'une nation dont il ne devoit jamais être le maître; et les institutions nouvelles dont il fut l'auteur, attestent sa sagesse et son désintéressement.

Ni les désordres des papes du dixième siècle, ni l'ambition de ceux du onzième, ne furent dépourvus de tout avantage pour les Italiens; les premiers pontifes les affranchirent en partie des chaînes de la superstition; les seconds, par la lutte sanglante entre les empereurs et les papes, donnèrent au peuple l'occasion de mettre à prix ses services, et de se déclarer pour ceux qui avoient été ses maîtres, comme allié zélé, et non comme sujet.

CHAP. VI. Ainsi, dans le plan général de la Providence, dont il ne nous appartient point de saisir les détails, le bien naît souvent du mal, et les calamités générales peuvent être les avantcoureurs d'une réforme universelle. Ne désespérons donc jamais des principes et des vertus qui forment le noble héritage de l'espèce humaine; et lors même que nous les verrions mis en oubli, ou attaqués avec acharnement, attendons le lent ouvrage des siècles, et reposons-nous sur l'assurance que les vérités éternelles survivront aux attaques de leurs ennemis, et renaîtront du cœur de l'homme, s'il ne restoit point de monumens sur la terre pour attester leur antique existence, et le culte qu'on leur a rendu.

FIN DU TOME PREMIER.

TABLE CHRONOLOGIQUE

DU TOME PREMIER.

INTRODUCTION. . . . . *p.* j

CHAPITRE PREMIER. *Mélange des Italiens avec les peuples du Nord, depuis le règne d'Odoacre jusqu'à celui d'Othon-le-Grand.* 476—961. . . . . *p.* 1

An

476. Chute de l'empire d'Occident. 1
476-493. Règne d'Odoacre. 8
489. Entrée des Ostrogoths en Italie. 9
489-526. Regne de Théodoric, roi des Ostrogoths. . . . *ib.*
526-553. Successeurs de Théodoric ; décadence et chute du royaume des Ostrogoths. 11
553-567. L'Italie soumise à Justinien. . . . . *ib.*
568. Entrée d'Alboin, roi des Lombards, en Italie. . . 12
— Partage de l'Italie en plusieurs états indépendans. 13
568-774. Règne des Lombards. 14
755-774. Les princes françois protègent les papes contre les rois lombards. 18
774. Charlemagne conquiert la Lombardie. 19
800. Charlemagne rétablit l'empire d'Occident. . . . . . *ib.*
774-814. Règne de Charlemagne. . . . . *ib.*
814-888. Décadence rapide des successeurs de Charlemagne. 24
888. Déposition de Charles-le-Gros ; puissance des grands feudataires. 26

An

888. Bérenger, marquis de Friuli, et Guido, marquis de Spolète, se disputent la couronne...... *p.* 29
888-894. Rivalité de Bérenger et de Guido.......... 31
888-924. Règne de Bérenger Ier.................. 32
827-950. Invasion des peuples nomades du Nord et du Midi............................ 33
900-950. Invasion des Hongrois................. *ib.*
827-851. Conquête de la Sicile par les Sarrasins..... 35
891-896. Établissement des Sarrasins dans la Ligurie. 36
850-950. Les villes se fortifient, et les milices bourgeoises se forment pour résister aux barbares. 38
921. Conjurations contre Bérenger Ier............. 41
924. Mort de Bérenger Ier...................... 42
926-947. Règne tyrannique de Hugues, comte de Provence........................... 44
940. Fuite en Allemagne de Bérenger, marquis d'Ivrée, ou IIe........................... 48
945. Bérenger II rentre en Italie avec l'aide d'Othon Ier. 49
950-966. Règne de Bérenger II; et ses guerres avec Othon Ier......................... 50
961. Couronnement d'Othon Ier comme empereur.... 53

CHAPITRE II. *Système féodal. — Gouvernement du royaume des Lombards; modifications que subit ce gouvernement, de 961 à 1039, pendant le règne des Othon, de Henri II et de Conrad-le-Salique, empereurs allemands*.......................... *p.* 55

Différence entre les systèmes de liberté des peuples du Nord et du Midi......................... 55
Influence de la distribution de la propriété sur l'état politique........................... 57

Propriété territoriale dans les pays conquis par les peuples du Nord. . . . . *p.* 60
Système féodal des Lombards reposant sur la propriété territoriale. 61

An

576. Tentatives des Lombards pour se gouverner en république. 64
— Lois des Lombards. 65
— Assemblée nationale, ou plaids du royaume. . . . 66
— Élection et couronnement des rois lombards. . . . 67
— Prérogatives des plaids du royaume. 69
— Chaque citoyen pouvoit choisir les lois sous lesquelles il vouloit vivre. 71
774-814. Institution des comtes. 72
— État des hommes libres, gentilshommes, ou vavasseurs. 74
— Condition du peuple des campagnes. 77
Arimanni. . . . . *ib.*
Hommes de masnade. 78
Aldiens. 79
Esclaves. . . . . *ib.*
— État militaire du royaume des Lombards. 80
— Jugemens de Dieu. 82
— Foiblesse du lien social dans le système féodal. . 84
— Dissolution de la société au dixième siècle. 87
— Les magnats désirent l'abolition de la monarchie. 88
— Les sujets des magnats partagent ce désir. 89
— Les villes et les gentilshommes demeurent attachés au roi. 90
961-965. Soumission du royaume de Lombardie à Othon-le-Grand. 91
— Gouvernemens municipaux accordés aux villes. . 93
— Création de plusieurs marquisats par Othon. . . . 95

An

973. Mort d'Othon-le-Grand, le 7 mai, près de Magdebourg........................ *p.* 97

973-983. Règne d'Othon II.................... 98

983-1002. Règne d'Othon III.................. *ibid.*

961-1002. Indépendance des villes pendant le règne des Othon.......................... 100

1002. Henri II couronné en Allemagne.......... 101

— Ardoin, marquis d'Ivrée, élu roi de Lombardie.............................. 102

1004. Henri II vient disputer l'Italie à Ardoin.... 103

1004. Pavie brûlée par les Allemands........... 104

1004-1015. Guerre des villes de Milan et Pavie, au nom des deux rois Ardoin et Henri...... 105

1024. Mort de Henri II; Conrad II lui succède... 106

1026. Conrad II, ou le Salique, tient les plaids à Roncaglia............................ 107

— Loi de Conrad sur la succession des fiefs... 109

1027-1036. Guerre des capitaines et vavasseurs contre les villes......................... 110

1033. La paix ou trève de Dieu................ 111

1035. Guerre des gentilshommes contre Héribert, archevêque de Milan.................. 112

— Révolte des vavassins et des esclaves....... 113

1039. Mort de Conrad-le-Salique................ 114

CHAPITRE III. *L'Église et la république de Rome dans la première moitié du moyen âge. — Démêlés des papes et des empereurs. — Règnes de Henri III, Henri IV et Henri V, de* 1039 *à* 1122. *— Paix de Worms*............................ *p.* 116

An

568-717. La ville de Rome n'est point soumise par les Lombards.......................... 117

An
— Les papes encouragent les Romains à demeurer fidèles aux empereurs grecs........ *p.* 118
— Crédit qu'acquièrent les papes par la foiblesse des Grecs.......................... 119
717-741. Réformation des iconoclastes........... 120
554. Image miraculeuse d'Edesse................ 121
Les Musulmans accusent les Chrétiens d'idolâtrie.............................. *ibid.*
717-741. Règne des empereurs isauriens et iconoclastes.............................. 123
726-731. Les Romains, animés par le pape Grégoire II, refusent d'obéir aux empereurs iconoclastes.......................... 124
726-774. Rétablissement de la république romaine sous l'influence des papes............... 125
— Gouvernement incertain de cette république. *ibid.*
741. Grégoire III demande pour la première fois la protection des Français contre les Lombards. 127
— Les papes sanctionnent l'usurpation des Carlovingiens............................ 128
755. Pepin force les Lombards à céder à l'Église et à la république romaine, l'exarchat et la Pentapole.......................... 129
— Cette donation ne s'effectue jamais......... 130
774. Charlemagne confirme cette donation, et ne l'effectue pas non plus................ 131
— Mais il cède au pape un domaine utile ou des possessions considérables............... *ibid.*
752-766. Premiers symptômes de la corruption des papes.............................. 132
— Richesses du clergé qui augmentent sa corruption.............................. 133

An

— Devoirs militaires attachés aux fiefs donnés au clergé............................ *p.* 135

— Les ecclésiastiques chargés de fonctions civiles par les rois......................... *ibid.*

847-855. Pontificat glorieux de Léon IV......... 137

— Élection populaire et presque militaire du pape................................ 139

— Crédit des femmes dans ces élections....... 140

890-920. Pouvoir de la patricienne Théodora..... 141

914. Elle donne la tiare à Jean X, son amant.... 142

925-932. Pouvoir de Marozia................. 143

931. Le second fils de Marozia fait pape sous le nom de Jean XI....................... 145

732. Albéric de Camérino, fils de Marozia, consul de Rome.......................... 146

956-964. Octavien, ou Jean XII, fils d'Albéric, pape et seigneur de Rome............... 147

— Déclin du pouvoir sacerdotal dans le dixième siècle............................ *ibid.*

— Les gentilshommes feudataires des papes affectent l'indépendance..................... 148

— Esprit républicain de la ville de Rome...... 149

— Le peuple prend la défense des papes contre les Othon........................... 151

963. Jean XII déposé par Othon-le-Grand........ 152

964. L'empereur lui substitue Léon VIII; le peuple, Benoît V......................... 153

966. Jean XIII, élu par l'empereur, objet de la haine des Romains................... 155

973-983. Guerres civiles des papes; crimes de Boniface VII....................... 156

980-998. Crescentius, consul de Rome.......... 158

An
996. Othon III fait élire pape son parent Grégoire V. . . . . *p.* 160
997. Crescentius veut ramener Rome sous la protection des empereurs de Constantinople. . 161
— Il donne la tiare à Jean XVI, prélat grec. . 162
998. Victoire d'Othon III et Grégoire V; Jean XVI envoyé au supplice. 163
— Crescentius victime de la perfidie d'Othon III. 164
1002. Vengeance de Stéphanie, veuve de Crescentius. . . . . *ibid.*
1010-1013. Jean, fils de Crescentius, patrice de Rome. 166
1039. 4 juin. Henri III, dit le Noir, succède à Conrad-le-Salique, son père. 168
1012-1033. Papes simoniaques de la famille des comtes de Tusculum. 170
1033-1046. Pontificat scandaleux de Benoît IX. . . 171
1046. Henri III trouve à Rome trois papes. 172
— Henri III rétablit le droit des empereurs, de concourir à l'élection des papes. 173
— Il ne fait jamais qu'un usage pieux de ce droit. 174
1056. Le 5 octobre, mort de Henri III; son fils, Henri IV, mis sous la tutelle du pape. . . *ibid.*
— Caractère du moine Hildebrand. 175
— Il est pendant trente ans l'âme de la cour de Rome. 176
1058. Il fait interdire par Étienne IX le mariage des prêtres. 177
1059. Il fait défendre aux ecclésiastiques, par le concile de Latran, de recevoir aucun bénéfice d'un laïque. Investitures. 179
— Ce canon n'est pas appliqué à l'élection des

An

papes. . . . . *p.* 180
1059. Le dogme de la présence réelle dans l'eucharistie, consacré par le concile de Latran. . 182
1061. Schisme de l'antipape Cadaloo, ou Honorius II. . . . . *ibid.*
1073. Hildebrand, pape sous le nom de Grégoire VII. 183
— Caractère de la comtesse Mathilde. 184
1077. Humiliation de Henri IV aux pieds de Grégoire VII. 186
— Guerre des partisans de l'empereur et du pape, pour les investitures. 189
— Maximes de Grégoire VII. *Dictatus papæ*. . . *ibid.*
1084. Henri assiége Grégoire ; le pape délivré par Robert Guiscard. 190
1085. Mai. Mort de Grégoire VII à Salerne. 191
1093. Urbain II fait révolter Conrad contre Henri IV, son père. 192
1095. Le passage de la première croisade nuit à Henri IV. 193
1105. Pasqual II fait révolter Henri V contre son père. 194
1106. Les archevêques d'Allemagne enlèvent à Henri IV les ornemens royaux. 195
— Guerre entre le père et le fils. 197
— Mort de Henri IV, le 7 août 1106. 198
1110. Henri V vient prendre à Rome la couronne de l'empire. 199
— Il se brouille avec Pasqual II. 200
1111. 12 février. Pasqual arrêté par Henri V. 202
— Pasqual accorde les investitures à Henri V. . . 204
— Il est désavoué par ses cardinaux. 205
1112. Un concile de Latran excommunie l'empereur. 206

An
1116. Henri V se met en possession de l'héritage de la comtesse Mathilde . . . . *p.* 207
1118. Mort de Pasqual II, schisme de Burdino . . . 208
1122. Paix de Worms entre l'Église et l'Empire . . . *ibid.*

CHAPITRE IV. *Les Grecs, les Lombards et les Normands, du septième au douzième siècle, dans l'Italie méridionale. — République de Naples, de Gaète et d'Amalfi* . . . . *p.* 211

An
589. Zoton fonde le grand-duché des Lombards de Bénévent 213
Les villes maritimes de la Campanie et de la Calabre demeurent attachées aux empereurs grecs 214
Guerres des Lombards contre les villes maritimes 215
Constitutions municipales des villes grecques. 217
Les duchés de Gaète et de Naples 219
600-717. Les villes grecques relèvent de l'exarque de Ravenne 221
— Nature de leurs guerres avec les Lombards . . 222
726. Les villes plus indépendantes depuis la perte de l'exarchat 223
774-787. Arichis, duc de Bénévent, maintient son indépendance contre Charlemagne 224
787. Grimoald Ier se défend contre toutes les forces des Français 225
806. Grimoald II, Store Seitz 226
817. Sicon, duc de Bénévent 227

An
826-830. Généreuse défense d'Etienne, duc de Naples, contre Sicon.................... *p.* 227
836. Sorrento défendu contre Sicard, successeur de Sicon................................ 230
— André, maître des soldats de Naples, introduit les Sarrasins en Italie.................. 232
— Sicard, duc de Bénévent, soumet la ville d'Amalfi...................................... 233
839. Il est assassiné, et ses états partagés........ 234
— Les habitans d'Amalfi recouvrent leur liberté, et se gouvernent en république.......... 235
— Le duché lombard partagé entre Radelchise, prince de Bénévent, Siconolfe, prince de Salerne; et Landolfe, comte de Capoue...... 236
— Les Sarrasins se rendent puissans dans les Calabres.................................... 237
— Ils s'établissent au Garigliano, à Cumes, à la Licosa................................... 239
846. Les républiques de Naples, Gaète et Amalfi leur font la guerre....................... 240
Constitution, commerce et grandeur d'Amalfi. 241
866. Louis II, empereur, secourt les Lombards contre les Sarrasins...................... 244
— Basile, empereur grec, se rend puissant en Italie...................................... 245
870-980. Thème de Lombardie des Grecs, dans la Pouille................................... 246
980. Othon II veut enlever aux Grecs l'Italie méridionale................................. 247
982. Sa défaite à Basentello.................... 248
— Fait prisonnier, il s'échappe à la nage...... 249
982-1002. Les Grecs étendent leurs conquêtes dans

An

la Capitanate.......................... *p.* 250

Passion des Normands pour les pèlerinages... 251

1000-1010. Des pèlerins normands défendent Salerne contre les Sarrasins.................... 254

1016. Drengot amène en Italie cent aventuriers normands.............................. 256

— Mélo, émigré de Bari, les engage à faire la guerre aux Grecs.................... *ibid.*

1019. Mélo et les Normands battus à Cannes..... 257

1021. Henri II attaque les Grecs dans la Pouille.... *ibid.*

— Rainolfe, frère de Drengot, s'établit à Averse avec les Normands................... 258

1035. Les fils de Tancrède de Hauteville passent en Italie............................ 259

— Ils entrent au service de Guaimar IV, prince de Capoue......................... 260

1041. Sous les ordres des Grecs, ils attaquent les Sarrasins de Sicile................... *ibid.*

— Mécontens des Grecs, ils leurs déclarent la guerre, et font sur eux la conquête de la Pouille............................ 261

1042. La Pouille partagée par les Normands en douze comtés...................... 262

1045. Brigandage des Normands............... 263

— Léon IX forme une ligue contre eux....... 264

1053. Le pape défait, demeure prisonnier des Normands à la bataille de Civitella, le 18 juin. 265

— Il investit les Normands de leurs conquêtes comme fiefs de l'Église................. 267

1053-1057. Unfroi soumet toute l'Appulie........ 268

1057. Son frère Robert Guiscard lui succède..... 269

1060. De concert avec Roger, il conquiert la Ca-

An

labre. . . . . *p.* 270
1061. Roger passe en Sicile avec les Normands. . . 271
Foiblesse et discorde des Sarrasins de Sicile. *ibid.*
1060-1090. Conquête de la Sicile par Roger. 272
— Sa situation critique dans la ville de Traina. 273
1060-1080. Robert Guiscard chasse les Grecs de l'Italie. 275
1062. La principauté de Capoue soumise aux enfans de Drengot. 276
1077. Celles de Bénévent et de Salerne conquises par Guiscard. . . . . *ibid.*
— Guiscard nommé duc d'Amalfi. . . . . *ibid.*
1081. Guiscard attaque les Grecs en Illyrie. 277
1085. Mort de Robert Guiscard, le 17 juillet. 278
1085-1111. Roger Ier, duc de Pouille. . . . . *ibid.*
1096. Boémond, son frère, et Tancrède, son cousin, passent en Asie avec les croisés. 279
1111-1127. Guillaume, fils de Roger, duc de Pouille. 280
1127-1138. Roger II de Sicile, duc de Pouille. . . . . *ibid.*
1130. L'antipape Anaclet II donne à Roger la couronne royale. 281
1020-1098. L'ordre militaire de Saint-Jean, fondé et maintenu par les habitans d'Amalfi. 283
1131. Roger force Amalfi à se soumettre à lui. . . . 284
1132. Roger fait plier sous le joug ses barons normands. . . . . *ibid.*
— Robert, prince de Capoue, s'allie aux républiques de Naples et de Pise. 285
1135. Les Pisans s'emparent d'Amalfi; et y trouvent les pandectes. 287
1136. Siége de Naples par Roger. 288
— L'empereur Lothaire force Roger à lever le

An

siége. . . . . *p.* 289

1137. Toutes les provinces deçà le Phare se révoltent contre Roger. 291

— Nouveaux échecs pour la république d'Amalfi. 292

— Retraite de l'empereur et des Pisans. 293

1138. Innocent II, fait prisonnier par Roger, confirme tous les droits de ce roi. 295

— La ville de Naples ouvre ses portes au roi Roger. 296

Chapitre V. *Origine de Venise; ses révolutions avant le douzième siècle. — Pise et Gênes, nouvelles républiques maritimes; leur rivalité avec Venise, et leurs premiers progrès. . . . . p.* 298

Nature et formation de la lagune de Venise. 299

Les anciens Vénètes. 302

La première Vénétie dévastée par les Barbares. . . . 303

An

452. Les fugitifs de la première Vénétie se retirent dans la seconde, chassés devant Attila. . . 304

— La ville de Rialto, asile des fugitifs de Padoue. . 306

Indépendance des Vénitiens réfugiés. 307

476. Affranchissement final des Vénitiens par la chute de l'empire. 308

523. Les Vénitiens sous Théodoric. 309

518-527. Invasion de la Dalmatie par les Esclavons. 310

568. Invasion de l'Italie par les Lombards; le clergé catholique se réfugie dans la seconde Vénétie. 311

697. Paul-Luc Anafeste, premier doge des Vénitiens. 312

774-809. Démêlés des Vénitiens avec les Francs. . . 314

An

809. Pepin, fils de Charlemagne, prend Chiozza et Palestrina.......................... *p.* 315

— Rialto devient la capitale de la république, et prend le nom de Venise............... 316

837-864. Guerres civiles à Venise............... 317

944-959. Enlèvement des épouses vénitiennes par les Istriotes.......................... 318

961-976. Règne tyrannique de Pierre Candiano IV. 321

Villes maritimes de l'Istrie et de l'Illyrie... 322

997. Elles font alliance avec les Vénitiens contre les Narentins.......................... 323

— Toutes les villes maritimes font hommage au doge.......................... 324

— Soumission de Narenta. Le doge, duc de Venise et de Dalmatie.................. *ibid.*

980. Othon II demande aux Pisans l'aide de leurs flottes.......................... 325

— Sept barons d'Othon, souche des sept familles pisanes.......................... 327

936-980. Accroissement de Gênes; sa puissance maritime.......................... 329

1005. Exploits des Pisans contre les Sarrasins en Calabre.......................... 331

— Muset, roi sarrasin de Sardaigne, brûle un faubourg de Pise; courage de Chinzica... *ibid.*

1017. Première conquête de la Sardaigne par les Pisans.......................... 333

1021. Les Pisans défendent leur conquête contre les Génois.......................... 334

1050. Muset enlève la Sardaigne aux Pisans...... 335

— Seconde conquête de la Sardaigne; mort de Muset.......................... 336

An
1000-1100. Factions de Venise; les Morosini et Caloprini . . . . *p.* 338
1101. Commencement des chroniques authentiques de Gênes 340
1100-1130. Constitution de Gênes 341
— Accord de la noblesse et du peuple 343
Historiens de Pise et de Venise 344
1099. Les trois républiques prennent part à la croisade 345
— Flotte des Vénitiens, sous Vital Michiéli 346
1100. Daimbert, archevêque de Pise, avec les Pisans et les Génois 347
1101. Prise de Césarée par les Pisans et les Génois. *ibid.*
1108-1187. Priviléges accordés aux trois républiques par les rois de Jérusalem 349
1124. Brouillerie des Vénitiens avec les Grecs 350
1124-1125. Les Vénitiens ravagent les îles de l'Archipel 351
— Nouvelles conquêtes des Vénitiens en Dalmatie. 353
1113. Croisade des Pisans contre Nazarédech, roi de Majorque 354
1113-1115. Soumission des îles Baléares aux Pisans. 355
1118. Les Pisans donnent des secours au pape Gelase II, contre Henri V 357
1119-1133. Guerre sanglante entre Pise et Gênes.. 358
— Indépendance des feudataires pisans en Sardaigne 359
— Les Maremmes se rangent sous la protection des Pisans 361
— Les deux Rivières sous celle des Génois 362
— Bons offices que les Florentins rendent aux Pisans 363

CHAPITRE VI. *Affranchissement de toutes les villes italiennes avant le douzième siècle.........p.* 365

L'Italie manque d'historiens à cette époque importante.................................... 365
Premier droit des villes; celui d'élever des fortifications.................................... 369
Avilissement des citadins avant le règne d'Othon Ier. 370

An
960-1002. Constitutions municipales accordées par les Othon.............................. 371
— Consuls annuels élus par le peuple........*ibid.*
— Conseil général et de Crédenza............ 373
— Assemblée souveraine du peuple...........*ibid.*
— Division des villes en quartiers ou portes... 374
— Corps militaires et armement des milices....*ibid.*
— Droit de guerre privée accordé aux villes.. 376
1002-1024. Rivalité de Pavie et de Milan......... 377
1026-1039. Guerre des Milanois contre Conrad-le-Salique et contre les gentilshommes...... 379
— Éribert, archevêque de Milan, invente le carroccio, ou char des étendards, à l'imitation de l'arche d'alliance.............. 380
Commerce des Vénitiens en Lombardie..... 383
Développement de l'industrie en Lombardie. 385
1000-1100. Naissance de la langue italienne.......*ibid.*
— Corruption et barbarisme de la langue latine. 386
— Usage de la langue allemande chez les Lombards et les Francs.......................... 387
— Chartes latines des temps barbares........ 388
— La langue *vulgaire* parlée par les roturiers, l'allemand par les nobles, et le latin par

An

les prêtres.......................... *p.* 389
940-960. Mérite distingué de l'historien Liutprand. 390
Écrivains de l'Italie méridionale........... 392
Poëmes historiques...................... 393
1000-1050. Premiers historiens des villes, Arnolphe et Landolphe de Milan................. 394
1039-1100. Les gentilshommes adoptés par les villes de Lombardie......................... *ibid.*
— Politique des villes à l'égard des gentilshommes............................ 395
1041. Sédition à Milan contre les nobles........ 396
— Lanzone, chef des plébéiens, recourt à Henri III............................ 397
1073-1122. Silence des historiens pendant la guerre des investitures....................... 399
Influence de la liberté sur le peuple italien.. 400
L'indépendance apportée du Nord au Midi; la liberté sociale retourne du Midi au Nord. 401
La force individuelle est la vertu du sauvage.. 402
La force sociale est une création des peuples policés........................... 403
Les peuples du Nord connoissoient la liberté sans patrie; ceux du Midi avoient une patrie sans liberté..................... 404
Chaque révolution de l'Italie a concouru à sa régénération...................... 406

FIN DE LA TABLE.

873993

Printed in Great Britain by
Amazon.co.uk, Ltd.,
Marston Gate.